EUROPA-FACHBUCHREIHE
für wirtschaftliche Bildung

Geschäftsprozesse im Unternehmen

Lernsituationen für die BFS – NRW

Huse Kleinholz

3. Auflage

VERLAG EUROPA-LEHRMITTEL
Nourney, Vollmer GmbH & Co. KG
Düsselberger Straße 23
42781 Haan-Gruiten

Europa-Nr.: 24947

Autoren
Dr. Karin Huse, Köln
Rolf Kleinholz, Hürtgenwald (ab 3. Auflage)

Verlagslektorat
Anke Hahn

3. Auflage 2024
Druck 5 4 3 2

ISBN 978-3-7585-2336-6

Bei Fragen zur Produktsicherheit wenden Sie sich bitte an produktsicherheit@europa-lehrmittel.de.

Umschlag und Satz: Typework Layoutsatz & Grafik GmbH, 86153 Augsburg
Umschlagkonzept: tiff.any GmbH, 10999 Berlin
Umschlagfoto: © macrovector – fotolia.de
Druck: CPI books GmbH, 25917 Leck

Vorwort

„Geschäftsprozesse im Unternehmen, Lernsituationen für die BFS – NRW“ ist ein neues Lern- und Arbeitsbuch für Schüler und Schülerinnen der Berufsfachschule (BFS) 1 und 2 bzw. der mittleren Reife, mit dem Ziel des Hauptschulabschlusses bzw. des mittleren Schulabschlusses am Berufskolleg für Wirtschaft und Verwaltung.

Das Buch ist geeignet für Schüler und Schülerinnen, die nach dem Erwerb des Hauptschulabschlusses nach Klasse 9 bzw. des erweiterten Ersten Schulabschlusses (aus der Hauptschule, der Gesamtschule, des Berufskollegs und anderen Schulformen) den Mittleren Schulabschluss bzw. die mittlere Reife anstreben.

Das Lern- und Arbeitsbuch orientiert sich konsequent an dem Bildungsplan für die Berufsfachschule NRW, Fachbereiche Wirtschaft und Verwaltung, der zum Erwerb von beruflichen Kenntnissen, Fertigkeiten und Abschlüssen der Sekundarstufe I führt (Bildungsgänge der Anlage B APO-BK), Stand 2023.

Die Lernsituationen in diesem Buch dienen der nachhaltigen Vermittlung von beruflicher, gesellschaftlicher und personaler Handlungskompetenz. Die Vermittlung von Wissen erfolgt anhand von Problem- und Handlungssituationen. Diese können mithilfe von zugrundeliegenden Informationstexten und -materialien und kompetenzorientierten Aufgabenstellungen (unter Verwendung schüleraktivierender und kooperativer Lernmethoden) erfolgreich bearbeitet werden.

Konsequent lernfeldorientiert

„Geschäftsprozesse im Unternehmen, Lernsituationen für die BFS – NRW“ deckt die Lernfelder 1, 3, 4 und 11 des Bildungsplans für die Berufsfachschule (BFS) vom 02.05.2023 ab, der zu dem Erwerb des Hauptschulabschlusses nach Klasse 10 führt:

Lernfeld 1: Ein Unternehmen gründen und führen
Lernfeld 3: Güter disponieren und beschaffen
Lernfeld 4: Leistungsprogramm planen und entwickeln
Lernfeld 11: Wertströme erfassen, dokumentieren, aufbereiten und auswerten

Konzept

Die Inhalte der Lernfelder werden in Anlehnung an die jeweiligen Anforderungssituationen des Bildungsplans in Lernsituationen bearbeitet. Am Beispiel des Modellunternehmens „Das Bio-Shopping-Paradies“ und von Metin, einem jungen Mann, der zunächst mit dem Gedanken einer Selbstständigkeit spielt und später als Praktikant in dem Modellunternehmen erste berufliche Erfahrungen sammelt, erleben die Schüler und Schülerinnen Situationen aus dem Unternehmensalltag. Deren Problemerkennung, Bearbeitung und Reflexion trägt zur Entwicklung grundlegender fachlicher, gesellschaftlicher und personaler Handlungskompetenz bei. Zur Bearbeitung werden kooperative Lernmethoden zugrunde gelegt. Im Lernfeld 11 werden den Schülerinnen und Schülern anhand des des Modellunternehmens Bio-Fashion OHG die Grundlagen der Buchführung vermittelt.

Viele Lernsituationen erfordern zur Bearbeitung das Internet und gängige Computerprogramme wie Excel, Word und PowerPoint sowie gezielte Internetrecherchen.

Zusätzlich steht dem Titel als digitales Zusatzmaterial ein Fachwörtertraining kostenlos in der EUROPATHEK zur Verfügung, Details hierzu finden sich auf der vorderen Umschlaginnenseite. Der Titel ist somit für BYOD (Bring Your Own Device)-Klassen geeignet.

Praxistest bestanden

Die Lernsituationen sind seit dem Schuljahr 2015/2016 in der Didaktischen Jahresplanung an der Lehreinrichtung der Autorin und des Autors implementiert und werden im Unterricht erfolgreich eingesetzt und weiterentwickelt!

Ihr Feedback ist uns wichtig

Wenn Sie mithelfen möchten, dieses Buch für die kommende Auflage zu verbessern, schreiben Sie uns unter lektorat@europa-lehrmittel.de.

Ihre Hinweise und Verbesserungsvorschläge nehmen wir gerne auf.

Frühjahr 2024 — Verlag und Verfasser:in

Inhaltsverzeichnis

Lernfeld 11: Wertströme erfassen, dokumentieren und auswerten

Ein Unternehmen stellt sich vor: Bio-Shopping-Paradies GmbH

Die Bio-Shopping-Paradies GmbH verkauft Bio- und Ökoprodukte von hoher Qualität.

Das Unternehmen wurde 2016 von Justin Meyer als „Justin's Bio-Land e. K." in Köln gegründet. Die Eintragung ins Handelsregister erfolgte am 29. Juli 2016 beim Amtsgericht Köln unter HRA 3421 in der Abteilung A.

Justin Meyers Werdegang:

Nach seiner Ausbildung zum Einzelhandelskaufmann in einem großen Bio-Supermarkt kam ihm die Idee, einen eigenen Bio-Supermarkt zu betreiben.

Fachkenntnisse konnte er während seiner Ausbildung erwerben: Er hat viele Seminare über den Bio-Anbau von Obst und Gemüse besuchen dürfen und er konnte Kontakte zu den Lieferanten herstellen. Sein interessantestes Erlebnis war die Einladung eines großen Anbauers von Bio-Honig nach Andalusien. Dort konnte er sich von der Haltung der Bienen, der Standorte der Bienenkästen sowie der Arbeitsweise der Imker überzeugen. Dieses Fachwissen kann er jetzt in Beratungsgesprächen mit Kunden sehr gut nutzen und sich damit von vielen Mitbewerbern abgrenzen.

Auch **persönliche Voraussetzungen** einer erfolgreichen Selbstständigkeit konnte er vorweisen: Er ist bis heute immer sehr motiviert und er hat viele Ideen, die er kreativ umsetzt (z. B. beim Motto „Apfelzeit" hat er jeden Tag einen anderen Bio-Apfelbauer eingeladen, der den interessierten Kunden und Kundinnen in seinem „Bio-Land" Informationen über den Anbau gibt und Verkostungen durchführt). Auch die langen Arbeitszeiten haben ihn nicht abgeschreckt. Justin war sich darüber im Klaren, dass er am Anfang der Selbstständigkeit deutlich mehr arbeiten muss als in einem Angestelltenverhältnis und dafür unter Umständen sogar noch weniger verdient. Ob er Urlaub nehmen konnte, war auch nicht garantiert. Er hat schon immer von sich behauptet, dass er „hart im Nehmen" ist und über Durchhaltevermögen verfügt.

Justin war immer schon ein Mensch, der positiv denkt. Für ihn standen die **Chancen** einer Selbstständigkeit im Vordergrund seiner Betrachtungen. Mögliche **Risiken** waren ihm zwar bewusst, schreckten ihn aber nicht von seinem Vorhaben ab.

Die **Chancen** in einer Unternehmensgründung sah Justin darin, dass er viele Dinge selber entscheiden kann und sein eigener Chef ist. Er hat sich vorgenommen, seine Erfahrungen kreativ zu nutzen, um sein Unternehmen erfolgreich führen zu können. Er konnte sich seine Mitarbeiter selber aussuchen und musste nicht mit Menschen zusammenarbeiten, mit denen er nicht zusammenarbeiten wollte.

Die größte Chance sah er allerdings darin, dass er langfristig deutlich mehr verdienen könnte als in einem Angestelltenverhältnis. Natürlich waren Justin auch die wirtschaftlichen **Risiken** einer Unternehmensgründung bewusst. Er benötigte zunächst ein hohes Startkapital, wofür er einen Kredit aufnehmen musste. Diesen Kredit musste er innerhalb einer vereinbarten Zeit zurückzahlen. Als selbstständiger Unternehmer musste er auch seine Krankenversicherung alleine zahlen, auf Weihnachts- und Urlaubsgeld musste er verzichten. Als am Anfang noch nicht so viele Kunden kamen und die Umsätze gering waren, musste er sogar Verluste hinnehmen.

Justin hat es geschafft: Vier Jahre später hatte sein „Bio-Land" viele Kunden, hohe Umsatzzahlen und hohe Gewinne erwirtschaftet. Justin hatte die Idee, neben den Bio-Lebensmitteln noch weitere Warengruppen ins Sortiment aufnehmen und zu expandieren. Ein Berater der IHK hat ihm geraten, die Verantwortung für das geplante größere Unternehmen nicht alleine zu tragen und auch seine Haftung zu begrenzen.

Im Jahr 2020 (1. Januar 2020) wurde aus dem Unternehmen „Justin's Bio-Land e. K." das Unternehmen „Bio-Shopping-Paradies GmbH". Seine frühere Arbeitskollegin Nikola Bauer ist als Gesellschafterin mit 40 % der Firmenanteile eingestiegen. Der Neueintrag in das Handelsregister beim Amtsgericht in Köln erfolgte unter dem Eintrag HRB 4658 in der Abteilung B. Die GmbH wird beim Finanzamt Köln unter der Steuernummer 203/307/55643 geführt. Die USt.-ID.-Nummer ist: DE786597351 und die Bankverbindung ist die Kölner Unternehmer Bank, IBAN: DE81 3701 0321 0076 3412 56.
Der Sitz der „Bio-Shopping-Paradies GmbH" ist die Lange Straße 16 in 50876 Köln. Auf zwei Etagen mit einer Gesamtverkaufsfläche von ca. 10.000 m^2 wird ein breites Sortiment angeboten. Es handelt sich um die beste Einkaufsstraße in Köln.

Heute arbeiten die beiden Gesellschafter, die auch Geschäftsführer sind, mit einem Team von weiteren 48 motivierten festangestellten Mitarbeitern und Mitarbeiterinnen zusammen, die selber alle von den Bio- und Ökoprodukten überzeugt sind und die Firmenphilosophie der beiden Geschäftsführer mittragen.

Die Firmenphilosophie der „Bio-Shopping-Paradies GmbH" lautet:

Menschen im Einklang mit der Natur

Damit wird ausgedrückt, dass Menschen und Unternehmen die Verantwortung für die Umwelt erkennen und durch einen umweltbewussten Umgang Rohstoffe verstärkt im „Einklang mit der Natur" gewinnen und in der Verwendung Ressourcen sparen.

Aus der Unternehmensphilosophie der Bio-Shopping-Paradies GmbH leitet sich für die Unternehmensziele eine hohe ökologische Komponente ab!

Bild: © amenic181 – Fotolia.com

Inzwischen verfügt die „Bio-Shopping-Paradies GmbH“ über verschiedene Warenbereiche und Warengruppen.

Warenbereiche und Warengruppen der Bio-Shopping-Paradies GmbH

(Alle in der Bio-Shopping-Paradies GmbH angebotenen Produkte werden biologisch oder ökologisch kontrolliert.)

Warenbereiche	Warengruppen	Zuständige Mitarbeiter und Mitarbeiterinnen
Lebensmittel		**Abteilungsleiter: Kamil Ince**
	Milch und Milcherzeugnisse, Eier	Yusuf Bilgin
	frisches, haltbares und verarbeitetes Brot und Brotaufstrich	Sabine Becker
	Obst und Gemüse einschließlich Exoten	Azra Kaya
	Fleisch, Wurst und Fleischwaren	Zeynep Ay
	Wild und Geflügel, Brot und Backwaren	Henrike Osemann
	Getränke	Kevin Schöttes, Muhammed Emir
	Nährmittel, Zucker, Teigwaren, Reis und Getreideerzeugnisse	Elisabeth Schneider
	Speisefette und Speiseöle	Anneliese Schulte
	Kaffee, Tee, Kakao	Christian Feige
	Süßwaren, Dauergebäck	Andrea Schmitz
	Gewürze, Würzmittel, Würzkräuter	Ines Müller
Bekleidung		**Abteilungsleiterin: Bettina Fritzki**
	Herrenbekleidung	Philip Goldmann
	Damenbekleidung	Brigitte Decker
	Kinderbekleidung	Andrea Fischer
	Wäsche, Badebekleidung	Petra Engel
Schuhe		**Abteilungsleiterin: Alberta Gödde**
	Herrenstraßenschuhe	Ayaz Uzun
	Damenstraßenschuhe	Maria Rubeling
	Bequemschuhe für Damen und Herren	Johann Hause
	Spezialsportschuhe Damen, Herren und Kinder	Marius Schüler
	Berufsschuhe	Helene Baumgarten
Diät- und Reformwaren		**Abteilungsleiterin: Gabriele Saure**
	Diätische Lebensmittel	Kirsten Kraus
	Naturnahe Körper- und Schönheitspflegemittel,	Andrea Breit
	Gesundheits- und Diätliteratur, Geräte, Mühlen und sonstige Waren	Felicitas Reigen, Ralf Wesseling

Das Unternehmen gliedert sich in die Abteilungen Geschäftsführung, Personal, Verwaltung, Einkauf und Verkauf.

Übersicht der Abteilungen der Bio-Shopping-Paradies GmbH

Die folgenden Mitarbeiter arbeiten in den verschiedenen Abteilungen:

Verwaltung **Abteilungsleiterin: Nina König**
Mitarbeiter/ innen:
Andrea Steinbruch,
Klaus Svenner,
Zeynep Schulte

Personal **Abteilungsleiterin: Julia Holzmann**
Mitarbeiter/ innen:
Beatrix Schmitt,
Iris Erbel,
Heinz Schwarz,
Brigitte Klein

Marketing **Abteilungsleiter: Andre Herb**
Mitarbeiter/ innen:
Sylvia Stein,
Corinna Potta

Einkauf **Abteilungsleiter: Jan Gutjahr**
Mitarbeiter/ innen:
Kai Victorio,
Elke Herbst

Lager **Abteilungsleiter: Victor Greven**
Mitarbeiter/ innen:
Ömer Dede,
Ayaz Duman,
Christian Buratzki

Verkauf **Hauptabteilungsleiter: Martin Rath**
Abteilungsleiter/ innen für die Warenbereiche:
- Lebensmittel: Kamil Ince (betreut 12 weitere feste Mitarbeiter/ innen),
- Bekleidung: Bettina Fritzki (betreut 4 weitere feste Mitarbeiter/ innen),
- Schuhe: Alberta Gödde (betreut 5 weitere feste Mitarbeiter/ innen) ,
- Diät- und Reformware: Gabriele Saure (betreut 4 weitere feste Mitarbeiter/ innen),

Das Unternehmen beschäftigt darüber hinaus weitere Mitarbeiter/ innen in allen Unternehmensbereichen:
10 Aushilfen, 3 Auszubildende, wechselnde Praktikanten

Die Unternehmensstruktur wird im folgenden **Organigramm** abgebildet:

Unternehmensstruktur der Bio-Shopping-Paradies GmbH

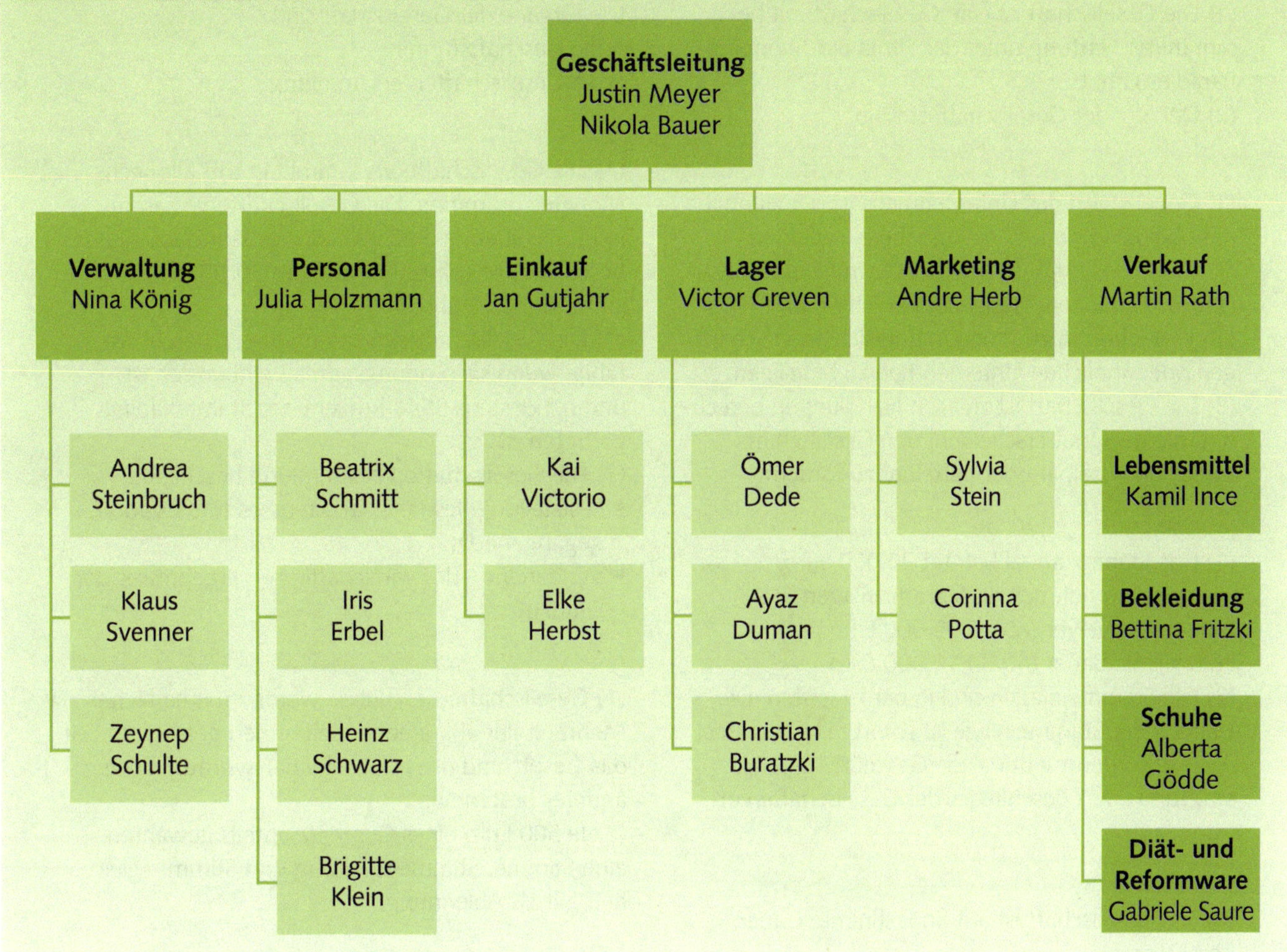

Gesellschaftsvertrag der Firma Bio-Shopping-Paradies GmbH

§1 Firma, Sitz der Gesellschaft

(1) Die Gesellschaft ist eine Gesellschaft mit beschränkter Haftung unter der Firma Bio-Shopping-Paradies GmbH

(2) Der Sitz der Gesellschaft ist Köln.

§2 Gegenstand des Unternehmens

(1) Gegenstand des Unternehmens ist der Handel mit ökologischen und biologischen Produkten.

(2) Die Gesellschaft ist berechtigt, im In- und Ausland Zweigniederlassungen zu errichten und Tochtergesellschaften zu gründen und sich an gleichartigen oder ähnlichen Unternehmen zu beteiligen.

(3) Die Gesellschaft ist zu allen Handlungen berechtigt, die geeignet erscheinen, den Gesellschaftszweck unmittelbar oder mittelbar zu fördern.

§3 Stammkapital und Stammeinlagen

(1) Das Stammkapital beträgt 25.000 Euro.
Hiervon übernehmen als Stammeinlagen
Herr Justin Meyer (60 %) 15.000 Euro
Frau Nikola Bauer (40 %) 10.000 Euro

(2) Die Stammeinlagen sind in bar zu leisten. Die Hälfte jeder Stammeinlage ist sofort fällig, der Rest nach Anforderung durch die Geschäftsführung aufgrund eines Beschlusses der Gesellschafterversammlung.

§4 Beginn und Dauer der Gesellschaft

(1) Die Gesellschaft ist auf unbestimmte Dauer geschlossen.

(2) Das Geschäftsjahr beginnt am 01.01. eines Jahres und endet am 31.12. Das erste Geschäftsjahr beginnt mit Eintragung (1. Januar 2020) und endet am 31.12. dieses Jahres.

§5 Geschäftsführung, Vertretung

(1) Die Gesellschaft wird vertreten, wenn nur ein Geschäftsführer bestellt ist, durch diesen allein, wenn mehrere Geschäftsführer bestellt sind, durch zwei Geschäftsführer gemeinsam oder durch einen Geschäftsführer zusammen mit einem Prokuristen.

(2) Zum Geschäftsführer und zur Geschäftsführerin werden bestellt: Herr Justin Meyer und Frau Nikola Bauer.

§6 Organe der Gesellschaft

Die Organe der Gesellschaft sind
- die Geschäftsführer
- die Gesellschafterversammlung

§7 Gesellschafterversammlung

(1) Die Gesellschafterversammlung tritt alle sechs Monate zusammen. Die Gesellschafterversammlung, die über die Feststellung des Jahresabschlusses beschließt, ist spätestens bis zum 30.03. des Folgejahres durchzuführen.

(2) Die Gesellschafterversammlung ist beschlussfähig, wenn sie ordnungsgemäß einberufen ist und mindestens 35 % Prozent des Stammkapitals vertreten ist.

(3) Die Gesellschafterversammlung beschließt:
- Feststellung des Jahresabschlusses für das vorangegangene Jahr
- Verwendung des wirtschaftlichen Ergebnisses der GmbH.

§8 Gesellschafterbeschlüsse

(1) Gesellschafterbeschlüsse werden mit einfacher Mehrheit der abgegebenen Stimmen gefasst, soweit das Gesetz und dieser Gesellschaftsvertrag nichts anderes bestimmen.

(2) Je 500 Euro eines Geschäftsanteils gewähren eine Stimme. Stimmenthaltung und Stimmengleichheit gilt als Ablehnung.

§9 Jahresabschluss

Der Jahresabschluss ist innerhalb der ersten drei Monate nach Abschluss eines Geschäftsjahres aufzustellen. Dies ist die Aufgabe des Geschäftsführers. Zusammen mit dem Lagebericht und einem Vorschlag zur Ergebnisverwendung ist dieser der Gesellschafterversammlung vorzulegen. Der Jahresabschluss ist nach den gesetzlichen Bestimmungen und Gliederungen zu erstellen.

§10 Bekanntmachungen

Die Bekanntmachungen der Gesellschaft erfolgen nur im Bundesanzeiger.

Köln, den 1. Januar 2020

Allgemeine Geschäftsbedingungen der Bio-Shopping-Paradies GmbH

1. Ihr Vertragspartner	**Bio-Shopping-Paradies GmbH Lange Straße 16 50876 Köln**
2. Geltungsbereich	Für alle Geschäftsbeziehungen zwischen der Bio-Shopping-Paradies GmbH und dem Kunden gelten ausschließlich unsere Allgemeinen Geschäftsbedingungen.
3. Vertragsabschluss, Erfüllung	Durch die Bezahlung der Ware an der Kasse kommt ein Kaufvertrag zustande.
4. Eigentumsvorbehalt	Die ausgehändigte Ware bleibt bis zur vollständigen Bezahlung Eigentum der Bio-Shopping-Paradies GmbH.
5. Preise	Es gelten die Preise zum Zeitpunkt der Abschließung des Kaufvertrages. Alle Preise sind Endpreise in Euro inklusive der jeweils gültigen Mehrwertsteuer zzgl. möglicher Versandkosten.
6. Fälligkeit und Zahlung	Der Kaufpreis wird mit Übergabe der Ware fällig. Es bestehen grundsätzlich folgende Zahlungsmöglichkeiten: Barzahlung, Debitkarte, Girokarte (EC), POS-Zahlung, Electronic Cash (persönliche Identifikationsnummer, PIN) Kreditkarte, Kundenkarte. Kauf auf Raten ist nicht möglich.
7. Gewährleistung und Herstellergarantie	Sollten gekaufte Artikel offensichtliche Material-/Herstellungsfehler aufweisen, so reklamieren Sie diese bitte sofort gegenüber uns. Die Versäumung dieser Rüge hat allerdings für Ihre gesetzlichen Ansprüche keine Konsequenzen. Die gesetzliche Gewährleistung beträgt für Sie als Verbraucher zwei Jahre ab Erhalt der Ware. Während dieser Frist bestehen für Sie die gesetzlichen Gewährleistungsansprüche. Soweit vom Hersteller eine Garantie gewährt wird, ergeben sich die Einzelheiten aus den Garantiebedingungen, die der Ware beigefügt sind. Wir bemühen uns um möglichst exakte und ausführliche Produktinformationen.
8. Gerichtsstand	Es gilt deutsches Recht. Sofern der Besteller Kaufmann ist oder seinen Wohnsitz außerhalb Deutschlands hat, wird als ausschließlicher Gerichtsstand der Sitz der **Bio-Shopping-Paradies GmbH** vereinbart.

Lernfeld 1: Ein Unternehmen gründen und führen

AS 1.1 Unternehmensgründung: Was erwartet uns in der Anforderungssituation?

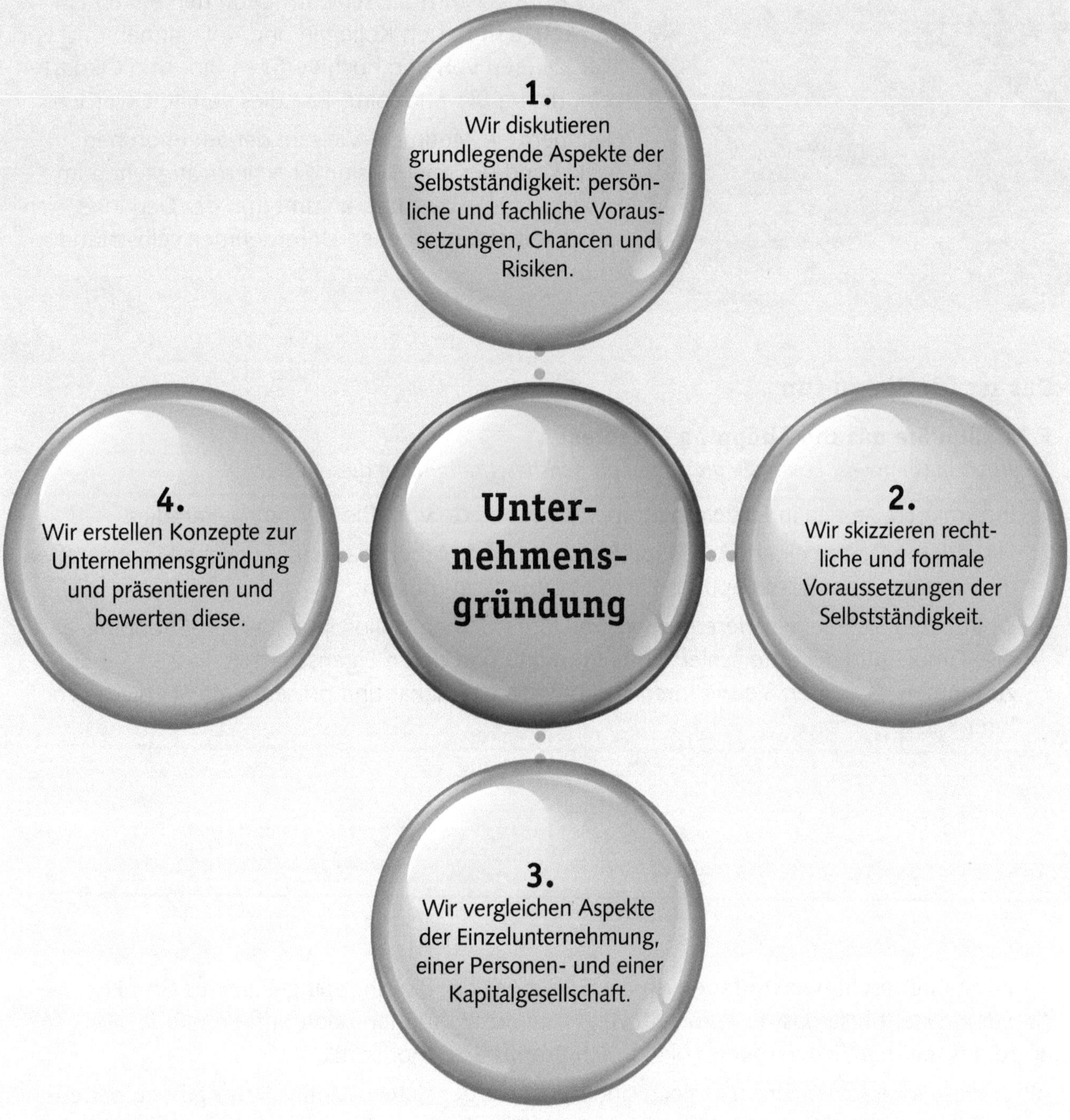

1.1.1 Grundlegende Aspekte der Selbstständigkeit: Eine Geschäftsidee wird geboren

Situation

Metin hat sich entschlossen, seinen Hauptschulabschluss nach Klasse 10 zu erwerben und besucht seit einigen Tagen die Berufsfachschule für Wirtschaft und Verwaltung. Gestern hat er sich mit seiner ehemaligen Klassenkameradin Azra unterhalten, die gerade ihre Ausbildung zur Kauffrau im Einzelhandel begonnen hat. Die Ausbildung absolviert sie in der Bio-Shopping-Paradies GmbH.

Azra ist begeistert! Sie schwärmt von den ersten Eindrücken, den netten Kollegen und Kolleginnen und vor allen Dingen von den hochwertigen Bio- und Ökoartikeln, die im Bio-Shopping-Paradies verkauft werden.

Nachdem sie Metin die Vielzahl der angebotenen Artikel und der abwechslungsreichen Tätigkeiten im Einzelhandel erklärt hat, kommt ihm der Gedanke, sich später mit einem eigenen Unternehmen selbstständig zu machen.

Das ist für Sie zu tun

Erkunden Sie das Bio-Shopping-Paradies!

(Bearbeitungshinweis: Lesen Sie die Unternehmensbeschreibung in diesem Buch.)

1. Informieren Sie sich in **Einzelarbeit** über die Produkte vom Bio-Shopping-Paradies.
2. Diskutieren Sie mit einem **Arbeitspartner** oder einer Arbeitspartnerin, welche Eigenschaften die Produkte vom Bio-Shopping-Paradies aufweisen müssen.
3. Diskutieren Sie in einer **Vierergruppe** die Unternehmensphilosophie der Bio-Shopping-Paradies GmbH und die unterschiedlichen Produkte und deren Eigenschaften. Fassen Sie diese zusammen. Gestalten Sie mit Ihren Ergebnissen ein Plakat und präsentieren Sie dieses vor Ihrer Klasse.

1.1.2 Persönliche und fachliche Voraussetzungen sowie Chancen und Risiken einer Unternehmensgründung

Fortsetzung der Situation

Metin ist überrascht, wie umfangreich das Sortiment der Bio-Shopping-Paradies GmbH ist. Für ihn steht fest, dass er gerne ein vergleichbares Unternehmen eröffnen würde, allerdings mit dem Schwerpunkt: ökologisch produzierte Modeartikel.

Als er diese Idee seinen Eltern mitteilt, sind sie wenig begeistert. Metins Vater gibt zu bedenken: „Das hört sich alles ganz prima an, aber erfüllst du denn die **persönlichen** und **fachlichen** Voraussetzungen, die man für dein Vorhaben benötigt?“

Fortsetzung der Situation

Metin ist etwas irritiert, weil er nicht versteht, was sein Vater mit seiner Aussage meint. Er fragt: „Ich verstehe nicht ganz, was du mir sagen willst. Ich sehe nur die unglaublichen **Chancen,** die eine Unternehmensgründung mit sich bringt!"

Seine Mutter mischt sich nun auch in das Gespräch ein: „Chancen gibt es immer bei einer Unternehmensgründung, allerdings auch jede Menge **Risiken!**". „Welche Risiken meinst du denn?", erwidert Metin. Beide Eltern antworten: „Es scheint, als hättest du dich noch nicht genügend über eine Unternehmensgründung informiert! Lass uns das Gespräch in der kommenden Woche fortsetzen, wenn du dich über die **persönlichen** und **fachlichen** Voraussetzungen und die **Chancen** und **Risiken** einer Selbstständigkeit ausreichend informiert hast!"

Das ist für Sie zu tun

Helfen Sie Metin, sich über die persönlichen und fachlichen Voraussetzungen und über die Chancen und Risiken einer Selbstständigkeit zu informieren!

(Bearbeitungshinweis: Nutzen Sie die Informationen der Unternehmensbeschreibung in diesem Buch. Gerne können Sie sich auch im Internet informieren.)

1. **Einzelarbeit (Think):** Lesen Sie die Informationen in der Unternehmensbeschreibung.
2. **Partnerarbeit (Pair):** Vervollständigen Sie die beiden Übersichten.

Persönliche und fachliche Voraussetzungen der Selbstständigkeit	
Zu den **persönlichen** Voraussetzungen einer Selbstständigkeit zählen:	Zu den **fachlichen** Voraussetzungen einer Selbstständigkeit zählen:
______________________	______________________
______________________	______________________
______________________	______________________
______________________	______________________
______________________	______________________
______________________	______________________

Fortsetzung auf Seite 18

Das ist für Sie zu tun

Fortsetzung von Seite 17

Das sind die Chancen einer Selbstständigkeit	Das sind die Risiken einer Selbstständigkeit

3. **In der Vierergruppe (Share):**
Stellen Sie einem weiteren „Arbeitspaar“ Ihre erarbeiteten Übersichten vor. Vergleichen und diskutieren Sie. (Möglicherweise streichen Sie Aspekte, die nicht passend sind und ergänzen sinnvolle Aspekte).

4. Planen Sie in Ihrer Vierergruppe ein **Rollenspiel,** indem das mögliche Gespräch von Metin und seinen Eltern simuliert wird.

   Nutzen Sie hierbei die Informationen aus Ihren erarbeiteten Übersichten.

   Einigen Sie sich in Ihrer Klasse, wer die Rolle von Metin, dem Vater, der Mutter und dem Beobachter übernimmt.

   Halten Sie sich bei dem Rollenspiel an die Kriterien des Beobachterbogens!

Rollenkarten

Rollenkarte Metin

Metin möchte seine Eltern davon überzeugen, dass er über persönliche und **später** auch fachliche Voraussetzungen für die Selbstständigkeit verfügt.

Er möchte durch seine Argumente die Eltern davon überzeugen, dass er seine Chancen, als Unternehmer erfolgreich zu sein, deutlich höher einschätzt als die Risiken.

Rollenkarte Vater

Metins Vater hält die Idee mit der Selbstständigkeit für Unsinn. Er versucht Metin von den hohen Risiken einer Selbstständigkeit zu überzeugen. Darüber hinaus ist er **nicht** von den fachlichen und persönlichen Voraussetzungen von Metin als Unternehmer überzeugt. Er möchte mit Metin eine Vereinbarung treffen, dass er zunächst einmal die Schule bis zur FOR beendet, dann eine Ausbildung absolviert und nach einigen Jahren Berufserfahrung noch einmal über die Selbstständigkeit nachdenkt!

Rollenkarte Mutter

Metins Mutter hält die Idee mit der Selbstständigkeit für zu riskant. Auch Sie versucht, Metin von den hohen Risiken einer Selbstständigkeit zu überzeugen. Darüber hinaus ist auch sie nicht von den fachlichen und persönlichen Voraussetzungen von Metin als Unternehmer überzeugt. Sie erlebt Metin zu Hause als unordentlich, nicht gewissenhaft und nicht besonders motiviert in der Schule. Außerdem denkt sie auch, dass Metin vor einer geplanten Selbstständigkeit noch viele fachliche und persönliche Voraussetzungen erwerben muss!

Rollenkarte Beobachter

Der Beobachter achtet darauf, dass alle Beteiligten sich an die erarbeiteten Argumente halten, dass sie sachlich argumentieren und die anderen „Familienmitglieder" nicht verbal angreifen. Es sollen alle ausreden und keine persönlichen „Empfindungen" ausgedrückt werden. Auch sollten die Interessen aller berücksichtigt werden und am Ende sollte eine Einigung erzielt werden.

Kriterien Beobachterbogen:

Kriterium	100 % erfüllt	50 % erfüllt	0 % erfüllt	Bemerkung
Erarbeitete Argumente werden verwendet: im Hinblick auf Chancen; Risiken; persönliche Voraussetzungen; fachliche Voraussetzungen; sachlich angewendet.				
Wurde eine zufriedenstellende Einigung erzielt?				
Persönliche Empfindungen werden ausgedrückt.				
Die anderen Familienmitglieder dürfen ausreden. keine verbalen Angriffe				

Zu welcher Einigung sind Sie in Ihrem „Rollenspiel“ gekommen?

____

____

____

____

____

1.1.3 Formale und rechtliche Voraussetzungen einer Unternehmensgründung

Fortsetzung der Situation

Metins Eltern sind überrascht, wie intensiv Metin an der Idee mit dem eigenen Unternehmen festhält. Sie geben ihm den Rat, auch **rechtliche** und **formale** Voraussetzungen einer Selbstständigkeit aufzuzeigen und dann eine **Checkliste** auf dem PC zu erstellen, in der die **notwendigen Schritte zur Unternehmensgründung** unter Nutzung externer Informationsquellen (Internet) zusammengestellt sind.

Das ist für Sie zu tun

Helfen Sie Metin, die **Checkliste** zu erstellen (Inhalte der Checkliste und die Gestaltung der Checkliste mithilfe des PCs).

(Bearbeitungshinweis: Verwenden Sie zur Vorbereitung die in den folgenden Seiten thematisierten Fachbegriffe und die entsprechenden Informationstexte. Gerne können Sie sich auch im Internet informieren.)

1. **Warum ist die Erstellung einer Checkliste sinnvoll?**
2. **Lesen die folgenden Texte und bearbeiten Sie die entsprechenden Arbeitsaufträge!**

Text 1: Ausschnitte aus verschiedenen Interviews mit Existenzgründern (Personen, die bereits ein Unternehmen gegründet haben)

Zum Thema Unternehmensgründung haben wir Selbstständige gefragt, die sich in den letzten drei Jahren für ein eigenes Unternehmen entschieden haben:

Anneliese Demir, Schneiderin

Als Erstes habe ich mir überlegt, ob ich in dem Stadtteil, in dem ich meine Schneiderei gründen möchte, überhaupt Kunden gewinnen kann. Dann habe ich gerechnet, wie viel Geld ich brauche, um das kleine Ladenlokal zu mieten, es einzurichten und die Nähmaschine und sonstige Geräte zu kaufen. Dann habe ich überlegt, ob es Sinn macht, einen weiteren Arbeitsplatz für eine Angestellte einzurichten.

Am besten war allerdings, dass mein **Gründungskonzept** so gut war, dass ich **Förderdarlehen** erhalten habe.

Berat Ince, Autolackierer

In diesem Betrieb habe ich bereits meine Ausbildung absolviert. Danach habe ich mit drei anderen Angestellten hier gearbeitet und nebenbei die **Meisterschule** besucht. Als mein Chef mir mitgeteilt hat, dass er aus Altersgründen den Betrieb verkaufen will und mich als **Unternehmensnachfolger** ausgeguckt hat, habe ich nicht lange gezögert! Schließlich

Fortsetzung auf Seite 22

Das ist für Sie zu tun

Fortsetzung von Seite 21

kannte ich mein Handwerk, ich kannte den Betrieb, die Mitarbeiter und die Kunden. Natürlich musste ich sicherstellen, dass ich genügend **Startkapital** zur Verfügung hatte und dafür musste ich einige Gespräche mit der Bank führen. Für den Übernahmevertrag hatten wir auch einige Termine bei einem Rechtsanwalt und es musste eine **Eintragung ins Handelsregister** vorgenommen werden.

Bela Janos, Bäcker

Schon zu Beginn meiner Ausbildung stand für mich fest, dass ich einmal ein eigenes Unternehmen haben würde. Jedoch habe ich immer intensiver über die möglichen Risiken nachgedacht. Gerade als selbstständiger Bäcker ist es nicht einfach, sich gegen die großen Bäckereien zu behaupten. Dann kam die Idee, mich an einem **Franchise-Unternehmen** zu beteiligen. Jetzt betreibe ich als **Franchisepartner** eine Bäckerei und bereue diesen Schritt nicht. Die Umsätze sind sehr hoch und es fällt mir nicht schwer die **Franchisegebühren** zu zahlen.

Markus Langer, Kaufmann im Einzelhandel (Lebensmittel)

Bis ich endlich mit meinem eigenen Unternehmen starten konnte, mussten viele Gespräche mit meinem **Gründungsberater** von der IHK geführt werden. Problematisch war bei mir der **Businessplan**. Angeblich war nicht zu erkennen, welchen **Unternehmenszweck** ich mit meiner Selbstständigkeit befolgen würde. Auch waren meine formulierten **Gewinnerwartungen** unrealistisch.

In den Interviews haben sich vier Personen über einzelne Aspekte aus der Phase der Unternehmensgründung geäußert.

Über welche Überlegungen, Probleme, Besonderheiten etc. haben die einzelnen Personen berichtet? Halten Sie Stichworte fest!

Anneliese Demir, Schneiderin

____

____

____

____

____

Das ist für Sie zu tun

Berat Ince, Autolackierer

Bela Janos, Bäcker

Markus Langer, Kaufmann im Einzelhandel (Lebensmittel)

Recherchieren Sie die folgenden Begriffe (gerne auch im Internet):

Begriffe:	**Sprachliche Bedeutung:**
Gründungskonzept:	
Förderdarlehen:	
Meisterschule:	
Unternehmensnachfolger:	
Startkapital:	

Fortsetzung auf Seite 24

Das ist für Sie zu tun

Fortsetzung von Seite 23

Begriffe:	Sprachliche Bedeutung:
Übernahmevertrag:	
Eintragung ins Handelsregister:	
Franchiseunternehmen:	
Franchisepartner:	
Franchisegebühren:	
Gründungsberater:	
Businessplan:	
Unternehmenszweck:	
Gewinnerwartungen:	

Welche Äußerungen sind im Hinblick auf die formalen Aspekte einer Unternehmensgründung getroffen worden?

Formale Voraussetzungen einer Unternehmensgründung:

Wie sieht es in Ihrem Praktikumsunternehmen aus?

1. Beschreiben Sie, wann und von wem Ihr Praktikumsunternehmen gegründet worden ist.
2. Recherchieren Sie, welche persönlichen und fachlichen Voraussetzungen bei der Unternehmensgründung entscheidet waren.

Fortsetzung der Situation

Auf der Geburtstagsfeier eines Freundes lernt Metin Niklas Sverno kennen. Er ist gerade dabei sich selbstständig zu machen. Er ist 27 Jahre alt, hat eine abgeschlossene Ausbildung zum Einzelhandelskaufmann vorzuweisen und möchte Autoteile an- und verkaufen.

Metin fragt ihn, wie sein Unternehmen heißen soll. Darauf erwidert Niklas: „Keine Ahnung, der Gründungsberater der IHK hat mir gesagt, dass es nicht schwer ist, sich für eine **Firma** eine **Firmenbezeichnung** einfallen zu lassen. Allerdings muss man sich an sogenannte Firmengrundsätze halten. Ehrlich gesagt, habe ich keine Ahnung, was er mit Firma und Firmengrundsätzen meint!"

„Was für ein Berater war das?", will Metin wissen. Niklas Sverno antwortet: „Er ist Gründungsberater bei der IHK und genau für Leute wie mich, die sich gerade selbstständig machen wollen, zuständig. Allerdings hat er über so komplizierte Sachen wie Eintragung in das **Handelsregister**, die **Wahl der Unternehmensform**, der **Haftung**, die **Kapitalaufbringung**, die **Geschäftsführung**, die **Gewinn- und Verlustaufteilung** und die **Vertretung** des Unternehmens gesprochen. Diese ganzen Begriffe habe ich gar nicht verstanden."

Das ist für Sie zu tun

Niklas beklagt sich bei Metin, dass er die folgenden Begriffe in dem Gespräch mit dem Gründungsberater nicht verstanden hat. Helfen Sie Niklas, die Begriffe zu verstehen! Berücksichtigen Sie hierbei die vorliegenden Informationstexte und Informationen aus dem Internet:

Begriffe:	**Sprachliche Bedeutung:**
Firma:	
Firmengrundsätze:	
Handelsregister:	
Unternehmensform:	
Haftung:	
Kapitalaufbringung:	
Geschäftsführung und Vertretung des Unternehmens:	
Gewinn- und Verlustaufteilung:	

Fortsetzung auf Seite 27

Das ist für Sie zu tun

Fortsetzung von Seite 26

Leiten Sie mithilfe der beschriebenen Begriffe die rechtlichen Voraussetzungen für eine Unternehmensgründung ab.
Notieren Sie.

Rechtliche Voraussetzungen einer Unternehmensgründung:

____

____

____

____

Lesen Sie die Informationstexte: Informationstext 1, Informationstext 2 und Informationstext 3

Informationstexte

1. **Firma:**

In einem Wirtschaftslexikon steht geschrieben, dass die Firma der Name ist, mit dem ein Kaufmann seine Geschäfte betreibt und seine Unterschrift abgibt (§ 1 HGB).

Hierbei werden vier Firmenarten unterschieden:

- Die **Sachfirma** drückt den Gegenstand oder die Tätigkeiten aus, mit denen das Unternehmen Umsätze generiert.
- Die **Personenfirma** besteht aus dem Namen von Personen.
- Die **Mischfirma** ist eine Verbindung von dem Namen der Personenfirma und der Sachfirma.
- Die **Fantasiefirma** ist ein Name, der keinen Bezug zur Personenfirma und zur Sachfirma hat. Dieser Name ist ausgedacht.

Das ist für Sie zu tun

Vervollständigen Sie die folgende Übersicht!

Firma und Firmenarten	
Was ist eine Firma?	______________________________
	______________________________
	______________________________

Das ist für Sie zu tun

Welche Firmenarten gibt es?

Firmenart	Erläuterung	Beispiel
Sachfirma		
Personenfirma		
Mischfirma		
Fantasiefirma		

Informationstexte

2. Firmengrundsätze:

Firmen müssen sich an vier vorgeschrieben **Firmengrundsätze** halten:

- **Firmenöffentlichkeit:** Die Firma ist verpflichtet, sich in das zuständige Handelsregister einzutragen. Die dort hinterlegten Informationen zu der Firma sind praktisch für jeden Interessierten zugänglich.
- **Firmenwahrheit:** Alle Angaben über die Firma müssen den wahren Begebenheiten entsprechen.
- **Firmenausschließlichkeit:** Die Firma muss sich von anderen Firmen im gleichen Gebiet eindeutig und unmissverständlich unterscheiden.
- **Firmenbeständigkeit:** Im Falle einer Veräußerung kann der Firmenname erhalten bleiben.

Das ist für Sie zu tun

Vervollständigen Sie die folgende Übersicht!

Firmengrundsätze

Nachdem die Firmenart festgelegt worden ist, müssen noch die aufgeführten Firmengrundsätze eingehalten werden:

Firmengrundsätze	Erläuterung	Beispiel
Firmen-ausschließlichkeit		
Firmen-wahrheit		

Fortsetzung auf Seite 29

Das ist für Sie zu tun

Fortsetzung von Seite 28

Firmen-öffentlichkeit	______________	______________
	______________	______________
Firmen-beständigkeit	______________	______________
	______________	______________

Informationstexte

3. Das Handelsregister:

Das Handelsregister	
Abteilung A (HRA): • Einzelunternehmen (e. K.; e. Kfr.) • Personengesellschaften (z. B. OHG, KG)	**Abteilung B (HRB):** Kapitalgesellschaften (z. B. GmbH, AG)

Wenn ein Unternehmen gegründet worden ist, muss das Unternehmen sich sofort in das Handelsregister eintragen lassen. Das Handelsregister ist ein Verzeichnis. In dieses Verzeichnis werden Informationen über Kaufleute eingetragen, die für Banken, Geschäftspartner und die Öffentlichkeit interessant sind, wie zum Beispiel:

- Firma,
- Ort der Niederlassung,
- Gegenstand des Unternehmens,
- Geschäftsinhaber,
- Vertretungsbefugnis,
- Tag der Eintragung.

Dieses Verzeichnis wird bei dem Amtsgericht geführt, in dessen Bezirk sich die Niederlassung des Unternehmens befindet.

Die Eintragungen ins Handelsregister werden über das Internet (www.handelsregister.de) und über andere Anbieter veröffentlicht.

Informationstexte

Das Handelsregister wird in die **Abteilungen A und B** unterschieden:

Abteilung A	
Einzelkaufleute: • eingetragener Kaufmann (e. K.); • eingetragene Kauffrau (e. Kfr.)	**Personengesellschaften:** • Offene Handelsgesellschaft (OHG) • Kommanditgesellschaft (KG)

Abteilung B
Kapitalgesellschaften: • Aktiengesellschaften (AG) • Gesellschaft mit beschränkter Haftung (GmbH) • Unternehmergesellschaft (UG)

Nachdem das Unternehmen nach der Gründung in das Handelsregister eingetragen worden ist, führen die folgenden Gegebenheiten zu weiteren Einträgen in das Handelsregister:

Gegebenheiten, die zu weiteren Einträgen in das Handelsregister führen	Beispiele:
Änderung der Firma	Die Firma von Niklas Sverno lautet bei Gründung „Sverno e. K.“, ein Jahr später wird die Firma umbenannt in „Autoteile Sverno OHG“.
Änderung der Inhaber der Firma	Fünf Jahre nach Gründung nimmt Niklas Sverno einen weiteren Gesellschafter, Robert Justo, auf.
Verlegung der Niederlassung	„Autoteile Sverno OHG“ mietet in Düsseldorf ein neues Gebäude an und verlegt den Firmensitz von Köln nach Düsseldorf.
Erteilung oder Widerruf der Prokura*	Robert Justo wird Prokura erteilt. Er darf nun im Namen der Firma Geschäfte tätigen.

**Der Begriff Prokura wird in der Lernsituation AS 1.2 erklärt!*

Das ist für Sie zu tun

Vervollständigen Sie die folgende Übersicht!

Handelsregister	
Sobald ein Unternehmen gegründet worden ist, muss das Unternehmen in das Handelsregister eingetragen werden. Vervollständigen Sie hierzu die folgende Übersicht!	
Was ist ein Handelsregister?	
Welche Unternehmen werden in der Abteilung A des Handelsregisters eingetragen?	
Welche Unternehmen werden in der Abteilung B des Handelsregisters eingetragen?	
Welche Informationen werden in das Handelsregister eingetragen?	
Für wen sind die im Handelsregister eingetragenen Informationen von Interesse?	
Welche Gegebenheiten führen zu weiteren Einträgen in das Handelsregister?	

1.1.4 Unternehmensformen und deren Unterscheidungsmerkmale

Fortsetzung der Situation

Schon immer hat sich Metin gefragt, was es bei einer Firma mit den ganzen Abkürzungen auf sich hat: Severno e. K.; Autoteile Sverno OHG; Bio-Shopping-Paradies GmbH.

Informationstexte

1. Einzelunternehmen (e. K. und e. Kfr.):

Beschließt jemand, ein Unternehmen zu gründen, könnte er die Unternehmensform eines Einzelkaufmanns oder einer Einzelkauffrau wählen. Bei der Gründung kann er oder sie sich in das Handelsregister, Abteilung A als eingetragener Kaufmann (e. K.) oder als eingetragene Kauffrau (e. Kfr.) eintragen lassen.

Als Firma wäre eine Personen-; Sach-; Misch-; oder Fantasiefirma mit dem Zusatz e. K. oder e. Kfr. denkbar. Die Haftung trägt der Einzelkaufmann oder die Einzelkauffrau im vollen Umfang selber, d. h. die Haftung ist **unbeschränkt** mit dem Geschäfts- und dem privaten Vermögen!

Bei der Kapitalaufbringung gibt es keinen festen, vorgegebenen Betrag, sondern dieser ist abhängig von dem für die Unternehmensgründung erforderlichen Kapitalbedarf. Sollte das „Startkapital" aus eigenen Mitteln nicht ausreichen **(Eigenkapital)**, muss **Fremdkapital** bei der Bank aufgenommen werden.

Die Geschäftsführung und die Vertretung des Unternehmens nach außen erfolgt von dem eingetragenen Einzelkaufmann oder der eingetragenen Kauffrau. Im Falle eines Gewinnes des Einzelunternehmens geht der gesamte Gewinn an den Einzelkaufmann oder die Einzelkauffrau, im Falle eines Verlustes muss der Einzelkaufmann oder die Einzelkauffrau diesen vollständig alleine tragen.

Beispiel

Am Werdegang von **Justin Meyer** können wir eine Unternehmensgründung für einen Einzelkaufmann e. K. nachvollziehen:

1. Eine Person (Justin Meyer) legt einen Tätigkeitsbereich fest (Handel mit Bio-Lebensmitteln).
2. Justin gründet die Firma „Justin's Bio-Land e. K.".
3. Die Eintragung erfolgt im Handelsregister Köln, Abteilung A.
4. Als Einzelunternehmer haftet Justin mit seinem geschäftlichen und privaten Vermögen.
5. Das „Startkapital" muss Justin in Form eines Kredites bei der Bank aufnehmen.
6. Als Einzelunternehmer kann er sein „Unternehmen" selber nach außen vertreten und alle Entscheidungen selber treffen. Er ist nicht weisungsgebunden.
7. Über die Gewinne seiner Firma kann er selber entscheiden und verfügen, mögliche Verluste muss er selber tragen.

2. Personengesellschaft: Die Offene Handelsgesellschaft (OHG):

Bei der Gründung einer OHG schließen sich mindestens zwei Gesellschafter oder Gesellschafterinnen zusammen. Bei der Gründung wird zwischen den Gesellschaftern ein Gesellschafts-

Informationstexte

vertrag geschlossen, der die Geschäftsführung und die Vertretung nach außen, die Kapitalverhältnisse sowie die Gewinn- und Verlustaufteilung regelt. Vom Gesetzgeber besteht keine Verpflichtung, diesen Vertrag in schriftlicher Form zu verfassen. Eine mündliche Festlegung ist ausreichend. Es wird jedoch empfohlen, den Vertrag schriftlich zu verfassen!

Die Eintragung ins Handelsregister erfolgt nach der Gründung in der Abteilung A.

Als Firma wäre eine Personen-; Sach-; Misch-; oder Fantasiefirma mit dem Zusatz OHG denkbar.

Die Haftung tragen alle Gesellschafter oder Gesellschafterinnen, und zwar **unmittelbar** (jeder Gesellschafter kann für die Verbindlichkeiten direkt in Anspruch genommen werden), **unbeschränkt** (jeder haftet mit dem Geschäfts- und dem privaten Vermögen) und **gesamtschuldnerisch** (jeder muss für alle Geschäftsschulden einstehen).

Für die Kapitalaufbringung gibt es keinen festen vorgegebenen Betrag, sondern diese ist abhängig von dem für die Unternehmensgründung erforderlichen Kapitalbedarf. Der Kapitalbedarf ist in der Regel in dem Gesellschaftsvertrag aufgeführt. Sollte im Gesellschaftsvertrag keine andere Aufteilung vereinbart worden sein, erfolgt die Kapitalaufbringung von den Gesellschaftern zu gleichen Teilen.

Die **Geschäftsführung** (für das Innenverhältnis) wird im Gesellschaftsvertrag geregelt. Hier wird ein Geschäftsführer festgelegt, dem eine **Einzelgeschäftsführungsbefugnis** erteilt wird. Diese berechtigt ihn, übliche Geschäftshandlungen auszuüben. Übliche Geschäftshandlungen sind z. B. der An- und Verkauf von Waren, Einstellungen und Entlassungen von Mitarbeitern/-innen. Sollen allerdings Grundstücke für die Firma ge- oder verkauft werden, handelt es sich um außergewöhnliche Geschäftshandlungen. Hierzu muss eine **Gesamtgeschäftsführungsbefugnis** erteilt werden.

Die **Vertretung** des Unternehmens nach außen (Außenverhältnis) erfolgt durch eine **Einzelvertretungsbefugnis** jedes Gesellschafters, sofern der Gesellschaftsvertrag nichts anderes vorsieht. Gegenüber Dritten ist die Vertretungsmacht unbeschränkt. Das bedeutet, dass gegenüber Dritten alle Geschäftshandlungen (gewöhnliche und außergewöhnliche) vorgenommen werden können.

Die **Verteilung von Gewinnen** erfolgt, sofern im Gesellschaftsvertrag keine anderen Vereinbarungen getroffen worden sind, nach den Regelungen im HGB (Handelsgesetzbuch): **4 % des Kapitalanteils, Rest nach Köpfen.** Die **Verteilung der Verluste** erfolgt ebenfalls nach Köpfen.

Beispiel

Jahre lang hat Justin Meyer für die „Justin's Bio-Land e. K." von der **Schuster & Braun OHG** saisonales Bio-Obst und -Gemüse aus dem Vorgebirge bezogen.

Die Eheleute Rudolf und Dorothee Schuster sowie die Eheleute Robert und Anette Braun haben vor vielen Jahren Ackerboden gepachtet, auf dem biologisch kontrolliertes Obst und Gemüse angebaut wird. Die Kunden sind Bio-Lebensmittelgeschäfte oder Restaurants in der näheren Umgebung. Im Handelsregister Siegburg haben sie die Firma in die Abteilung A eintragen lassen. Allen vier Gesellschaftern ist bewusst, dass sie im Falle

Fortsetzung des Beispiels auf Seite 34

Informationstexte

Beispiel Fortsetzung

einer Haftung mit ihrem gesamten Vermögen belangt werden können (unbeschränkte Haftung). Als die Firma gegründet wurde, hat man sich auf eine **Kapitalaufbringung** von 200.000,00 € geeinigt. Hierbei haben die einzelnen Gesellschafter und Gesellschafterinnen die folgenden Kapitaleinlagen (eingezahltes Kapital) erbracht:

Gesellschafter	Kapitaleinlage in €
Rudolf Schuster	100.000,00
Dorothee Schuster	25.000,00
Robert Braun	25.000,00
Anette Braun	50.000,00
Summe Gesamtkapital	**200.000,00**

Im schriftlich verfassten Gesellschaftsvertrag wurde geregelt, dass alle vier Gesellschafter an der Führung des Unternehmens beteiligt sind.

Für die Verteilung der Gewinne oder der Verluste ist keine gesonderte Regelung erfolgt.

Verteilung des Gewinns:

Die Gewinnverteilung erfolgt so, wie das HGB (Handelsgesetzbuch) eine Gewinnverteilung vorsieht. Im letzten Jahr wurde ein Gewinn von 50.000,00 € erzielt:

1. **Schritt:** Auflistung der von den einzelnen Gesellschaftern/,-innen eingezahlten Kapitaleinlage,
2. **Schritt:** Ermittlung von 4 % des von den einzelnen Gesellschaftern/-innen eingezahlten Kapitalanteils,
3. **Schritt:** Ermittlung des Restwertes vom Gewinn. Der Restwert wird dann durch die Anzahl der Gesellschafter geteilt (nach Köpfen),
4. **Schritt:** Anteil der einzelnen Gesellschafter und Gesellschafterinnen am zu verteilenden Restgewinn in die Tabelle eintragen,
5. **Schritt: Ermittlung des einzelnen Anteils am Gesamtgewinn;** Addition des Anteils von 4 % und des Anteils aus der Verteilung nach Köpfen.

Gesellschafter	1. Schritt: Eingezahlte Kapitaleinlage in €	2. Schritt: Ermittlung von 4 % des eingezahlten Kapitalanteils in €	3. Schritt: Ermittlung des Restwertes vom Gewinn	4. Schritt: Anteil am zu verteilenden Restgewinn in €	5. Schritt: Anteil am Gesamt-gewinn in €
Rudolf Schuster	100.000,00	4.000,00		10.500,00	14.500,00
Dorothee Schuster	25.000,00	1.000,00	Restwert:	10.500,00	11.500,00
Robert Braun	25.000,00	1.000,00	50.000,00	10.500,00	11.500,00
Anette Braun	50.000,00	2.000,00	–8.000,00	10.500,00	12.500,00
Summe	**200.000,00** **Gesamt-kapital**	**8.000,00** **4 % des anteiligen Kapitals**	**42.000,00**	**42.000,00** **Verteilter Restgewinn**	**50.000,00**

zu **3. Schritt:** Restwert: 50.000,00 – 8.000,00 = 42.000,00 €
zu verteilender Restgewinn: 42.000,00 geteilt durch 4 = 10.500,00 €

Informationstexte

Beispiel Fortsetzung

Verteilung eines Verlustes:

Vor fünf Jahren hat die Schuster & Braun OHG aufgrund von Ernteausfällen einen Verlust in Höhe von 12.000,00 € hinnehmen müssen:

1. Schritt: Division des gesamten Verlustes durch Anzahl der Gesellschafter

2. Schritt: Verteilung des Verlustes auf die Gesellschafter

Gesellschafter	**Eingezahlte Kapitaleinlage in €**	**1. Schritt:** Division des Verlustes in € durch die Anzahl der Gesellschafter	**2. Schritt:** Verteilung des Verlustes in €	**Restkapital nach Verlustaufteilung in €**
Rudolf Schuster	100.000,00		3.000,00	97.000,00
Dorothee Schuster	25.000,00	12.000,00 : 4	3.000,00	22.000,00
Robert Braun	25.000,00	= 3.000,00 €	3.000,00	22.000,00
Anette Braun	50.000,00		3.000,00	47.000,00
Summe	**200.000,00 Gesamtkapital**		**12.000,00 Verlust**	**188.000,00 Gesamtkapital**

3. Gesellschaft mit beschränkter Haftung (GmbH):

Zur Gründung einer GmbH reicht ein Gründer oder eine Gründerin (Ein-Mann GmbH). Die GmbH entsteht durch die Eintragung ins Handelsregister, Abteilung B. Ein Gesellschaftsvertrag ist bei mehr als einer Person notwendig. Dieser Gesellschaftsvertrag muss von einem Notar beurkundet werden.

Als Firma wäre eine Personen-; Sach-; Misch-; oder Fantasiefirma mit dem Zusatz GmbH denkbar.

Die Haftung aller Gesellschafter/-innen ist auf die jeweilige Kapitaleinlage beschränkt.

Die Kapitalaufbringung erfolgt durch die jeweiligen Gesellschafter (Kapitalaufbringungspflicht). Die Höhe des zu zahlenden Kapitalanteils ist im Gesellschaftervertrag festgelegt. Insgesamt muss ein Stammkapital von mindestens 25.000 Euro eingezahlt werden (gezeichnetes Kapital). Die Stammeinlage eines Gesellschafters beträgt mindestens 1 Euro.

Die **Geschäftsführung** hat die **Einzelgeschäftsführungsbefugnis.** Geschäftsführer oder Geschäftsführerin kann ein Gesellschafter oder eine Gesellschafterin sein. Es kann auch jemand im Angestelltenverhältnis die Geschäftsführung übernehmen (angestellter Geschäftsführer oder angestellte Geschäftsführerin).

Die **Vertretung** der Gesellschaft nach außen (Außenverhältnis) wird vom Geschäftsführer ausgeübt.

Die **Verteilung von Gewinnen und Verlusten** wird im Gesellschaftsvertrag geregelt.

Fortsetzung auf Seite 36

Informationstexte

Beispiel Fortsetzung

Die Bio-Shopping-Paradies GmbH wurde im Jahr 2020 von Justin Meyer und Nikola Bauer gegründet und im Handelsregister Köln, Abteilung B eingetragen.

Beide sind froh, dass ihre Haftung auf die Höhe der Kapitaleinlage beschränkt ist. Im Extremfall wäre das Stammkapital (mindestens 25.000,00 Euro) gefährdet, das Privatvermögen einzelner Gesellschafter bleibt unberührt!

Die **Gewinnverteilung** erfolgt entsprechend der Kapitalanteile.

Im Jahr 2021 erwirtschaftet die Bio-Shopping-Paradies GmbH einen Gewinn von 20.000,00 Euro. Die Berechnung erfolgt in den folgenden Schritten:

1. Schritt: Auflistung der Kapitalanteile (vom Stammkapital) der einzelnen Gesellschafter

2. Schritt: Ermittlung des Anteils des Gewinns vom Kapital (Gewinn durch die Summe der Kapitaleinteile teilen)

3. Schritt: Ermittlung des Gewinns in Euro (Gewinnanteil)

Gesellschafter	**1. Schritt:** Auflistung des Kapitals in €	**2. Schritt:** Ermittlung des Anteils des Gewinns vom Kapital	**3. Schritt:** Ermittlung des Gewinns in €
Justin Meyer (60 %)	15.000,00	20.000,00 € geteilt durch 25.000,00 € = 0,8	15.000,00 € · 0,8 = 12.000
Nikola Bauer (40 %)	10.000,00		10.000,00 € · 0,8 = 8.000
Summe	**25.000,00**		**20.000,00**

Bild: © fotomek – Fotolia.com

Das ist für Sie zu tun

Ergänzen Sie die Übersicht:

Unterscheidungs-merkmal:	Einzelunternehmen e. K. oder e. Kfr.	Personengesellschaft OHG	Kapitalgesell-schaft GmbH
Anzahl der Gründer	______	______	______
Eintrag ins Handels-register	______ ______	______ ______	______ ______
Firma	______ ______	______ ______	______ ______
Haftung	______ ______	______ ______	______ ______
Kapitalauf-bringung	______ ______	______ ______	______ ______
Geschäfts-führung und Vertretung	______ ______	______ ______	______ ______
Gewinn- und Verlust-aufteilung	______ ______	______ ______	______ ______

1. Erstellen Sie nun die Checkliste: Was muss bei der Gründung eines Unternehmens beachtet werden? Berücksichtigen Sie hierbei die erarbeiteten Fachbegriffe und die Unterscheidungsmerkmale der Unternehmensformen. Erstellen Sie die Checkliste mit dem Programm Word.

1.1.5 Konzepte zur Unternehmensgründung

Fortsetzung der Situation

Metin möchte ein Konzept für sein geplantes Unternehmen erstellen und es dem zuständigen Gründungsberater vorstellen!

Auch Sie möchten ein Unternehmen gründen, in dem ökologische Produkte (nach Ihrer Wahl) verkauft werden.

Das ist für Sie zu tun

Erstellen Sie jetzt mit einem Arbeitspartner ein praxistaugliches Konzept und stellen Sie dieses Ihrem Gründungsberater vor!

1. Erstellen des Unternehmenskonzeptes:

Tauschen Sie sich mit einem Arbeitspartner oder einer Arbeitspartnerin über die folgenden Inhalte aus:

- Welche Art von Unternehmen werden wir gründen? (Womit verdient das Unternehmen sein Geld?)

- Wo wird der Standort des Unternehmens sein? Begründen Sie Ihre Wahl.
- Welche persönlichen Voraussetzungen bringen wir dafür mit?
- Welche fachlichen Voraussetzungen bringen wir mit?
- Welche Chancen ergeben sich aus der Selbstständigkeit?
- Welche Risiken ergeben sich aus der Selbstständigkeit?
- Wie lautet die Firma?
- Welche Unternehmensform wählen wir? Begründen Sie bitte ausführlich.
- Was muss bei der Gründung beachtet werden?
- Wer übernimmt in meinem Unternehmen die Haftung?
- Wie hoch muss das aufzubringende Kapital sein?
- Wer bekommt in unserem Unternehmen den Gewinn?
- (Zur Bearbeitung der Fragen können Sie auch das Internet z. B. http://www.startercenter.nrw.de/unternehmensgruendung/selbststaendig-machen-die-ersten-schritte.html nutzen)
- Halten Sie die Antworten auf die Fragen schriftlich fest.

Das ist für Sie zu tun

2. Erstellen Sie nun eine PowerPoint-Präsentation.

Achten Sie hierbei auf die folgenden formalen Vorgaben:

- Zielgruppengerechtes Layout
- sinnvolle Gliederung
- Folien nicht überfrachtet
- Angemessene Anzahl der Folien
- keine vollständigen Sätze (nur Halbsätze bzw. Stichpunkte)
- Schriftgröße mindestens 24
- gute Kontraste bei der Wahl von Hintergrund und Schriftfarbe (nicht rot/grün)

3. Tragen Sie nun Ihre Präsentation vor.

Achten Sie bei dem Vortrag auf die folgenden Vorgaben:

- laut und deutlich sprechen
- Pausen beim Reden machen
- Betonung, in ganzen Sätzen sprechen
- Unterstützung durch Hinweis auf Bildmaterial und Beispiele
- Blickkontakt
- selbstbewusste Körperhaltung, Mimik, Gestik

Zur Bewertung des Vortrags (Inhalt, PowerPoint-Folien und Präsentation) halten Sie die beschriebenen Kriterien ein! Ein Bewertungsbogen wird ausgegeben.

Partnerarbeitsphase:

- Jeder ist für die Entwicklung des Arbeitsergebnisses selber verantwortlich.
- Teilen Sie sich die Arbeit in gleiche Teile auf.
- Arbeiten Sie konzentriert an Ihrem Arbeitsauftrag.
- Lassen Sie sich nicht ablenken.
- Evaluieren (bewerten) Sie nach jeder Unterrichtseinheit Ihre Partnerarbeit mit dem Bewertungsbogen für die Partnerarbeit (siehe nächste Seite).

Fortsetzung auf Seite 40

Das ist für Sie zu tun

Konzept zur Unternehmensgründung: Bewertungsbogen für die Partnerarbeit

Datum:

Gruppenmitglieder: 1.

2.

Was wurde heute in der Partnerarbeit erarbeitet?

Welche Aufgaben hat jeder der beiden Arbeitspartner*innen erledigt? 1.

2.

	Ja/Warum?	Nein/Warum?	Verbesserungsvorschläge
War die Arbeit der Arbeitspartner*innen gleich verteilt?			
Haben wir heute unser Arbeitsziel erreicht?			

Fortsetzung auf Seite 41

Das ist für Sie zu tun

Was nehmen wir uns für die nächste Unterrichtseinheit vor?

Inhaltlich:

für die Zusammenarbeit:

Mit der Evaluation (Bewertung) der Gruppenarbeit sind wir einverstanden:

Name:	Unterschrift:

Bewertung der Präsentation:

Die Bewertung erfolgt anhand der Kriterien auf dem Bewertungsbogen (siehe nächste Seite).

Wie sieht es in Ihrem Praktikumsunternehmen aus?

1. Wie lautet die Firma Ihres Praktikumsunternehmens?

2. Um welche Firmenart handelt es sich bei Ihrem Praktikumsunternehmen?

3. Welche Unternehmensform hat Ihr Praktikumsunternehmen?

4. Wer haftet in Ihrem Praktikumsunternehmen?

5. Wer übt in Ihrem Praktikumsunternehmen die Geschäftsführung aus?

Bewertungsbogen: Power-Point-Präsentation Unternehmensgründung

Namen der SuS:
Note:

Inhalt	trifft voll zu					trifft gar nicht zu
Welche Art von Unternehmen werden wir gründen? (Womit verdient das Unternehmen sein Geld?)						
Wo wird der Standort des Unternehmens sein? Begründen Sie Ihre Wahl!						
Welche persönlichen Voraussetzungen bringe ich dafür mit?						
Welche fachlichen Voraussetzungen bringe ich mit?						
Welche Chancen ergeben sich aus der Selbstständigkeit?						
Welche Risiken ergeben sich aus der Selbstständigkeit?						
Wie lautet die Firma?						
Welche Unternehmensform wähle ich? Begründen Sie bitte ausführlich!						
Was muss bei der Gründung beachtet werden?						
Wer übernimmt in meinem Unternehmen die Haftung?						
Wer bekommt in meinem Unternehmen den Gewinn?						
Form Präsentation						
1. zielgruppengerechtes Layout						
2. sinnvolle Gliederung						
3. Folien nicht überfrachtet						
4. angemessene Anzahl der Folien						
5. keine vollständigen Sätze (nur Halbsätze bzw. Stichpunkte)						
6. Schriftgröße mindestens 20						
7. gute Kontraste bei der Wahl von Hintergrund und Schriftfarbe (nicht rot/grün)						
Vortrag (Ticks vermeiden)						
1. laut und deutlich sprechen, Pausen beim Reden machen, Betonung, in ganzen Sätzen sprechen						
2. Unterstützung durch Hinweis auf Bildmaterial und Beispiele						
3. Blickkontakt						
4. selbstbewusste Körperhaltung, Mimik, Gestik						

1.1.6 Feedback geben und nehmen

Feedback …

- erfolgt immer aus der Sicht und der Wahrnehmung derjenigen Person, die gerade die Rückmeldung gibt
- ist immer persönlich, da Feedback direkt an den „Vortragenden“ gerichtet ist
- soll dem Vortragenden helfen, über den „Vortrag“ nachzudenken (reflektieren)
- hilft mögliche Schwachstellen beim nächsten Vortrag zu vermeiden

Merke

Aufbauende (konstruktive) Rückmeldung (= Feedback) verbessert das Gruppenklima und die Zusammenarbeit, wenn sie in einer wertschätzenden Form gegeben und genommen wird.

Regeln für den Feedback-Geber:

1. **Ich-Form:** Sie hatten eine Wahrnehmung über den Vortrag, deshalb äußern Sie auch nur das, was Sie selber wahrgenommen haben: „Ich habe wahrgenommen …“.
2. Beziehen Sie sich auf **konkrete** Einzelheiten.
3. Beginnen Sie mit **positiven** Eindrücken.
4. Bleiben Sie **sachlich:** Rückmeldungen beziehen sich immer auf den Vortrag, nie auf die Person, die den Vortrag hält.
5. Bleiben Sie **wertschätzend,** auch wenn negative Eindrücke rückgemeldet werden!

Regeln für den Feedback-Nehmer:

1. Ihnen muss bewusst sein, dass es beim Feedback immer um die **Wahrnehmung** der Person geht, die Feedback gibt.
2. Achten Sie darauf, was gesagt wird. Wenn etwas für Sie unklar ist, dann **fragen** Sie nach.
3. **Rechtfertigen oder verteidigen** Sie sich nicht!
4. Wie Sie die Rückmeldungen umsetzen, **entscheiden** Sie selber.

1.1.7 Unternehmensgründung: Ich-kann-Liste

Ich-kann-Liste

Bitte machen Sie an der Stelle ein Kreuz, an der Sie Ihren Lernfortschritt einordnen.

Inhalte: **Ich kann …**	**Lernfortschritt**			
	++	**+**	**–**	**––**
1. … über persönliche und fachliche Voraussetzungen der Selbstständigkeit diskutieren,				
2. … Chancen und Risiken einer Selbstständigkeit gegenüberstellen.				
3. … rechtliche und formale Voraussetzungen der Selbstständigkeit im Groben darstellen,				
4. … notwendige Schritte zur Unternehmensgründung unter Nutzung externer Informationsquellen in einer Checkliste zusammenstellen,				
5. … wesentliche IT-Systeme nutzen (Internetrecherche; Einführung Word).				
6. … das Einzelunternehmen, die Offene Handelsgesellschaft (OHG) und die Gesellschaft mit beschränkter Haftung gegenüberstellen/unterscheiden,				
7. … die Unternehmensformen mithilfe der folgenden ausgewählter Aspekte miteinander vergleichen: • Eintragung in das Handelsregister, • Firma, • Haftung, • Kapitalaufbringung, • Geschäftsführung und Vertretung, • Gewinn- und Verlustrechnung.				
8. … ein Konzept zur Unternehmensgründung erstellen,				
9. … Kommunikations- und Präsentationsregeln einhalten (z. B. Feedbackregeln, Regeln der Gestaltung von Folien bei PowerPoint),				
10. … mein Konzept zur Unternehmensgründung präsentieren und bewerten.				

Ich-kann-Liste

An dieser Stelle ist es zur Selbstreflexion Ihres Lernprozesses von Bedeutung, sich über einzelne Phasen des Lernprozesses bewusst zu werden:

Woran hat es gelegen, dass ich einen sehr guten bzw. guten Lernfortschritt in den einzelnen Inhalten erzielt habe?

Woran hat es gelegen, dass ich einen geringen bzw. gar keinen Lernfortschritt in den einzelnen Inhalten erzielt habe?

Welche Vorgehensweise bzw. Methoden haben zum Gelingen meines Lernfortschritts beigetragen?

Was nehme ich mir für meinen Lernprozess in der nächsten Anforderungssituation vor?

AS 1.2 Unternehmensführung: Was erwartet uns in der Anforderungssituation?

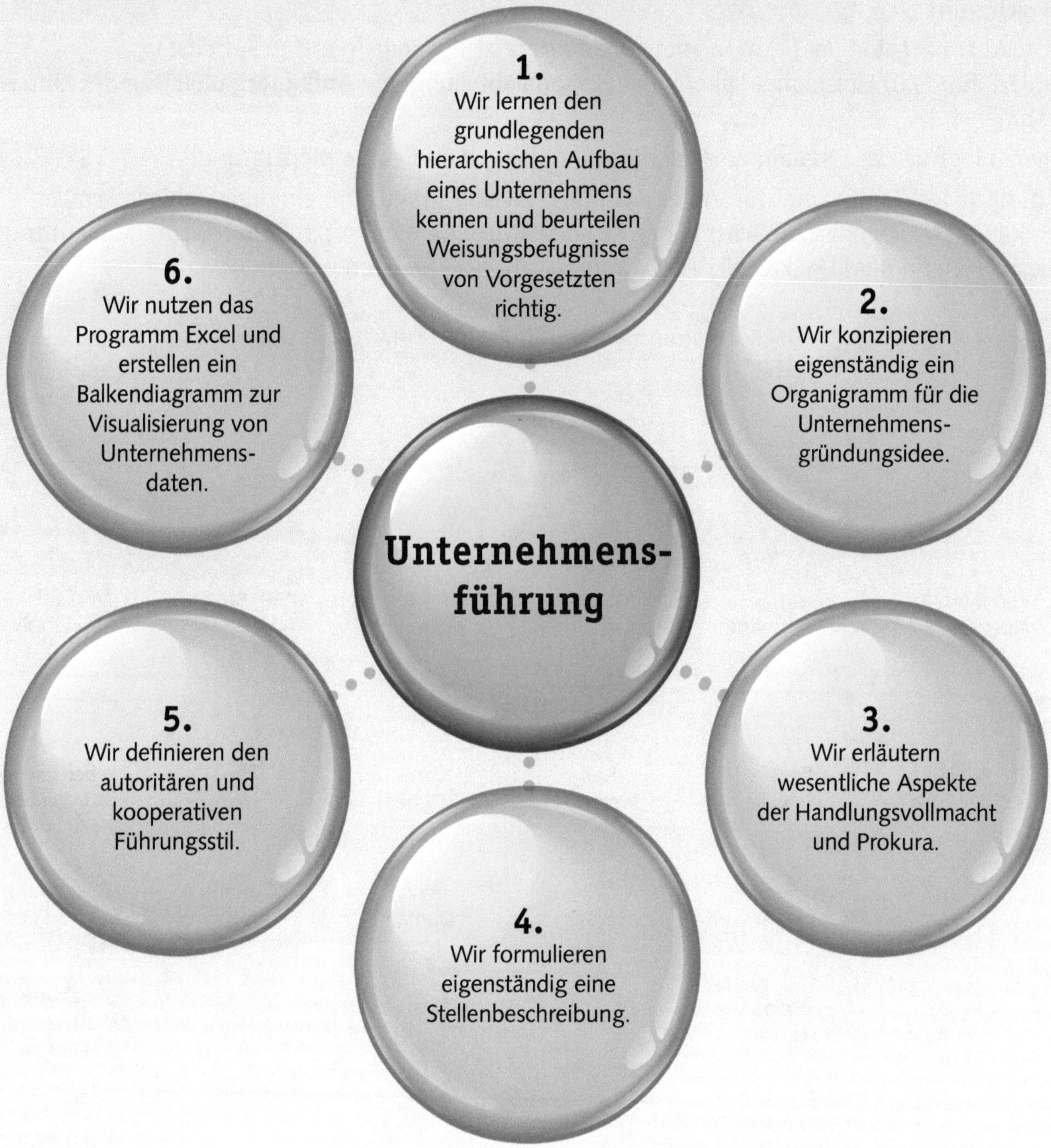

1.2.1 Hierarchischer Aufbau eines Unternehmens

Situation

Metin hat ein Praktikumsplatz im Bio-Shopping-Paradies GmbH erhalten. Darüber freut er sich sehr!

Er wird zunächst in der Personalabteilung eingesetzt. An seinem ersten Arbeitstag erklärt ihm Frau Holzmann, Leiterin der Personalabteilung, die **Aufbauorganisation** des Unternehmens.

Hierzu legt sie das Organigramm der Bio-Shopping-Paradies GmbH zugrunde.

Am nächsten Tag beginnt für Viktor Kühn, ein zweiter Praktikant, ein dreiwöchiges Schülerpraktikum. Auch er ist zunächst in der Personalabteilung eingesetzt. Frau Holzmann beauftragt diesmal Metin damit, Viktor die Aufbauorganisation zu erklären.

Organigramm der Bio-Shopping-Paradies GmbH

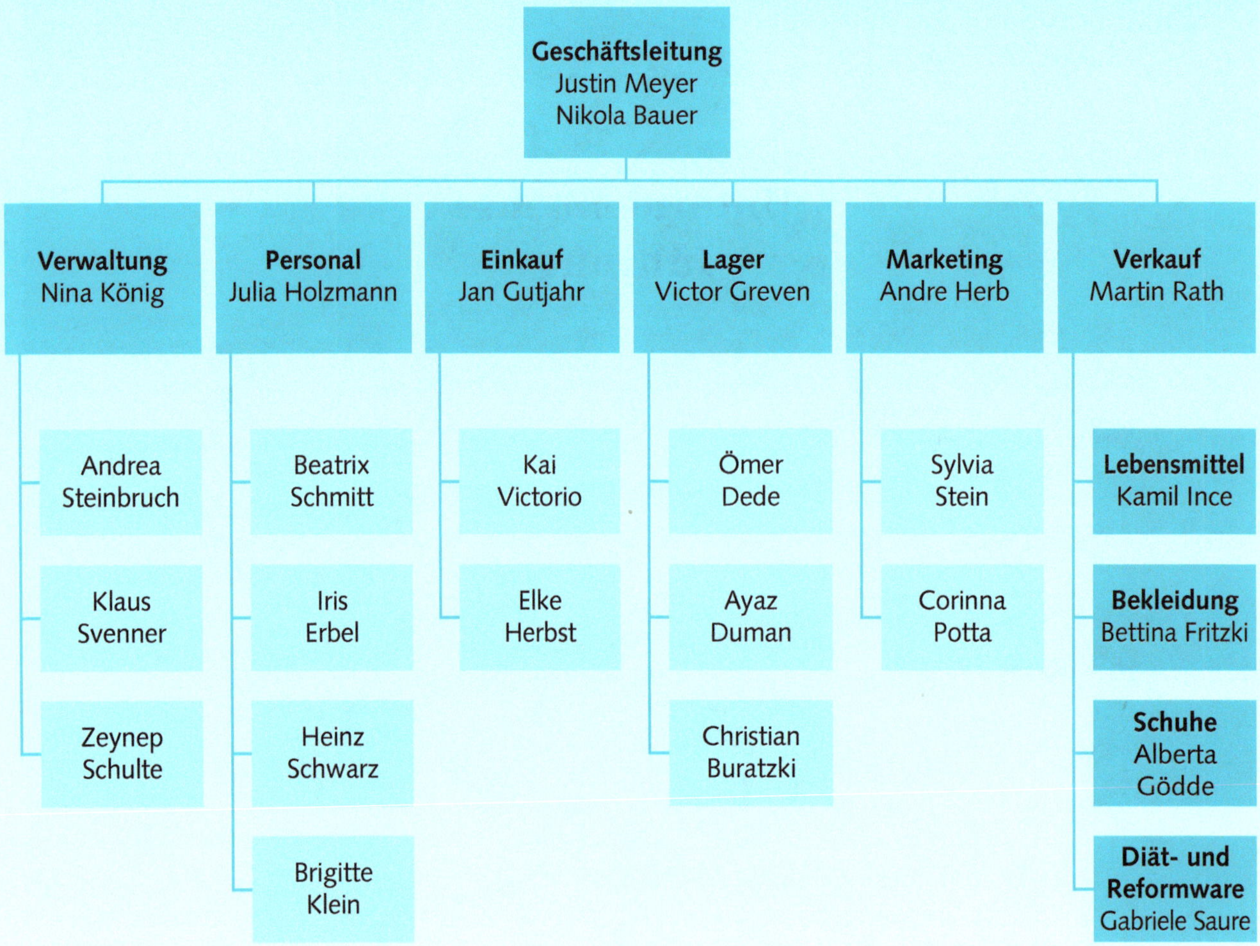

Bild: © fotomek – Fotolia.com

Wie gut, dass Metin einen Auszug eines Informationstextes aus einem Organisations-Handbuch hat! Hieran und an dem Organigramm der Bio-Shopping-Paradies GmbH kann sich Metin orientieren:

[...] ab einer gewissen Unternehmensgröße ist es wichtig, **Zuständigkeiten** und **Beziehungen** zwischen Führungskräften und Mitarbeitern und Mitarbeiterinnen zur regeln.

Die genaue Festlegung (Regelung), **wer** bestimmte Aufgaben **wie** zu erledigen hat, setzt voraus, dass alle mit der Aufgabe verbunden Teilaufgaben bekannt sind. Das Herausfinden der Teilaufgaben ist Aufgabe der **Aufgabenanalyse!**

Beispiel: Der Einkauf von Bio-Ware setzt eine Recherche möglicher Lieferanten voraus. Dann müssen Angebote eingeholt und verglichen werden. Wenn geeignete Lieferant gefunden worden sind, werden Bestellungen aufgegeben. Danach muss überprüft werden, ob die bestellte Ware pünktlich, in der bestellten Menge und fehlerfrei geliefert wird.

Sind alle Teilaufgaben bekannt, werden diese Teilaufgaben entsprechenden Mitarbeitern (die Inhaber von betrieblichen **Stellen**, z. B. Sachbearbeiter) und Abteilungen zugeordnet **(Aufgabensynthese).**

Einen Überblick über die Aufbauorganisation eines Unternehmens erfolgt mithilfe eines Organisationsdiagramms, dem **Organigramm.** Hier wird dargestellt, **welche** Abteilungen es gibt, **wer Weisungen** geben kann und **wer** diese **umsetzen** muss (Ausführungsstelle).

Im Sinne einer Aufbauorganisation werden die folgenden **Leitungssysteme** unterschieden:

1. Einliniensystem,
2. Mehrliniensystem,
3. Stabliniensystem u. a.

1. Einliniensystem:

In Unternehmen, deren Organisation ein Einliniensystem ist, ist jeder Abteilung eine Leitungsstelle (Instanz) zugewiesen. Der Stelleninhaber dieser Leitungsstelle ist berechtigt, Weisungen zu geben. Die einzelnen Abteilungen können nur über diese Leitungsstellen zusammen arbeiten und kommunizieren.

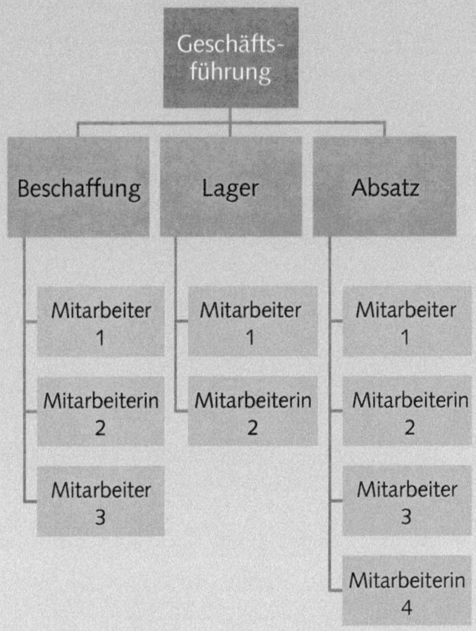

Vorteile:

- klare Zuordnung von Zuständigkeiten,
- klare Aufgabenkoordination und -kontrolle.

Nachteile:

- lange und umständliche Kommunikationswege,
- Gefahr des Informationsverlustes durch die langen Kommunikationswege.

Fortsetzung auf Seite 50

2. Mehrliniensystem:

In Unternehmen, deren Organisation ein Mehrliniensystem ist, kann jeder Mitarbeiter verschiedene Vorgesetzte haben. Von diesen erhält er nach sachlichen Gesichtspunkten seine Anweisungen.

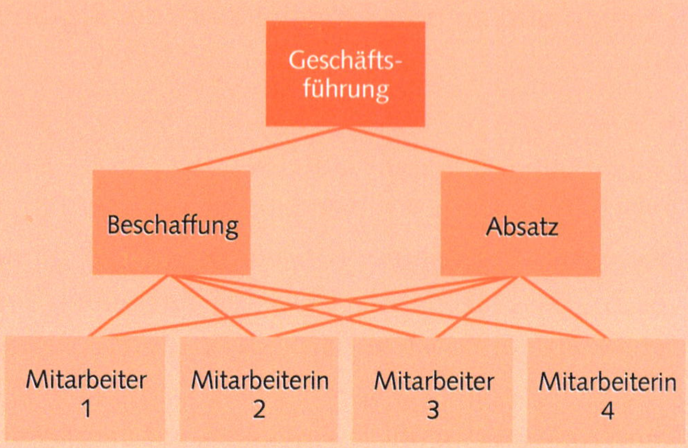

Vorteile:

- kurze Kommunikationswege
- Fachwissen der verschiedenen Vorgesetzten nutzen

Nachteile:

- Zuständigkeiten sind nicht immer deutlich erkennbar
- unübersichtliche Aufgabenkoordination und -kontrolle

3.Stabliniensystem

In Unternehmen, deren Organisation ein Stabliniensystem ist, werden die Linienstellen von Spezialisten (z. B. im Bereich EDV, Jura (Recht)) beraten und unterstützt. Stabsstellen dienen nur der fachlichen Beratung und Unterstützung. Die Inhaber der Stabsstellen dürfen keine Weisungen an andere geben. Stabsstellen kann es in allen Leitungssystemen geben.

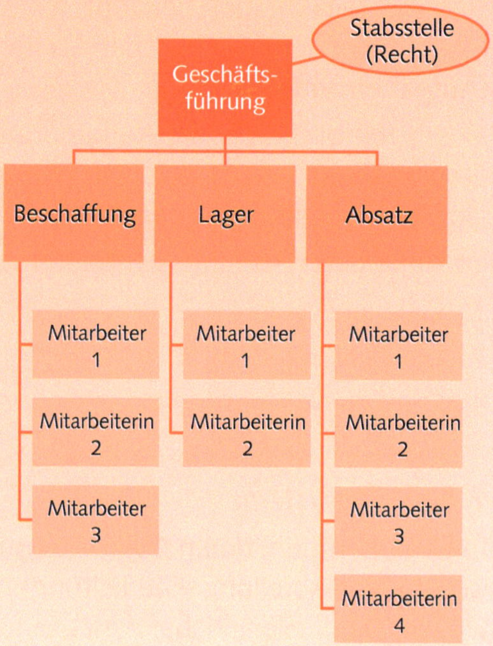

Vorteile:

- Expertenwissen kann genutzt werden
- Entscheidungen können besser getroffen werden
- Instanzen können entlastet werden

Damit Metin bei der Erklärung der Aufbauorganisation der Bio-Shopping-Paradies GmbH verständlich vorträgt und keine Informationen vergisst, arbeitet er mit der folgenden Übersicht. Helfen Sie ihm, die aufgeführten Aspekte zu ergänzen:

Die Aufbauorganisation der Bio-Shopping-Paradies GmbH	
Das Organigramm:	**Stellt dar, welche Abteilungen es gibt, wer Anweisungen geben kann und wer diese umsetzen muss.** So ist das bei der Bio-Shopping-Paradies GmbH: Abteilungen: __________ __________ __________ __________ __________ __________ __________ Wer darf für die jeweilige Abteilung Weisungen geben? __________ __________ __________ __________ __________ __________ __________ __________

Aufbauorganisation: Das Unternehmen orientiert sich an der Aufbauorganisation eines Einliniensystems. Hieraus ergeben sich die folgenden …

Vorteile:

____

____

____

____

____

____

Nachteile:

____

____

____

____

____

____

Fortsetzung der Situation

Metin hatte den Eindruck, dass er Viktor Kühn die Aufbauorganisation der Bio-Shopping-Paradies GmbH gut erklären konnte, da Viktor keine Fragen gestellt hatte.

Am nächsten Tag beschwerte sich Viktor über Frau Holzmann: „Drei Stunden habe ich für Frau Holzmann irgendwelche Daten in den PC eingeben müssen. Dann kam sie und hat von mir verlangt, dass ich den Besprechungsraum für anstehende Bewerbungsgespräche aufräumen und sogar saugen sollte. Doch damit nicht genug, ich musste auch noch Kaffee kochen und den dann in den Besprechungsraum bringen! Das mache ich nie wieder! Beim nächsten Mal lasse ich mir von Frau Holzmann nichts mehr sagen!“ Metin erwidert: „Das wirst du wohl müssen.“

Das ist für Sie zu tun

1. Klären Sie in **Einzelarbeit,** was Metin mit der Bemerkung „das wirst du wohl müssen“ meint?
2. Diskutieren Sie Ihre Überlegungen mit einem **Arbeitspartner!** Nehmen Sie das Organigramm der Bio-Shopping-Paradies GmbH und ordnen Sie die beiden Praktikanten ein.
3. Schließen Sie sich mit einem weiteren Arbeitspaar zusammen **(Vierergruppe):** Vergleichen Sie Ihre Arbeitsergebnisse und diskutieren Sie.
   Formulieren Sie mindestens fünf generelle Fragen, die Sie bei der Analyse eines Organigramms zugrunde legen werden. (Zum Beispiel: Wer ist der Geschäftsführer? …)
4. Wählen Sie in der Vierergruppe ein in Ihrem Heimatort ansässiges Unternehmen aus. Recherchieren Sie im Internet nach dem Organigramm und drucken Sie es aus. Beantworten Sie anhand dieses Unternehmens Ihre in Aufgabe 3 formulierten Fragen zum Organigramm.
5. Stellen Sie das entsprechende Unternehmen und das Organigramm Ihren Mitschülern und Mitschülerinnen vor.

1.2.2 Konzeption eines Organigramms

Folgesituation

Nicht nur Metin, auch Sie haben die wesentlichen Grundlagen zur Aufbauorganisation kennengelernt. Wenden Sie Ihre neuen Kenntnisse auf Ihre Unternehmensgründungsidee an!

Das ist für Sie zu tun

1. Überlegen Sie zunächst in **Einzelarbeit,** wie Sie das Organigramm Ihres in Lernsituation 1.1 gedanklich gegründeten „Unternehmens“ darstellen können!
2. Gehen Sie hierbei auf die Begriffe Stelle, Abteilung und Weisungsbefugnisse ein, indem Sie die Begriffe nennen, erläutern und auf Ihr Unternehmen anwenden! (Die Tabelle dient Ihnen zur besseren Strukturübersicht)

Begriffe	Erläuterung	Anwendung auf Ihr Gründungsunternehmen
Stelle		
Abteilung		
Weisungsbefugnisse		

Das ist für Sie zu tun (Fortsetzung)

3. Vergleichen Sie Ihre Arbeitsergebnisse mit der Mitschülerin oder dem Mitschüler, mit der/dem Sie gemeinsam das „Unternehmen"gegründet haben. Erstellen Sie das von Ihnen entwickelte Organigramm mit Word (z. B. SmartArt).
4. Präsentieren Sie das Organigramm Ihren Mitschülerinnen und Mitschüler! Achten Sie darauf, die Fachbegriffe wie Stelle, Abteilung, Weisungsbefugnis und Ausführungsstelle sachlich richtig anzuwenden.

1.2.3 Handlungsvollmacht und Prokura

Situation

Metin ist jetzt seit vier Tagen im Praktikum. Er ist heute in der Abteilung Verkauf eingesetzt und ist für die Bekleidung zuständig. Er hat gelernt, wie das Sortiment aufgebaut ist und er kann die Kasse bedienen. Bettina Fritzki, die Abteilungsleiterin, hat ihm gesagt, dass ein kundenfreundlicher Umgang ganz wichtig ist.

In der Mittagspause geht Frau Fritzki für eine halbe Stunde „an die frische Luft" und Metin ist alleine in der Abteilung. Ein Kunde tritt ein und schaut sich eine Hose an, die mit 150,00 € ausgezeichnet ist. Metin spricht den Kunden an, indem er dem Kunden bestätigt, dass es sich um eine besonders hochwertige und modische Hose handelt. Der Kunde sagt ihm, dass er die Hose für 100 € sofort mitnehmen würde und eventuell in einer Woche wiederkommt, um die gleiche Hose in einer anderen Farbe zu kaufen. Metin gibt den Betrag von 100 € in die Kasse ein, nimmt das Geld an und verabschiedet sich von dem Kunden. Als Frau Fritzki aus der Pause zurückkehrt, berichtet Metin stolz von seinem ersten, selbstständig durchgeführten Verkauf und erwartet ein dickes Lob.

Das ist für Sie zu tun

1. Überlegen Sie in **Einzelarbeit,** warum Metin ein dickes Lob erwartet.
2. Überlegen Sie sich, warum er stattdessen vielleicht **Ärger** bekommen könnte?
3. **Lesen Sie vorher die folgenden Informationstexte: Informationstext 1, Informationstext 2 und Informationstext 3**

Informationstext 1

Auszug aus einer Kölner Zeitung:

deshalb lautet das gerichtliche Urteil: [...]

Begründung: Die Mitarbeiterin hat zum wiederholten Male ohne Absprache mit dem Chef eigenständige Handlungen durchgeführt. Diese Handlungen waren außergewöhnlich und entsprachen nicht den gewöhnlichen Rechtshandlungen [...]

Das ist für Sie zu tun

Was wird in diesem Text problematisiert?

___

___

Informationstext 2

Nicht alle Handlungen, die zum normalen Geschäftsbetrieb nötig sind, können von dem Firmeninhaber oder Geschäftsführer selber durchgeführt werden. So kann Justin Meyer nicht den ganzen Tag im Verkauf tätig sein, wenn er andererseits neue Ware bestellen muss oder sich um personelle Angelegenheiten kümmern muss. Er muss bestrebt sein, manche Rechtshandlungen an Mitarbeiter oder Mitarbeiterinnen abzugeben oder zu delegieren.

Dazu benötigen die Mitarbeiter und Mitarbeiterinnen eine sogenannte Handlungsvollmacht (§ 54 HGB). Die Erteilung der Handlungsvollmacht bedarf keiner besonderen Form. Sie kann auch mündlich erteilt werden. Der oder die Handlungsbevollmächtigte ist für alle gewöhnlichen Rechtsgeschäfte im Handelsgewerbe zeichnungsberechtigt, das heißt, der oder die Handlungsbevollmächtigte darf im eigenen Namen im Auftrag (i. A.) oder in Vertretung (i. V.) für den Kaufmann oder die Kauffrau unterschreiben.

Bei den Handlungsvollmachten werden drei Arten unterschieden:	
Einzelvollmacht	wird bei einem einmaligen Rechtsgeschäft erteilt; z. B. aufgrund einer Erkrankung bevollmächtigt ein Einzelkaufmann einen Praktikanten den Tagesumsatz zur Bank zu bringen
Artvollmacht	wird bei andauernden Rechtsgeschäften einer bestimmten Art erteilt; z. B. Kassierer oder Verkäufer (hiermit ist der Verkauf von Waren und das Kassieren gemeint (Preissenkungen sind hiervon nicht betroffen)
Gesamtvollmacht (Allgemeine Handlungsvollmacht)	wird bei allen dauernden gewöhnlichen Rechtsgeschäften oder bei allen anfallenden Tätigkeiten erteilt; z. B. ein Abteilungsleiter im Einzelhandel ist für das Personal in seiner Abteilung verantwortlich, für den Einkauf und den Verkauf

Geltungsdauer (Gültigkeit) der Vollmachten:
eine erteilte Vollmacht verfällt, wenn

- die Vollmacht widerrufen wird,
- das zu vertretende Rechtsgeschäft ausgeführt worden ist,
- die vertragliche Basis zwischen den beiden Vertragspartnern nicht mehr gültig ist, z. B. Aufhebung eines Arbeitsvertrages

Informationstext 3

Wird in einem Unternehmen einem Mitarbeiter Prokura erteilt, so ist der ernannte „Prokurist“ für alle gewöhnlichen und außergewöhnlichen Rechtshandlungen eines Unternehmens berechtigt. **Ausgeschlossen** von der Prokura sind

1. die Aufnahme neuer Gesellschafter,
2. die Veräußerung von Geschäftsgrundstücken und -gebäuden,
3. das Auflösen des Geschäftsbetriebs.

Folgendes ist bei der Prokura zu beachten:

- ein Prokurist zeichnet mit ppa (per procura)
- die Erteilung der Prokura muss in das Handelsregister eingetragen werden

Die Prokura erlischt bei Auflösung des Arbeitsverhältnisses,

- bei Widerruf der Prokura,
- bei Geschäftsauflösung

Arten der Prokura:

Einzelprokura	Gesamtprokura	Filialprokura
Ein Prokurist kann das Unternehmen nach außen alleine vertreten (z. B. Geschäftsführer)	Mehrere Prokuristen vertreten das Unternehmen nach außen (z. B. Geschäftsführer)	Die Prokura ist auf eine Filiale oder einen abgegrenzten Unternehmensbereich bezogen.

Das ist für Sie zu tun (Fortsetzung von Seite 54)

4. Tauschen Sie sich über Ihre Überlegungen mit einem **Arbeitspartner** aus.
5. Vervollständigen Sie zusammen die folgenden Übersichten:

Merken Sie sich:

Zur Erledigung bestimmter Aufgaben müssen Mitarbeiter die offizielle Erlaubnis vom Geschäftsführer haben!

Die Erteilung einer Vollmacht bedarf keiner bestimmten Formvorschrift!
Es werden die folgenden Formen von Vollmachten unterschieden:

1. ____________________

____

2. ____________________

____

3. ____________________

____

Das ist für Sie zu tun (Fortsetzung)

Ergänzen Sie die Übersicht:

Art der Vollmacht	Erläuterung	Beispiele
Einzelvollmacht:	____________ ____________	____________ ____________
Artvollmacht:	____________ ____________	____________ ____________
Gesamtvollmacht:	____________ ____________	____________ ____________
Prokura: (kann nicht wie bei den anderen Vollmachten formfrei erteilt werden! Die Prokura wird ausdrücklich erteilt und im Handelsregister eingetragen!)	____________ ____________	____________ ____________

Verfall der Vollmachten:

Vollmachten gelten nicht ewig! Sie verfallen, wenn …

1. ____

____

2. ____

____

3. ____

____

6. Vergleichen Sie die Ergebnisse mit den Ergebnissen eines weiteren Arbeitspaares **(Vierergruppe).**

7. Überlegen Sie nun, ob sich Metin, wie in der Situation 3 beschrieben, richtig verhalten hat. Begründen Sie.

1.2.4 Stellenbeschreibung

Situation

Heute ist Metin schon mehr als zwei Wochen Praktikant im Bio-Shopping-Paradies. Er hat sich in der Abteilung Verkauf schon sehr gut eingelebt, er ist freundlich zu den Kunden, ihm ist gezeigt worden, wie das Sortiment aufgebaut ist und wie die Kasse funktioniert. Plötzlich hört er die laute Stimme von Frau Saure, seiner zuständigen Sachbearbeiterin. Sie unterhält sich mit Herrn Victorio aus der Abteilung Einkauf: „Frau Saure, ich weiß nicht wieso Sie der Meinung sind, dass ich einen neuen Lieferanten für Kirschkernkissen auswählen muss. Ich habe hier in meiner Abteilung mehr als genug zu tun, ich bräuchte dringend einen zusätzlichen Mitarbeiter an meiner Seite. Statt Unterstützung erwarten Sie, dass ich noch zusätzliche Arbeiten übernehmen muss, die gar nicht zu meinen Aufgaben gehören!“ Metin hört, wie Frau Saure antwortet: „Einer muss sich ja schließlich um einen neuen Lieferanten kümmern!“

Metin denkt, dass diese Art von Streit sicherlich zu vermeiden wäre, wenn genau geregelt wäre, welche Aufgaben jeder Stelleninhaber erledigen muss.

Das ist für Sie zu tun

Was denken Sie?

____

____

____

____

____

Fortsetzung der Situation

Metin trifft in der Kantine Frau Holzmann, Abteilungsleiterin Personal. Er möchte den Streit von eben nicht erwähnen und stellt deshalb die allgemeine Frage: „Woher wissen denn die Mitarbeiter und Mitarbeiterinnen genau, welche Tätigkeiten zu ihrem Aufgabengebiet gehören?“ „Aus der Stellenbeschreibung“, antwortet Frau Holzmann, „die müsste jedem Abteilungsleiter oder jeder Abteilungsleiterin vorliegen, damit er oder sie Mitarbeiter und Mitarbeiterinnen einweisen kann! Diese ist vor allem auch für die Einarbeitung neuer Mitarbeiter und Mitarbeiterinnen wichtig.“ Metin denkt, dass er sich gleich die Stellenbeschreibung von Herrn Victorio ansehen will, um zu sehen, wer von den beiden im Recht ist!

Fortsetzung auf Seite 59

Fortsetzung der Situation

Metin liest die Stellenanzeige von Herrn Victorio:

Stellenbeschreibung

Unternehmen:	Kostenstelle: 5698/2	Stellennummer: 6

Stellenbezeichnung: Sachbearbeiter der Abteilung Einkauf (Beschaffung)

Stelleninhaber(in): Herr Victorio

1. Stelleneinordnung:

Unmittelbar übergeordnete Stelle:	Leiter Abteilung Einkauf (Beschaffung) Herr Jan Gutjahr
Unmittelbar untergeordnete Stelle:	keine

2. Stellenaufgabe:

Tätigkeiten:	• Planung des Einkaufs nach Warenart und Menge • Ermittlung möglicher Lieferanten • Einholen von Angeboten • Auswahl geeigneter Lieferanten • Durchführung der Bestellung • Überwachung der Lieferung (inkl. Terminüberwachung) • Sachliche und rechnerische Prüfung der Lieferpapiere • Erteilung von Mängelrügen bei Lieferanten • Führen der Lieferantenkartei
Befugnisse/Verantwortung:	Die anfallenden Aufgaben werden eigenverantwortlich und selbstständig durchgeführt. Rücksprache mit den Vorgesetzten ist ab einer Bestellhöhe von 5.000 € notwendig.
Anforderungen an den Stelleninhaber:	• Mittlerer Bildungsabschluss • Abgeschlossene kaufmännische Ausbildung • Erfahrungen in Einkaufstätigkeiten • Warenkenntnisse und Marktkenntnisse • Selbstständigkeit, Verhandlungsgeschick, Zuverlässigkeit

Das ist für Sie zu tun

1. Wie könnte Metin den Streit zwischen den beiden Parteien sachlich beenden? Nennen Sie Gründe, warum in Unternehmen **Stellenbeschreibungen** verfasst werden sollten.
2. Informieren Sie sich im Internet über typische Tätigkeiten im **Verkauf.** Erstellen Sie am PC mit dem Programm Word eine Stellenbeschreibung für eine Stelle als Sachbearbeiter oder als Sachbearbeiterin in der Abteilung Verkauf. Nutzen Sie bei der Bearbeitung die Informationen und die Vorlage der vorliegenden **Stellenbeschreibung** für die Abteilung Einkauf!

1.2.5 Führungsstile

Situation

Metin ist mit seinem Praktikum sehr zufrieden. Er ist begeistert von seinen ihm zugewiesenen Aufgaben und von der Art und Weise, wie die Führungskräfte mit den Mitarbeitern aus den untergeordneten Hierarchieebenen umgehen.

Als sich Metin vor wenigen Tagen mit Sven, einem ehemaligen Mitschüler, der eine Ausbildung in einem großen Lebensmitteldiscounter absolviert, unterhalten hat, war er ziemlich schockiert. Sven hat berichtet, dass sein Abteilungsleiter keine Mitbestimmung von Mitarbeitern und Mitarbeiterinnen zulässt, alle Entscheidungen selber trifft, alle wichtigen Aufgaben selber übernimmt und für alles, was in der Abteilung passiert, die alleinige Verantwortung übernimmt. Sein spontaner, erster Gedanke war „das hört sich alles ziemlich **autoritär** an!"

Er selber erlebt den **Führungsstil** in der Bio-Shopping-Paradies GmbH ganz anders: Seine Vorgesetzten lassen die Mitarbeiter und Mitarbeiterinnen mitbestimmen, alle unternehmensrelevanten Entscheidungen werden mit den Mitarbeitern und Mitarbeiterinnen zusammen getroffen, bestimmte Aufgaben dürfen von den Mitarbeitern und Mitarbeiterinnen auch alleine erledigt werden, alle Mitarbeiter und Mitarbeiterinnen tragen die Verantwortung für ihre Handlungen. Für Metin steht fest, dass in diesem Unternehmen ein **kooperativer** Führungsstil praktiziert wird.

Das ist für Sie zu tun

Vervollständigen Sie die folgende Übersicht, indem Sie die Informationen aus der Situation (s. o.) berücksichtigen. Gerne können Sie auch im Internet recherchieren.

Merkmale der folgenden Führungsstile:

Autoritär:	**Kooperativ:**

Fortsetzung auf Seite 61

Das ist für Sie zu tun

Sie Haben die Merkmale des autoritären und kooperativen Führungsstils notiert. Beschreiben Sie nun, was Ihnen an den beiden Führungsstilen gefällt oder nicht gefällt.

	mir gefällt	mir gefällt nicht
Autoritärer Führungsstil:	____________________	____________________
	____________________	____________________
	____________________	____________________
	____________________	____________________
	____________________	____________________
	____________________	____________________
	____________________	____________________
	____________________	____________________
Kooperativer Führungsstil:	____________________	____________________
	____________________	____________________
	____________________	____________________
	____________________	____________________
	____________________	____________________
	____________________	____________________
	____________________	____________________
	____________________	____________________

Wie sieht es in Ihrem Praktikumsunternehmen aus?

1. Stellen Sie das Organigramm von Ihrem Praktikumsunternehmen vor!

2. Beschreiben Sie, wer Ihnen Anweisungen geben darf.

3. Nennen Sie die Abteilungen, in denen Sie in Ihrem Praktikumsunternehmen bereits eingesetzt worden sind.

4. Nennen Sie die Personen, die in Ihrem Praktikumsunternehmen Einzelprokura ausüben.

5. Wurde Ihnen zu Beginn Ihres Praktikums eine Tätigkeitsbeschreibung vorgelegt? Falls ja, stellen Sie diese vor.
   Beschreiben Sie den Führungsstil in Ihrem Praktikumsunternehmen.

1.2.6 Visualisierung von Ergebnissen in Form einer Diagrammerstellung in Excel

Situation

Frau Fritzki bittet Metin in die Abteilung Verwaltung zu gehen. Er soll Frau König eine Liste mit Verkaufsdaten und Umsatzzahlen bringen. Als er in das Büro von Frau König kommt, sitzt diese am Computer und arbeitet konzentriert an dem folgenden Kreisdiagramm …

Kreisdiagramm:

Abteilungen und die entsprechende Anzahl der Mitarbeiter/innen der Bio-Shopping-Paradies GmbH

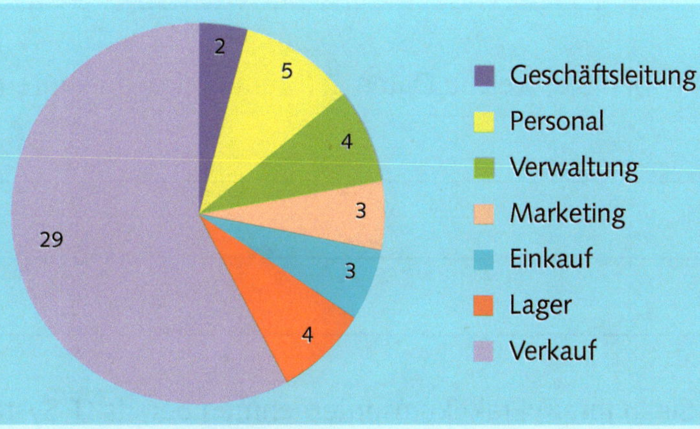

Frau König freut sich, Metin zu sehen und sagt: „Für unser nächstes Meeting mit der Geschäftsleitung und allen Abteilungsleitern und -leiterinnen sollen unsere Firmendaten in Form von Diagrammen visualisiert werden. Dabei muss ich noch so viele andere Dinge erledigen. Vielleicht können Sie mir dabei helfen?"

Das ist für Sie zu tun

1. Überlegen Sie in Einzelarbeit, was dieses Kreisdiagramm abbildet.
2. Tauschen Sie sich mit einem Arbeitspartner aus und überlegen Sie, wo Sie die zugrunde gelegten Daten in diesem Buch finden?
3. Diskutieren Sie Ihre Arbeitsergebnisse in einer Vierergruppe! Überlegen Sie gemeinsam, wie Sie die Warenbereiche in der Verkaufsabteilung mit den entsprechenden Mitarbeiterzahlen in einem Balkendiagramm darstellen können.

   Gehen Sie hierbei in den folgenden Arbeitsschritten vor:

   - Recherchieren Sie im Internet, was ein Balkendiagramm ist.
   - Planen Sie, wie die Achsenbezeichnungen des zu erstellenden Balkendiagramms benannt werden müssen.
   - Erstellen Sie Ihr Balkendiagramm mithilfe des Office-Programms Excel.

Wie sieht es in Ihrem Praktikumsunternehmen aus?

1. Erläutern Sie, mit welchem Programm in Ihrem Praktikumsunternehmen Daten visualisiert werden?

2. Beschreiben Sie, welche Daten in Ihrem Praktikumsunternehmen visualisiert werden.

3. Falls Sie in Ihrem Praktikumsunternehmen bereits IT-Systeme anwenden durften, beschreiben Sie welche Systeme Sie bedient haben und welche Tätigkeiten Sie hierbei durchführen durften.

1.2.7 Unternehmensführung: Ich-kann-Liste

Ich-kann-Liste

Bitte machen Sie an der Stelle ein Kreuz, an der Sie Ihren Lernfortschritt einordnen.

Inhalte: Ich kann …	Lernfortschritt ++	 +	 -	 --
1. … den grundlegenden hierarchischen Aufbau eines Unternehmens erfassen, **2.** … Weisungsbefugnisse von Vorgesetzten sachlich richtig beurteilen, **3.** … Erfahrungen aus meinen Praktikumsbetrieben, das Modellunternehmen und die regionale Wirtschaftsstruktur hierbei berücksichtigen.				
4. … eigenständig ein Organigramm für meine Unternehmensgründungsidee erstellen, **5.** … das Organigramm mithilfe wesentlicher IT-Systeme (z. B. SmartArt) visualisieren, **6.** … das Organigramm erläutern und dabei die Begriffe Stelle, Abteilung, Weisungsbefugnisse sachlich richtig verwenden.				
7. … wesentliche Aspekte der Handlungsvollmacht und Prokura erläutern, **8.** … rechtliche Konsequenzen für Mitarbeiter und Mitarbeiterinnen und das Unternehmen daraus ableiten.				
9. … eigenständig und sorgfältig eine Stellenbeschreibung unter Beachtung der fachlichen Inhalte formulieren.				
10. … den autoritären und kooperativen Führungsstil definieren, **11.** … die Vor- und Nachteile der beiden Führungsstile für Ihr Unternehmen diskutieren.				
12. … wesentliche IT-Systeme nutzen, **13.** … die Unternehmensdaten in Form einer Diagrammerstellung in Excel visualisieren (Kreis-, oder Balkendiagramm).				

Ich-kann-Liste

An dieser Stelle ist es zur Selbstreflexion Ihres Lernprozesses von Bedeutung, sich über einzelne Phasen des Lernprozesses bewusst zu werden:

Woran hat es gelegen, dass ich einen sehr guten bzw. guten Lernfortschritt in den einzelnen Inhalten erzielt habe?

Woran hat es gelegen, dass ich einen geringen bzw. gar keinen Lernfortschritt in den einzelnen Inhalten erzielt habe?

Welche Vorgehensweise bzw. Methoden haben zum Gelingen meines Lernfortschritts beigetragen?

Was nehme ich mir für meinen Lernprozess in der nächsten Anforderungssituation vor?

Lernfeld 3: Güter disponieren und beschaffen

AS 3.1 Beschaffungsmarktforschung und Beschaffungsplanung Was erwartet uns in der Anforderungssituation?

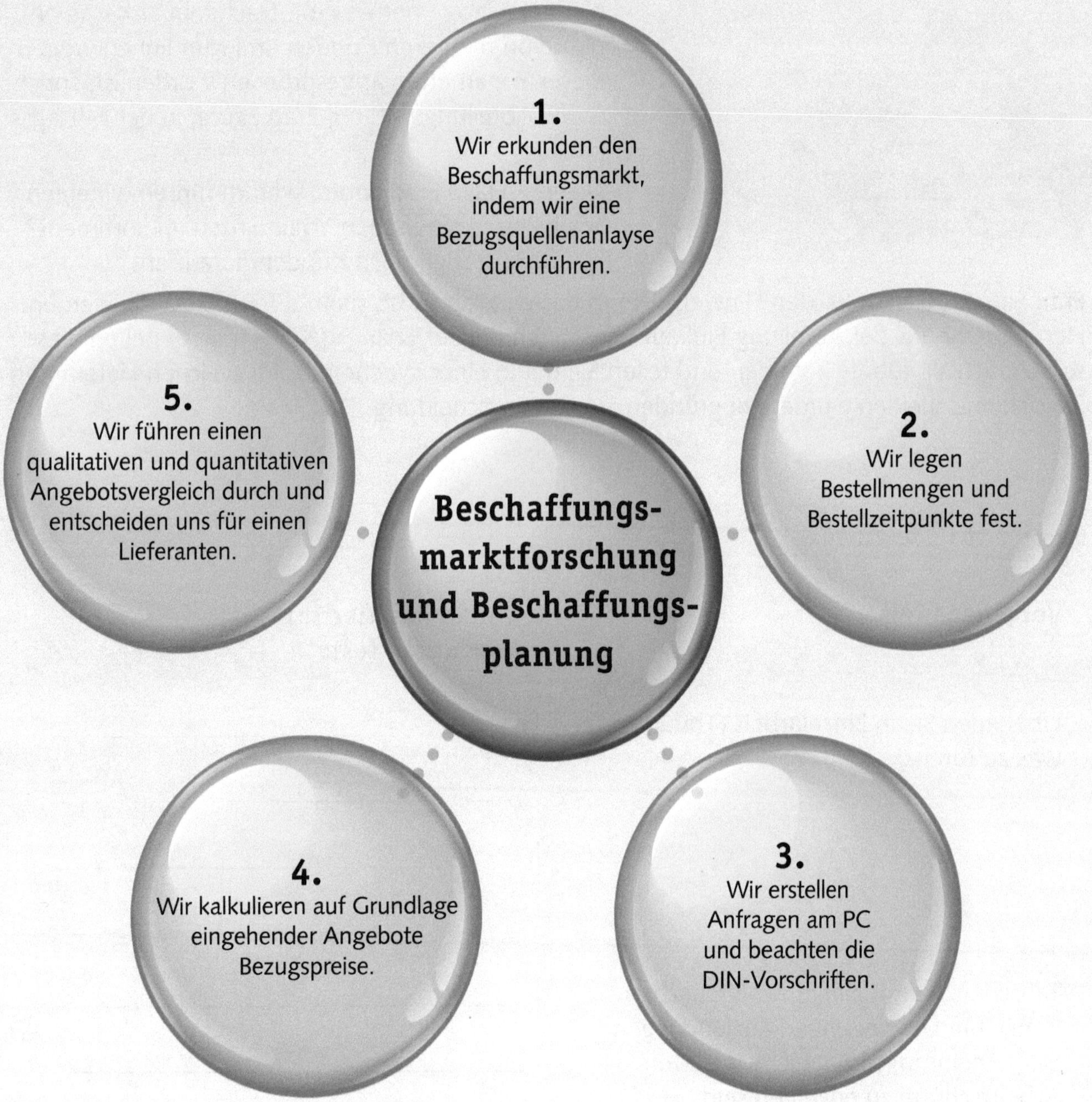

3.1.1 Die Bio-Shopping-Paradies GmbH sucht einen neuen Lieferanten

Situation

Metin beginnt gerade die dritte Woche als Praktikant in der Bio-Shopping-Paradies GmbH. Seit einigen Tagen ist er in der Abteilung Diät- und Reformware bei Frau Saure eingesetzt. Schon mehrmals ist er von Kunden und Kundinnen nach ökologischen Yogamatten gefragt worden.

Leider muss er den Kunden immer mitteilen, dass es hier keine Yogamatten gibt. Nachdem er heute erneut von mehreren Kunden und Kundinnen wegen dieser Yogamatten angesprochen worden ist, spricht er die Abteilungsleiterin, Frau Saure, in der Mittagspause an:

Metin: „Hallo Frau Saure, warum führen wir eigentlich keine ökologischen Yogamatten im Sortiment? Häufig sprechen mich Kunden darauf an!"

Frau Saure: „Danke für den Hinweis! Wenn das wirklich so ist, dann dürfen Sie aktiv werden! Herr Gutjahr aus der Abteilung Einkauf wird Ihnen bei der Bezugsquellenanalyse helfen. Lassen Sie sich Angebote kommen und teilen Sie mir in einer Woche mit, für welchen Lieferanten Sie sich entscheiden würden. Begründen Sie Ihre Entscheidung."

Das ist für Sie zu tun

Vorgehensweise:	**Halten Sie hier Ihre Ergebnisse fest:**
Überlegen Sie in **Einzelarbeit (Think),** was zu tun ist.	______________________ ______________________ ______________________ ______________________
Tauschen Sie mit einem **Arbeitspartner (Pair)** Ihre Überlegungen aus und legen Sie gemeinsam fest, welche weiteren Arbeitsschritte zu erledigen sind.	______________________ ______________________ ______________________ ______________________

Das ist für Sie zu tun

Tauschen Sie sich nun mit einem anderen „Arbeitspaar" aus **(Vierergruppe) (Share)** und vergleichen und diskutieren Sie Ihre Ergebnisse. Tragen Sie eventuelle neue Erkenntnisse in die entsprechende Zeile ein.

Neue Erkenntnisse:

Legen Sie in **Ihrer „Vierer-Arbeitsgruppe"** fest, welche Kriterien ein möglicher Lieferant erfüllen sollte (wäre gut) und erfüllen muss (auf jeden Fall)! Halten Sie Ihre Ergebnisse in der entsprechenden Zeile fest.

Begründen Sie Ihre Auswahl.

Sollte:

Muss:

Weitere Aufgaben

1. Erstellen Sie in der Vierergruppe (nach Möglichkeit mit einem Computer) eine **Checkliste,** in der Sie die Vorgehensweise bei der Bezugsquellenermittlung aufzeigen. Gehen Sie hierbei auf die **interne** und **externe** Bezugsquellenermittlung ein (berücksichtigen Sie hierbei den Informationstext 1).
2. Führen Sie eine **interne** Bezugsquellenanalyse durch.
   Beschreiben Sie hierbei, welche Daten Sie sichten wollen.
3. Führen Sie eine **externe** Bezugsquellenanalyse durch.
   a. Wie gehen Sie hierbei vor?
   b. Präsentieren Sie drei mögliche Lieferanten und begründen Sie Ihre Auswahl.

Informationstext 1

Auszug aus einem Artikel einer Fachzeitschrift:

[...] der Einkauf von Waren ist immer mit der Frage verbunden „bei welchem Lieferanten soll die benötigte Ware bestellt werden?"

Die Antwort auf diese Frage liefert die sogenannte **Bezugsquellenermittlung!**

Bei der Bezugsquellenermittlung stehen grundsätzlich zwei Informationswege zur Verfügung:

Bezugsquellenermittlung	
Nutzung von **internen** Informationen für mögliche Bezugsquellen (intern = aus dem eigenen Unternehmen)	Nutzung von **externen** Informationen für mögliche Bezugsquellen (extern = außerhalb des eigenen Unternehmens)
Lieferantendatei des eigenen Warenwirtschaftssystems; Artikeldatei des Warenwirtschaftssystems	Kataloge, Fachzeitschriften, Prospekte; Messen und Fachausstellungen; Internet; Gelben Seiten; IHK; Großhändler etc.

Ist die Bezugsquellenanalyse erfolgreich durchgeführt worden, ergeben sich viele mögliche Lieferanten. Aber Vorsicht: Nicht jeder der ermittelten Lieferanten eignet sich für die jeweilige geplante Bestellung!

Im Vorfeld sollte sorgfältig überprüft werden, bei welchem der ermittelten möglichen Lieferanten die Bestellung erfolgen soll.

Bei der Auswahl werden Kriterien festgelegt, die sich auf Preise, auf die Qualität der Ware (auch ökologische Aspekte), auf die Zuverlässigkeit des Lieferanten, den Liefertermin etc. beziehen können.

3.1.2 Bestellmengen planen und den Bestellzeitpunkt festlegen

Fortsetzung der Situation

Metin konnte drei mögliche Lieferanten für die ökologischen Yogamatten herausfinden. Herr Gutjahr informiert ihn: „Bevor die Ware bestellt wird, sollten die **Bestellmenge** und der **Bestellzeitpunkt** unter kaufmännischen Gesichtspunkten genau festgelegt werden!"

Für die Frage nach der **Bestellmenge** hat Metin gar kein Verständnis. Eine solche Frage stellt sich für ihn gar nicht, weil er der Meinung ist, dass eine große Bestellung viel zu viel Arbeit bei der Annahme und dem Einräumen ins Lager macht!

Was den **Bestellzeitpunkt** betrifft, so denkt er, muss man sich auch keine Gedanken machen, denn wenn keine Ware mehr da ist, dann wird neue Ware bestellt!

Diskutieren Sie über die Haltung von Metin! Können Sie ihm zustimmen?

Informationstext 2

In einem Buch für Auszubildende zum Kaufmann im Einzelhandel liest Metin die folgenden Informationen:

[...] und deshalb ist es für den kostenbewussten Einzelhandelskaufmann im Rahmen seiner Einkaufsplanung von großem Interesse, die Balance (Ausgleich) zwischen den **Kosten einer hohen Bestellmenge** und dem wichtigen Bestreben einer **hohen Verkaufsbereitschaft** (einen gelisteten Artikel zu jederzeit verkaufen zu können) herzustellen!

Fortsetzung auf Seite 72

Informationstext 2 (Fortsetzung)

Zu den Kosten zählen sowohl die **Bestell-** als auch die **Lagerkosten:**

Zu den Bestellkosten gehören:	Zu den Lagerkosten gehören:
• **Personalkosten** (Bearbeitung der Bedarfsmeldung; Einholen der Angebote und Durchführung des Angebotsvergleiches; etc.) • **Gebühren** (z. B. Bankgebühren) • **Lieferkosten**	• **Energiekosten** (z. B. Strom) • **Raumkosten** (z. B. Miete) • **Personalkosten** (Mitarbeiter/innen im Lager) • **Kapitalbindungskosten** (z. B. das Geld, das für die Ware ausgegeben worden ist, steht dem Unternehmen zur Zeit nicht für andere Ausgaben (z. B. Kauf von neuer, aktueller Ware) zur Verfügung)

Im Hinblick auf eine hohe **Bestellmenge** ergeben sich die folgenden Vor- und Nachteile:

• Verkaufsbereitschaft ist immer hoch • es können Mengenrabatte ausgehandelt werden • personelle Bearbeitungsgebühren sind geringer	• höhere Lagerkosten • hohe Kaptalbindungskosten • hohes Lagerrisiko (Verderb von Ware, Modetrends ändern sich, Ware veraltet)

Merke: Höhere Bestellmengen erfordern weniger Bestellvorgänge im Jahr!
Geringere Bestellmengen erfordern mehr Bestellvorgänge im Jahr!

Und deshalb ist es immer wichtig, die **Kosten** im Blick zu haben. Somit stellt sich die Frage nach der **optimalen Bestellmenge.** Bei der optimalen Bestellmenge sind die **Bestellkosten** und die **Lagerkosten** am niedrigsten.

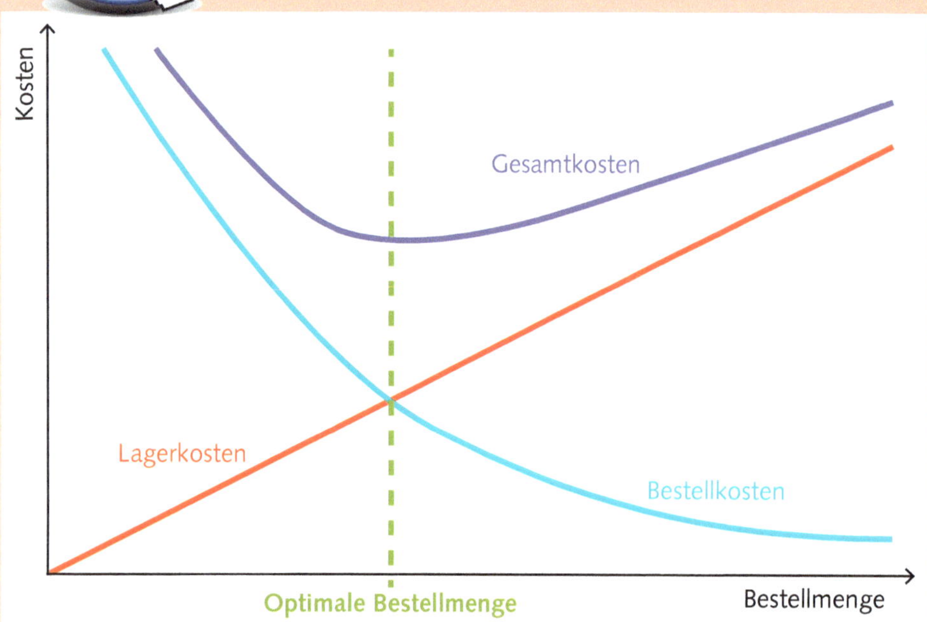

Informationstext 3

Metin liest auch den folgenden Text in dem Buch für Auszubildende zum Kaufmann im Einzelhandel:

[…] neben der Frage nach der Bestellmenge sollte immer die Frage nach **dem optimalen** Bestellzeitpunkt im Blick behalten werden:

Wird die Ware zu spät bestellt …	kann die Verkaufsbereitschaft nicht sichergestellt werden! Die Folge ist: Die Kunden kaufen in anderen Geschäften und kommen unter Umständen nicht mehr wieder: • Kundenverlust • Imageverlust • Gewinneinbußen
Wird die Ware zu früh bestellt …	entstehen zu hohe Lagerkosten (siehe oben): • Energiekosten • Raumkosten • Kapitalbindungskosten

Zur Festlegung des optimalen Bestellzeitpunktes bedient sich die Bestellzeitpunktplanung bestimmter Verfahren:

Verfahren zur Ermittlung des optimalen Bestellzeitpunktes	
Bestellrhythmusverfahren	**Bestellpunktverfahren**
Bei diesem Verfahren erfolgt die Bestellung in **regelmäßigen zeitlichen Abständen** – den sogenannten Bestellrhythmen.	Bei diesem Verfahren wird die Ware immer dann bestellt, wenn der **Meldebestand** erreicht ist. Rechnerisch wird der Meldebestand durch diese Formel bestimmt: Mindestbestand + (durchschnittlicher Tagesabsatz x Lieferzeit).
Dieses Verfahren wird insbesondere bei der Bestellung von Ware angewendet, die einen annähernd gleichen, planbaren Absatz aufweist.	Dieses Verfahren wird insbesondere dann angewendet, wenn die Bestellung bei Erreichen des Meldebestandes erfolgt. Der Bestelltermin lässt sich nicht im Voraus planen, sondern ergibt sich, wenn der Meldebestand erreicht ist.
Vorteil: Planbar, da an einem festen Termin bestellt wird; der Meldebestand muss nicht immer kontrolliert werden.	**Vorteil:** Ware trifft in der Regel dann ein, bevor der Mindestbestand (eiserne Reserve) erreicht ist.
Nachteil: Die Lagermenge kann nicht optimal genutzt werden: Entweder ist der Lagerbestand zu hoch oder zu niedrig; zusätzliche Überprüfung des Lagerbestandes, um Verkaufsbereitschaft zu sichern.	**Nachteil:** Eher zu hohe Lagerbestände und demnach auch -kosten; Ladenhüter [Ware deren Abverkauf nicht flüssig (nicht schnell) ist] werden spät erkannt; Sammelbestellungen werden erschwert; Mengenrabatte können nicht genutzt werden.

Situation

Metin hat erkannt, dass sowohl der **Bestellzeitpunkt** als auch die **Bestellmenge** zwei wichtige Größen sind, die von der Abteilung Einkauf oder Beschaffung mit großer Sorgfalt betrachtet und entschieden werden sollten.

Jan Gutjahr, Abteilungsleiter der Abteilung Einkauf, legt Metin eine Übersicht vor, indem er ihm die Vorgehensweise bei der Bestellung von batteriebetriebenen Zahnbürsten erklärt. Hierbei greift er auf jahrelange Erfahrung zurück. Der Gesamtjahresbedarf von diesen Zahnbürsten liegt bei 1.500 Stück. Am Beispiel der Tabelle zur Planung der **optimalen Bestellmenge** erklärt er die Vorgehensweise.

Anzahl der Bestell-vorgänge	Bestell-menge je Bestell-vorgang (Stück)	Bestell-kosten je Bestell-vorgang (in Euro)	Bestell-kosten pro Jahr (in Euro)	durch-schnittlicher Lager-bestand (Stück)	durch-schnittlicher Lager-bestand (in Euro)	Lagerkosten pro Jahr (in Euro)	Gesamt-kosten in € pro Jahr
1	1.500	45,00	45,00	750	5.062,50	506,25	551,25
2	750	45,00	90,00	375	2.531,25	253,13	343,13
3	500	45,00	135,00	250	1.687,50	168,75	303,75
4	375	45,00	180,00	187	1.265,63	126,56	306,56
5	300	45,00	225,00	150	1.012,50	101,25	326,25
6	250	45,00	270,00	125	843,75	84,38	354,38
7	214*	45,00	315,00	107	722,25	72,23	387,23
8	188*	45,00	360,00	94	634,50	63,45	423,45

*hier wurde auf eine ganze Stückzahl auf- bzw. abgerundet!

Daten:	
Jahresbedarf	1.500 Stück
Bestellkosten je Bestellvorgang:	45,00 €
Lagerhaltungskosten:	10 % vom durchschnittlichen Lagerbestand in €
Stückpreis je Zahnbürste	6,75 €

Das ist für Sie zu tun

Um zu überprüfen, ob Metin alles verstanden hat, lässt Jan Gutjahr ihn die **optimale Bestellmenge** von Kirschkernkissen ausrechnen:

Anzahl der Bestell-vorgänge	Bestell-menge je Bestell-vorgang (Stück)	Bestell-kosten je Bestell-vorgang (in Euro)	Bestell-kosten pro Jahr (in Euro)	durch-schnittlicher Lager-bestand (Stück)	durch-schnittlicher Lager-bestand (in Euro)	Lagerkosten pro Jahr (in Euro)	Gesamt-kosten in € pro Jahr
1	1.200	65,00		600		405,00	
2		65,00					
3		65,00					
4		65,00	260,00				
5		65,00					
6		65,00					
7		65,00					
8	150*	65,00					

*hier kann auf eine ganze Stückzahl auf- bzw. abgerundet werden!

Daten:

Jahresbedarf	1.200 Stück
Bestellkosten je Bestellvorgang:	65,00 €
Lagerhaltungskosten:	15 % vom durchschnittlichen Lagerbestand in €
Stückpreis je Zahnbürste:	4,50 €

Fortsetzung der Situation

Jetzt hat sich Herr Gutjahr zur Aufgabe gemacht, Metin mit dem optimalen Bestellzeitpunkt vertraut zu machen. Nachdem Metin die unterschiedlichen Bestellverfahren (siehe oben) kennengelernt hat, soll er eine Übersicht dieser Verfahren erstellen, damit die Auszubildenden und Praktikanten davon lernen können.

Das ist für Sie zu tun

Ergänzen Sie die folgende Gegenüberstellung, indem Sie die Informationen aus dem Informationstext 3 (Seite 73) nutzen:

	Vorgehensweise bei diesem Verfahren?	Wann wird dieses Verfahren angewendet?
Bestellpunktverfahren		
Bestellrhythmusverfahren		

Fortsetzung der Situation

Jan Gutjahr legt Metin am 10. Oktober 20xx die folgenden Daten aus dem Warenwirtschaftssystem vor (WWS, erfasst mithilfe der EDV den gesamten Waren- und Datenfluss eines Unternehmens, also auch alle Wareneingänge und Warenverkäufe). Er bittet Metin den nächsten Bestellzeitpunkt für die Kirschkernkissen festzulegen:

Lagerbestand: Kirschkernkissen September 20xx							
Tag des Monats	1	5	10	15	20	25	30
Lagerbestand in Stück	90	75	70	65	80	73	69
Bestellrhythmus				x			

Das ist für Sie zu tun

Jetzt sind Sie gefragt:

Wann soll nach Durchsicht der Lagerdatei die nächste Bestellung für die Kirschkernkissen getätigt werden? Begründen Sie Ihre Entscheidung!

3.1.3 Anfragen erstellen

Situation

Heute Morgen erhält Metin eine E-Mail von Herrn Gutjahr:

An: Metin (Praktikant)

Kopie: Frau Gabriele Saure

Betreff: Angebote

Von: Jan Gutjahr (Abteilungsleiter Einkauf)

Lieber Metin, liebe Frau Saure,

jetzt wird es ernst! Wir haben anhand von Kriterien mögliche Lieferanten für ökologische Yogamatten ausgewählt, wir haben ermittelt, was für uns die optimale Bestellmenge **(wir beginnen mit 150 Stück)** ist und wir haben uns Gedanken darüber gemacht, **dass wir die 150 Yogamatten jetzt bestellen!**

Nun warten wir noch auf die richtigen Angebote, damit wir in Ruhe überlegen können, bei welchen Lieferanten wir die Yogamatten bestellen können.

Bitte veranlassen Sie alles Weitere und melden Sie sich bei mir, sobald die Angebote da sind!

Herzlichen Gruß
Jan Gutjahr

Das ist für Sie zu tun

1. Überlegen Sie in **Einzelarbeit,** was zu tun ist und wie Sie hierbei vorgehen.
2. Tauschen Sie sich mit einem **Partner** über Ihre Überlegungen aus. Ergänzen Sie gemeinsam die folgende Übersicht (Lesen Sie vorher den Informationstext S. 74).

Klären Sie diese Fragen im Zusammenhang mit einer Anfrage!	
Wozu dient eine Anfrage?	
Stellt die Anfrage eine Willenserklärung zum Kauf der Ware dar?	
Müssen wir bei dem Lieferanten die Ware bestellen, bei dem wir die Anfrage gestellt haben?	
Gibt es bei der Anfrage eine Formvorschrift?	
Was ist der Unterschied zwischen einer allgemeinen und einer bestimmten Anfrage?	

3. Formulieren Sie gemeinsam in einer Vierergruppe eine Anfrage für die ökologischen Yogamatten.
4. Stellen Sie diese **(in Einzelarbeit)** am PC mit dem Programm Word fertig und achten Sie auf die Einhaltung der DIN-Norm für Geschäftsbriefe. (Hinweise: Im Internet gibt es kostenlose Downloads, z. B.: http://office-lernen.com/briefvorlage-erstellen/)

Informationstexte

Metin liest auch den folgenden Text in dem Buch für Auszubildende zum Kaufmann im Einzelhandel:

Unternehmen versenden **Anfragen,** um Informationen von möglichen Lieferanten zu erhalten. Die Informationen beziehen sich einerseits auf die **Ware** und informieren beispielsweise über die Qualität, die Beschaffenheit und die Verwendungsmöglichkeiten. Aber auch Informationen zum **Preis,** zu den **Lieferbedingungen** und dem **Lieferzeitpunkt** sind von Interesse.

Bestimmte Anfragen sollen den Lieferanten zur Abgabe von konkreten Angeboten veranlassen.

Unbestimmte Anfragen veranlassen den Lieferanten einen Katalog über das Sortiment zu versenden, damit sich das interessierte Unternehmen einen Überblick über das Sortiment machen kann.

Weder die bestimmte Anfrage, noch die unbestimmte Anfrage sind **rechtlich bedeutsam** – sie dienen lediglich der Information!

Merke

Eine Anfrage verpflichtet rechtlich zu nichts!

3.1.4 Bezugspreise auf der Grundlage von Angeboten kalkulieren

Fortsetzung der Situation

Metin hat mithilfe von Herrn Gutjahr die Anfragen per E-Mail versendet. Beide warten nun auf die Angebote.

Metin nutzt die Zeit und informiert sich in einem Buch für Auszubildende im Einzelhandel.

Informationstexte

Metin liest auch den folgenden Text in dem Buch für Auszubildende zum Kaufmann im Einzelhandel:

Ein Angebot ist eine **einseitige Willenserklärung** des Lieferanten bzw. des Verkäufers, Ware zu den im Angebot genannten Bedingungen zu verkaufen! Der Lieferant bzw. der Verkäufer ist rechtlich an das Angebot gebunden.

Informationstexte

Merke

Ein Angebot ist grundsätzlich rechtlich bindend und verpflichtet den Verkäufer die Ware zu den bestimmten Bedingungen zu verkaufen!

Durch die sogenannten „Freizeichnungsklauseln" kann die rechtliche Bindung allerdings ganz oder teilweise aufgehoben werden.

Einige möglichen Freizeichnungsklauseln	Umfang der Aufhebung der gesetzlichen Bindung
• Angebot freibleibend • Angebot unverbindlich • Ohne Gewähr	Die Bindung an das Angebot ist vollständig aufgehoben
• Unverbindliche Preise • Preisänderungen vorbehalten	Die Preise können sich zwischen Angebot und Annahme des Angebotes noch ändern
• Solange der Vorrat reicht	Möglicherweise ist nicht ausreichend Ware vorhanden

Merke

Kataloge, Ware in Schaufenstern oder im Selbstbedienungsregal sind **Anpreisungen** und keine Angebote!

Ein Angebot kann jederzeit und **formfrei** abgegeben werden. Demnach können Angebote mündlich, fernmündlich und schriftlich abgebeben werden. Um Missverständnisse und mögliche Konflikte zu vermeiden empfiehlt es sich, beim Angebot die schriftliche Form zu wählen.

Fortsetzung auf Seite 82

Informationstexte

Fortsetzung von Seite 81

Die **Bindefrist** an ein Angebot hängt von der gewählten Abgabe des Angebotes ab:	
Mündliches Angebot	Ist gültig, solange das Gespräch dauert. **Beispiel:** Herr Gutjahr besucht eine Messe und unterhält sich mit einem Verkäufer von ökologischen Fußmatten. In dem Gespräch wird Herrn Gutjahr ein Stückpreis von 3,50 € zugesagt bei einer Abnahme von 500 Stück. Herr Gutjahr nimmt dieses Angebot zunächst nicht an und verlässt den Ausstellungsstand. Nach 15 Minuten kehrt er zurück und möchte nun das Angebot annehmen. Zwischenzeitlich hat der Verkäufer neu kalkuliert und geht nun nicht mehr auf die vorher genannten Konditionen ein. Das erste Angebot ist nicht mehr gültig, weil Herr Gutjahr den Stand verlassen hat.
Schriftliches Angebot	Ist nur so lange bindend, wie eine Antwort unter normalen Umständen möglich ist. **Beispiel:** Wird ein Angebot per Post geschickt, braucht der **Brief** mit dem Angebot zwei Tage. In den nächsten Tagen (er hat 3 Tage Bedenkzeit) unterschreibt der Kunde und wirft den Brief wieder in den Briefkasten. Drei Tage später sollte das Angebot dann unterschrieben zurück geschickt werden. Kommt es deutlich verspätet zurück, dann ist es nicht mehr rechtlich bindend **(Gültigkeit des Angebotes: 1 Woche).**
	Bei einem **Fax** und bei einer **E-Mail** sind die Fristen entsprechend kürzer **(ein Tag)**!

Merke

Ein Angebot ist nur solange gültig, wie es die gesetzlichen Bindefristen vorsehen!

Das ist für Sie zu tun

Ergänzen Sie die folgende Übersicht!

Was ist ein Angebot?	______________________
Was ist der rechtliche Unterschied zwischen einer Anfrage und einem Angebot?	______________________
Was ist eine Anpreisung?	______________________
Was bedeuten Freizeichnungsklauseln?	______________________

Nennen Sie die typischen Freizeichnungsklauseln und erläutern Sie die Wirkung auf die gesetzliche Bindung an ein Angebot.

Nennen Sie …	Erläutern Sie die Wirkung auf die gesetzliche Bindung an ein Angebot.
__________	______________________
__________	______________________
__________	______________________
__________	______________________
__________	______________________

Fortsetzung der Situation

Jetzt sind von drei möglichen Lieferanten die Angebote eingegangen.

Angebot 1:

Bio-medicare
Vertrieb von medizinischer Handelsware
Steinstraße 6
30984 Pirmasens

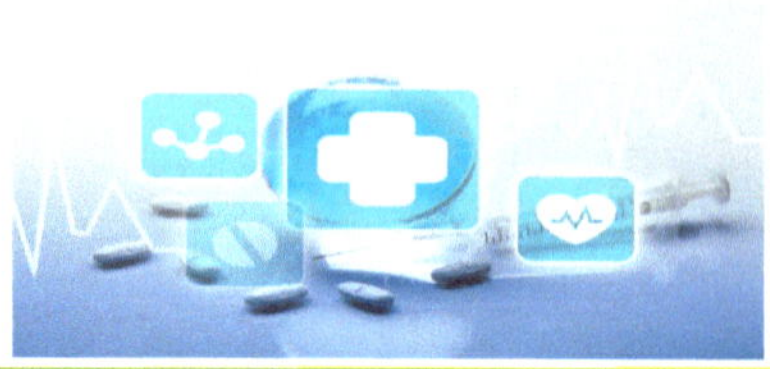

Bio-Shopping-Paradies GmbH
Lange Straße 16
50876 Köln

xx. xx. 20xx

Angebot: Lieferung von 150 ökologischen Yogamatten

Sehr geehrter Herr Gutjahr,

vielen Dank für Ihr Interesse an unseren Produkten.

Für die Lieferung von 150 Yogamatten (Art. Nr. 560098) können wir Ihnen den folgenden Preis anbieten:

150 Stück à 13,95 € (netto)

Die Lieferkosten betragen 120 €!

Beachten Sie bitte, dass wir ab einer Bestellmenge von 100 Stück einen Rabatt von 15 % einräumen!
Zahlungsziel: 30 Tage; 3 % Skonto bei Zahlung innerhalb von 4 Tagen.
(Lieferzeit 5 – 25 Tagen nach Bestellungseingang)

Wir bieten Ihnen eine Garantie von 1 Jahr ab dem Verkaufsdatum.

Wir möchten Sie darauf aufmerksam machen, dass wir als Auszeichnung ein Gütesiegel für eine ökologisch wertvolle Produktion in Österreich erhalten haben!

Über Ihren Auftrag würden wir uns freuen.

Fortsetzung der Situation

Angebot 2:

Vertrieb von Naturprodukten
@ Gütesiegel für schadstoffarme Herstellung und Produktion

Seling GmbH
Grüner Weg 1-2
70864 Albstadt

Bio-Shopping-Paradies GmbH
Lange Straße 16
50876 Köln

xx.xx.20xx

Angebot über die Lieferung von 150 Yogamatten

Sehr geehrter Herr Gutjahr,

vielen Dank für Ihre Anfrage vom xx.xx.20xx.

Die Lieferung von 150 ökologischen und hautfreundlichen Yogamatten, Art. Nr. 569221, könnte sofort nach Auftragserteilung erfolgen. Wir können Ihnen die folgenden Konditionen anbieten:

150 Stück à 14,95 € = 2.242,50 € (netto)

Lieferkosten (einmalig) = 150,00 €

Zahlungsziel: 30 Tage; 3 % Skonto bei Zahlung innerhalb von 10 Tagen.

Wir bieten Ihnen eine Garantie von 2 Jahren ab Verkaufsdatum.

Bei Rückfragen steht Ihnen unser kostenloser Telefonservice zur Verfügung.

Zu Ihrer Information möchten wir Sie zusätzlich darauf hinweisen, dass unsere Artikel seit drei Jahren in Folge mit dem Produktlabel STANDARD 100 by OEKO-TEX® als Nachweis für eine erfolgreiche Schadstoffprüfung ausgezeichnet sind.

OEKO-TEX®
CONFIDENCE IN TEXTILES
STANDARD 100
0000000 HOHENSTEIN HTTI
Geprüft auf Schadstoffe.
www.oeko-tex.com/standard100

Über Ihren Auftrag würden wir uns freuen.

Fortsetzung der Situation

Angebot 3:

Dr. Bernd Waring GmbH
Produktion und Vertrieb von Ware aus dem Wellness-Bereich
Frankfurter Str. 298
50986 Köln

Bio-Shopping-Paradies GmbH
Lange Strasse 16
50876 Köln

xx. xx. 20xx

Angebot Nr. 326
Kunden Nr. 5870

Sehr geehrter Herr Gutjahr,

vielen Dank für Ihre Anfrage vom xx. xx. 20xx! Es freut uns, dass Sie nun auch Yogamatten in Ihr Sortiment aufnehmen wollen.
Wir bieten Ihnen freibleibend an:

150 Stück Art. Nr.: 689665
Stückpreis netto: 11,95 €

Rabatt ab 100 Stück: 15 %
Lieferung ab einem Bestellwert von 100 € kostenlos!
Lieferzeit: 3 – 5 Tage nach Bestellung.

Wir bieten Ihnen eine Garantie von 2 Jahren ab Verkaufdatum.

Wir möchten Sie darauf aufmerksam machen, dass wir als Auszeichnung ein Gütesiegel für eine ökologisch wertvolle Produktion erhalten haben!
Ein Teil unserer Produktion erfolgt aus Kostengründen seit einigen Monaten in Bangladesch, wo wir Kinderarbeit nicht ausschließen können.

Über Ihren Auftrag würden wir uns freuen und wir hoffen, dass unsere Zusammenarbeit weiterhin so erfolgreich verläuft, wie in den letzten Jahren!

Fortsetzung der Situation

Nachdem die drei Angebote eingegangen sind, bittet Herr Gutjahr Metin in sein Büro. Metin wirft einen kurzen Blick auf die Angebote und meint spontan: „Dann bestellen wir die Matten von Bio-medicare. Die sind am günstigsten." Herr Gutjahr äußert: „Da bin ich mir nicht sicher. Wir müssen erst für jedes Angebot eine **Bezugskalkulation** durchführen."

Informationstext

Metin liest den folgenden Text in dem Buch für Auszubildende zum Kaufmann im Einzelhandel:

Zur Information:

Zur Ermittlung des günstigsten Angebots sollte jedes Unternehmen (aber auch Privatpersonen) einen Angebotsvergleich durchführen.

Die **Kaufentscheidung** richtet sich dabei nach verschiedenen **Bewertungskriterien.**

Hierbei wird das folgende Berechnungsschema zugrunde gelegt:

1. Quantitative Bewertungskriterien, z. B.:

a. Listenpreis der Ware
b. Höhe der Preisnachlässe
c. Beförderungs- und Verpackungskosten (Bezugskosten)

Die Bewertung der **quantitativen** Kriterien erfolgt mithilfe der **Bezugskalkulation.**

2. Qualitative Bewertungskriterien, z. B.:

a. Qualität der Ware
b. Umweltverträglichkeit der Ware
c. schnelle und verlässliche Lieferzeiten
d. Zahlungsbedingungen
e. Gewährleistung des Lieferanten bei Mängeln
f. Serviceleistung des Lieferanten

Informationstexte

1. Beispiel – quantitative Kriterien:

Schema Bezugskalkulation		
	Listeneinkaufspreis	Verkaufspreis, der auf dem Angebot steht
–	Rabatt	Vereinbarte Preisnachlässe (z. B. Mengenrabatt)
=	**Zieleinkaufspreis**	**zu zahlender Preis**
–	Skonto	Zahlungsnachlass, wenn innerhalb einer vorgegebenen Frist gezahlt wird
=	**Bareinkaufspreis**	**Einkaufspreis (nach Abzug von Rabatten und Skonto)**
+	Bezugskosten	Zusätzliche Kosten für Lieferung, Transportversicherung, Verpackung etc.
=	**Bezugspreis**	**Endgültiger Preis**

2. Beispiel – qualitative Kriterien:

Die Bewertung der **qualitativen** Kriterien erfolgt durch eine individuelle Einschätzung, bei der beispielsweise die folgenden möglichen Kriterien zugrunde gelegt werden können:

- Qualität der Ware
- Lieferzeiten
- Ökologische Orientierung
- Umweltverträglichkeit der Ware
- Zahlungsbedingungen
- Kundendienst und Serviceleistungen
- Gewährleistung des Lieferanten bei Mängel

etc.

Das ist für Sie zu tun

Kalkulieren Sie auf Grundlage der eingegangenen Angebote die Bezugspreise mit dem Programm Excel!

Verwenden Sie hierbei das vorgestellte **Berechnungsschema!** (siehe Angebot 1!)

Führen Sie alle Berechnungen mit dem Programm Excel durch!

Beispiel

Angebot 1: Bio-medicare

1. Schritt: Berechnen des Listenverkaufspreises (gesamt): **Einzelpreis x Menge = 13,95 € x 150 Stück = 2.092,50 €**

2. Schritt: Berechnen des Bezugspreises durch die Anwendung des Kalkulationsschemas:

		Prozente	Euro
	Listeneinkaufspreis		2.092,50
–	Rabatt	15 %	313,88
=	Zielverkaufspreis		1.778,63
–	Skonto	3 %	53,36
=	Bareinkaufspreis		1.725,27
+	Bezugskosten		120,00
=	**Bezugspreis**		1.845,27

3.1.5 Angebote vergleichen

Fortsetzung der Situation

Herr Gutjahr erklärt Metin, wie er einen **quantitativen und qualitativen Angebotsvergleich** durchführen kann …

Das ist für Sie zu tun

DIGITAL+

1. Stellen Sie nun in einer Excel-Tabelle die Berechnung der Bezugspreise der drei möglichen Lieferanten gegenüber!
2. Entscheiden Sie, welcher Anbieter nach der Durchführung des **quantitativen** Angebotsvergleichs (Vergleich der Ergebnisse der durchgeführten Bezugskalkulationen) für Sie in Frage kommt (hierbei können Sie sich an dem eingefügten Excel-Arbeitsblatt orientieren!)
3. Präsentieren und begründen Sie!

Quantitativer Angebotsvergleich

		Bio-medicare		Seling GmbH		Dr. Bernd Waring GmbH	
		Prozente	**Euro**	**Prozente**	**Euro**	**Prozente**	**Euro**
	Listeneinkaufspreis (gesamt)		2092,5				
–	Rabatt	15 %	313,88				
=	**Zieleinkaufspreis**		**1.778,63**				
–	Skonto	3 %	53,36				
=	**Bareinkaufspreis**		**1.725,27**				
+	Bezugskosten		120,00				
=	**Bezugspreis**		**1.845,27**				

Das ist für Sie zu tun

Jetzt haben Sie erfolgreich einen quantitativen Angebotsvergleich durchgeführt. Für welchen Lieferanten würden Sie sich jetzt entscheiden?

Würden Sie noch an dem „Favoriten" festhalten, wenn Sie wichtige qualitative Kriterien bei dem Vergleich berücksichtigen würden?

Ihre Aufgaben mit einem Arbeitspartner:

1. Vergleichen Sie nun strukturiert die vorliegenden Angebote nach qualitativen Kriterien. Schreiben Sie hierfür in einem ersten Schritt wichtige qualitative Kriterien heraus. Diskutieren Sie mit einem Arbeitspartner, inwieweit die drei Lieferanten diese Kriterien erfüllen.
2. Zu welchem Ergebnis kommen Sie hierbei?
3. Begründen Sie nun, für welchen Lieferanten Sie sich nun entscheiden würden!

Wie sieht es in Ihrem Praktikumsunternehmen aus?

1. Sind Ihnen Lieferanten Ihres Praktikumsunternehmens bekannt?

2. Beschreiben Sie, nach welchen Kriterien Ihr Praktikumsunternehmen die Lieferanten auswählt.

3. Erläutern Sie, nach welchen Kriterien Ihr Praktikumsunternehmen die Angebotsvergleiche durchführt.

3.1.6 Beschaffungsmarktforschung und Beschaffungsplanung: Ich-kann-Liste

Ich-kann-Liste

Bitte machen Sie an der Stelle ein Kreuz, an der Sie Ihren Lernfortschritt einordnen.

Inhalte: Ich kann ...	**Lernfortschritt**			
	++	**+**	**–**	**––**
4. ... den Beschaffungsmarkt erkunden,				
5. ... Bezugsquellen ermitteln, auswerten und aufbereiten,				
6. ... informationstechnische Systeme zur Sammlung, Auswertung und Präsentation von Daten nutzen.				
7. ... im Rahmen einer übersichtlichen Beschaffungsplanung Bestellmengen planen,				
8. ... Bestellzeitpunkte festlegen.				
9. ... den Begriff und die rechtliche Bedeutung einer Anfrage erklären,				
10. ... eine Anfrage erstellen,				
11. ... bei der Erstellung einer Anfrage mit dem Programm Word arbeiten,				
12. ... bestehende DIN-Vorschriften anwenden.				
13. ... den Begriff und die rechtliche Bedeutung eines Angebots erklären,				
14. ... die Bindungsdauer von Angeboten erklären,				
15. ... eine Bezugskalkulation durchführen,				
16. ... das Tabellenkalkulationsprogramm zur Erstellung und Berechnung der Bezugskalkulation anwenden,				
17. ... mit dem Programm Excel Tabellen erstellen, die Summenfunktion anwenden, Prozentrechnung durchführen.				
18. ... Angebote nach quantitativen Kriterien vergleichen,				
19. ... Angebote nach qualitativen Kriterien vergleichen,				
20. ... Angebotsvergleiche strukturiert darstellen,				
21. ... eine Entscheidung für einen Lieferanten begründet treffen.				

Ich-kann-Liste

An dieser Stelle ist es zur Selbstreflexion Ihres Lernprozesses von Bedeutung, sich über einzelne Phasen des Lernprozesses bewusst zu werden:

Woran hat es gelegen, dass ich einen sehr guten bzw. guten Lernfortschritt in den einzelnen Inhalten erzielt habe?

Woran hat es gelegen, dass ich einen geringen bzw. gar keinen Lernfortschritt in den einzelnen Inhalten erzielt habe?

Welche Vorgehensweise bzw. Methoden haben zum Gelingen meines Lernfortschritts beigetragen?

Was nehme ich mir für meinen Lernprozess in der nächsten Anforderungssituation vor?

AS 3.2 Beschaffungsabwicklung und Logistik/Bestandsplanung, -führung und -kontrolle: Was erwartet uns in der Anforderungssituation?

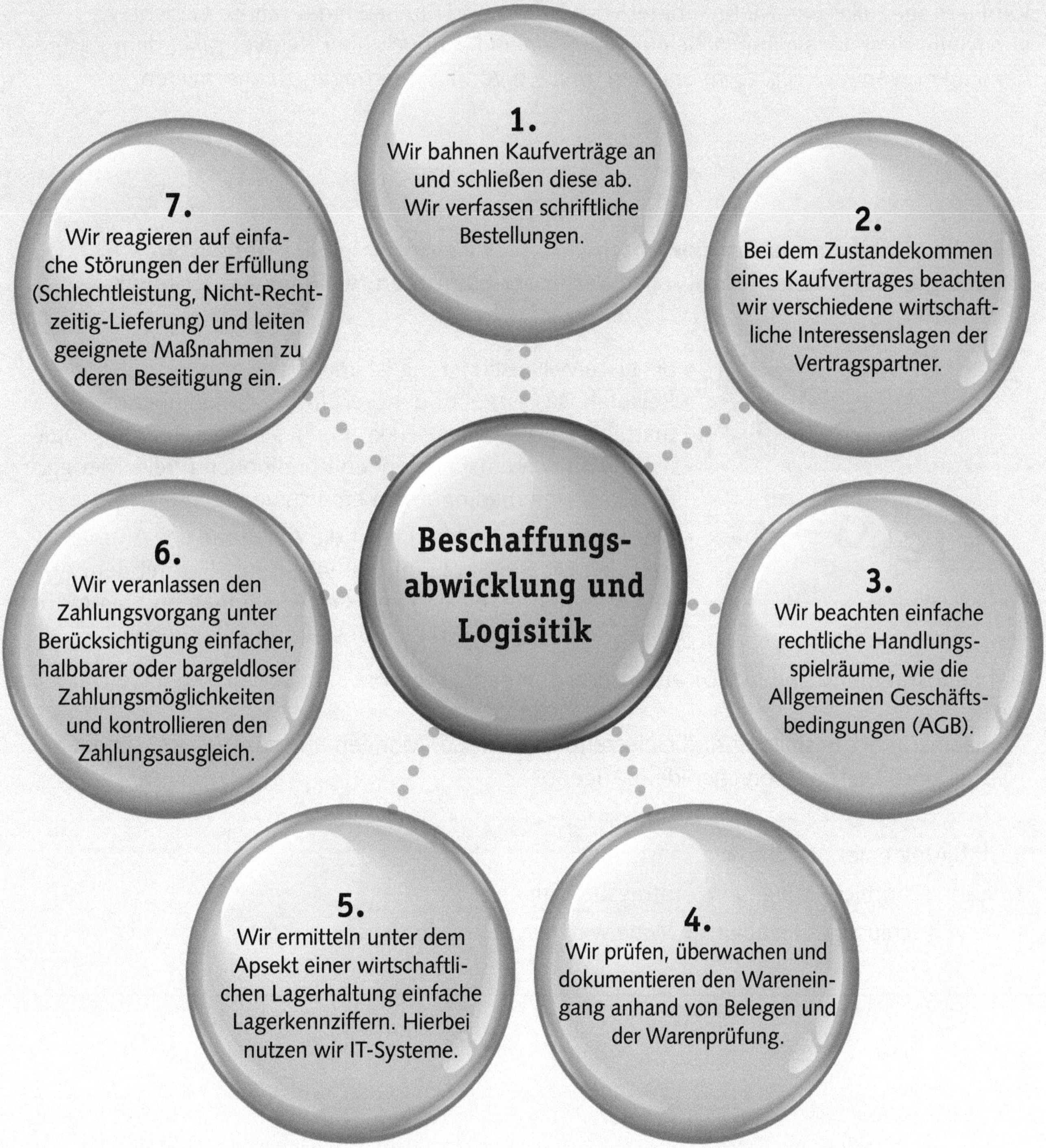

3.2.1 Worauf müssen wir achten, wenn wir einen Kaufvertrag abschließen?

Situation

Frau Saure freut sich, dass Herr Gutjahr und Metin jetzt wissen, bei welchem Lieferanten die Yogamatten bestellt werden sollen. „Dann bereiten Sie zum Abschluss des Kaufvertrages alles vor, Metin“, bittet Frau Saure. Als Frau Saure das ratlose Gesicht von Metin sieht, rät sie ihm lächelnd, sich in einem Fachbuch über Kaufverträge, dem Zustandekommen von Kaufverträgen und den Inhalten von Kaufverträgen zu informieren.

Informationstexte

Für viele Unternehmen ist der Abschluss eines Kaufvertrags das bedeutsamste Rechtsgeschäft. Es kommt durch zwei übereinstimmende Willenserklärungen zustande.

- die erste Willenserklärung ist immer ein Antrag
  Beispiel: Das Angebot der drei Unternehmen über die Yogamatten stellt die Willenserklärung des Lieferanten dar, Yogamatten zu den entsprechenden Konditionen (Preis, Menge, Qualität, Lieferbedingungen etc.) zu verkaufen
- die zweite Willenserklärung ist die Annahme des Antrags
  Beispiel: Die Bio-Shopping-Paradies GmbH ist mit dem Angebot der Bio-medicare GmbH einverstanden und nimmt den Antrag an. Hierzu wird eine **Bestellung** geschrieben.
- **übereinstimmend** sind die Willenserklärungen dann, wenn es inhaltlich **keine** Abweichungen gibt.
  Beispiel: In der Bestellung sind Lieferzeitpunkt, Preise, Mengen und sonstige Konditionen aufgeführt. Diese entsprechen dem Angebot.

Bestätigung einer Annahme:

1. Kann schriftlich erfolgen ➔ Auftragsbestätigung
2. Durch schlüssiges Handeln ➔ Ware wird sofort geliefert

Informationstexte

Je nach der rechtlichen Stellung der Vertragspartner wird unterschieden:

Bürgerlicher Kauf	Beide Vertragspartner sind Endverbraucher (Privatpersonen)
Einseitiger Handelskauf	Ein Vertragspartner ist Kaufmann, der zweite Vertragspartner ein Endverbraucher
Zweiseitiger Handelskauf	Beide Vertragspartner sind Kaufleute (Händler)

Wie können Willenserklärungen abgegeben werden?

Fernmündlich (telefonisch)

Mündlich

Schriftlich

Durch schlüssiges Handeln

z. B.: Ein langjähriger Geschäftspartner bekommt ohne vorliegendem Vertrag Ware geliefert. Da er nicht widerspricht, wird aus seinem Verhalten geschlossen, dass dies seinem Willen entspricht!

Informationstexte

Doch nicht immer kommt ein Kaufvertrag zustande ...

1. Eine Willenserklärung wird von einem Vertragspartner widerrufen!
   Beispiel: Die Bio-Shopping-Paradies GmbH widerruft rechtzeitig ein Angebot, weil die Ware nicht mehr vorhanden ist!
2. Eine Willenserklärung wird von dem anderen Vertragspartner abgelehnt!
   Beispiel: Die Bio-Shopping-Paradies GmbH ist mit dem angebotenen Lieferpreis des Lieferanten nicht einverstanden!
3. Eine Willenserklärung wird von einem Vertragspartner abgeändert und ist deswegen nicht mehr „übereinstimmend."
4. Eine Willenserklärung wird zu spät angenommen (Bindefrist ist abgelaufen)!

* Ein Angebot kann dann widerrufen werden, wenn der Widerruf spätestens mit dem Angebot beim Kunden eingeht!

Arten und Zustandekommen von Rechtsgeschäften

Einseitige Rechtsgeschäfte		Zweiseitige Rechtsgeschäfte	
Empfangsbedürftig: Bei Empfang wirksam, z. B. Kündigung, Anfechtung eines Vertrages		**Einseitig verpflichtend:** z. B. Schenkung	
Nicht empfangsbedürftig: Bei Abgabe wirksam: z. B. Testament, Mahnung		**Zweiseitig verpflichtend:** z. B. Kaufvertrag, Mietvertrag, Pachtvertrag	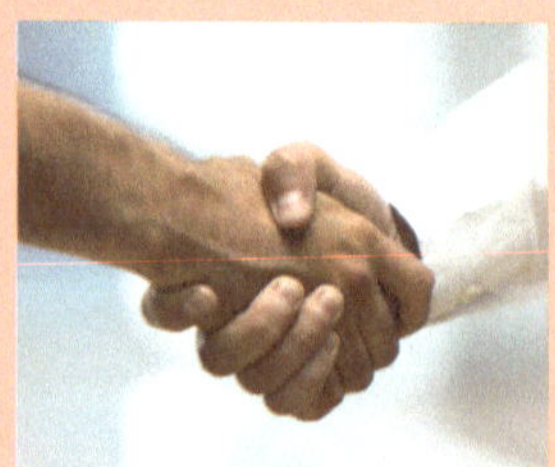

Informationstexte

Damit es beim Kauf von Ware keine Unklarheiten gibt, müssen die folgenden Inhalte in einem Kaufvertrag stehen:

Inhaltsbereiche	Bedeutung	Beispiele
Ware	Genaue Bestimmung der Ware nach Güte und Beschaffenheit	Die Yogamatten sollen ökologisch einwandfrei, rutschfest und hautfreundlich sein. Die Matten sollen in Länge und Breite flexibel sein.
Menge	Anzahl der bestellten Ware	Es werden 150 Yogamatten bestellt.
Preis	der Ware, Preisabzüge: Rabatte, Bonus, Skonto	Mit dem Lieferanten der Yogamatten wurde vereinbart: „Ab der Bestellung von 100 Yogamatten wird ein Rabatt von 15 % vereinbart. Skonto wird bei einer Zahlung innerhalb von 15 Tagen in Höhe von 3 % gewährt."
Lieferbedingungen	Verpackungskosten (gesetzliche Regelung: Käufer trägt die Kosten der Versandpackung, Verkäufer trägt die Kosten der Verkaufsverpackung, vertragliche Regelungen möglich); Frachtkosten (vertragliche Regelungen sind nötig, siehe Kosten der Anlieferung)	Die Lieferkosten entfallen bei einer Bestellung ab 100 Yogamatten.
Zahlungs-bedingungen	Hier geht es um die bedeutende Frage, wann die Zahlung erfolgen soll: Vor der Lieferung der Ware; bei der Lieferung der Ware, nach der Lieferung der Ware.	Es wurde mit dem Lieferanten der Yogamatten vereinbart, dass die Zahlung der Lieferung per Überweisung erfolgen soll.
Vertragserfüllung	Der gesetzliche Erfüllungsort für die Ware ist der Ort des Verkäufers und der gesetzliche Erfüllungsort für das Geld ist der Ort des Käufers; im Kaufvertrag kann aber eine andere, vertragliche Regelung gefunden werden, auf die sich die beiden Vertragspartner einigen können.	Die Bio-Shopping-Paradies GmbH hat ihren Sitz in Köln. Somit ist Köln der gesetzliche Erfüllungsort.

Fortsetzung der Situation

Frau Saure möchte, dass Metin auf das nächste Arbeitstreffen der drei Auszubildenden der Bio-Shopping-Paradies GmbH geht. Dort werden sich die Auszubildenden inhaltlich mit Aufgaben zum Thema **Kaufverträge** auseinandersetzen! Diese Inhalte werden zurzeit auch in der Berufsschule besprochen.

Das ist für Sie zu tun

Ergänzen Sie die vorliegende Übersicht. Gehen Sie hierbei wie folgt vor:

1. Setzen Sie sich in Einzelarbeit mit den einzelnen Aufgaben auseinander und lösen Sie diese.
2. Setzen Sie sich nun mit einem Arbeitspartner zusammen und vergleichen Sie Ihre Ergebnisse.
3. Ergänzen Sie falls nötig Ihre Antworten.
4. Gleichen Sie jetzt Ihre Lösungen mit den Lösungen eines anderen Arbeitspaares ab.
5. Präsentieren Sie Ihre Ergebnisse.

Fragen rund um das Thema Kaufvertrag:	
Was ist ein Kaufvertrag?	
Wie können Kaufverträge zustande kommen?	
Was ist eine übereinstimmende Willenserklärung?	
Wie wird eine Bestellung bestätigt?	

Das ist für Sie zu tun

Erläutern Sie die folgenden Begriffe:

- Bürgerlicher Kauf
- Einseitiger Handelskauf
- Zweiseitiger Handelskauf

Wie können Willenserklärungen abgegeben werden?

Nennen Sie vier Gegebenheiten, die bewirken, dass ein Vertrag nicht zustande kommt!

1.

2.

3.

4.

Das ist für Sie zu tun

Was ist ein einseitiges Rechtsgeschäft?

Nennen Sie zwei Arten eines einseitigen Rechtsgeschäftes!

Was ist ein zweiseitiges Rechtsgeschäft?

Nennen Sie zwei Arten eines zweiseitigen Rechtsgeschäftes.

Das ist für Sie zu tun

Vervollständigen Sie die Übersicht zu den Inhalten des Kaufvertrages!

Inhalte	Bedeutung	Beispiele

Fortsetzung der Situation

Frau Saure hat mit Herrn Gutjahr vereinbart, dass Metin die Bestellung der Yogamatten in schriftlicher Form formulieren soll. Hierbei soll er darauf achten, dass alle inhaltlichen Aspekte in die Bestellung einfließen. Er soll das **Programm Word** nutzen und die **Vorschriften der DIN5008** berücksichtigen!

Das ist für Sie zu tun

Erstellen Sie für Metin die Bestellung!

3.2.2 Stimmen auch die Allgemeinen Geschäftsbedingungen?

Situation

Nachdem Metin gerade die Bestellung geschrieben hat und diese Herrn Gutjahr zur Kontrolle gegeben hat, fragt Herr Gutjahr: „Metin, haben Sie auch das **„Kleingedruckte“** gelesen?“

Metin ist verunsichert. Was meint Herr Gutjahr mit dem Kleingedruckten?

Informationstexte

Damit nicht jeder „normale“ Vertrag immer neu aufgestellt und inhaltlich neu formuliert werden muss, werden die Allgemeinen Geschäftsbedingungen (AGB) vorformuliert. So spart man sich viel Zeit und Arbeit.

Die AGB enthalten folgende Regelungen:

- Liefer- und Zahlungsbedingungen;
- Gewährleistungen;
- Haftungsfragen;
- Eigentumsvorbehalte,
- Erfüllungsort und Gerichtsstand etc.

Häufig werden die AGB gleichgesetzt mit dem **„Kleingedrucktem“.**

Informationstexte

Gültig sind die AGB allerdings nur, wenn diese dem Kunden oder der Kundin bekannt sind. Dies kann durch die folgenden Voraussetzungen erfolgen:

- deutlich sichtbaren Aushang der AGB,
- ein ausdrücklicher Hinweis auf die AGB,
- der Möglichkeit der Kenntnisnahme und
- dem Einverständnis der Kunden und Kundinnen.

Vor allem beim „einseitigen Handelskauf" besteht die **Gefahr,** dass Privatleute übervorteilt werden können. Das BGB (Bürgerliches Gesetzbuch) (§ 308 ff.) hat es sich zur Aufgabe gemacht, den Kunden und die Kundinnen zu schützen (Verbraucherschutz), indem festgelegt wird, was in den AGB stehen darf oder nicht:

Unwirksame Klauseln sind zum Beispiel	
• **nachträgliche, kurzfristige Preiserhöhungen**	„Wir behalten uns vor, bei Erhöhung unserer Beschaffungspreise die Verkaufspreise kurzfristig zu erhöhen!"
• **Verkürzung oder Beschränkung der gesetzlichen Gewährleistungsfristen**	„Wir behalten uns vor, die Gewährleistungsfrist auf 6 Monate zu beschränken!"*
• **Ausschluss der Haftung für zugesicherte Eigenschaften**	„ … sollte die wasserdichte Regenjacke dennoch wasserdurchlässig sein, übernehmen wir keine Haftung!"

*Gesetzliche Gewährleistungsfrist beträgt 24 Monate.

Das ist für Sie zu tun

Beantworten Sie die folgenden Verständnisfragen zu den AGB:

Was versteht man unter Allgemeinen Geschäftsbedingungen (AGB)?

Warum setzen Unternehmen Allgemeine Geschäftsbedingungen ein?

Welche AGB sind unwirksam?

Welche Inhalte werden in den Allgemeinen Geschäftsbedingungen der Bio-Shopping-Paradies GmbH aufgeführt?

Nennen Sie die Zahlungsbedingungen der Bio-Shopping-Paradies GmbH.

Fortsetzung der Situation

Metin hat sich über die AGB informiert. Er hat die AGB des neuen Yogamatten-Lieferanten im Internet recherchiert, sodass er mit Herrn Gutjahr darüber reden kann.

Das ist für Sie zu tun

1. Nutzen Sie das Internet und suchen Sie dort einen Onlineshop für den Vertrieb von Yogamatten nach Ihrer Wahl! Analysieren Sie die AGB von diesem Shop in Hinblick auf:
   a. Gewährleistung,
   b. Preise und Zahlungsweise,
   c. Lieferbedingungen,
   d. Widerruf.
2. Fallen Ihnen **unwirksame** Klauseln bei den AGB auf?
3. Stellen Sie Ihre Ergebnisse der Klasse vor!

3.2.3 Mit der gelieferten Ware ist etwas nicht in Ordnung

3.2.3.1 Warenannahme

Situation

Bio-medicare, Steinstrasse 6, 30984 P

Bio-Shopping-Paradies GmbH
Lange Straße 16
50876 Köln

Lieferschein Nr. 96421

Kundennummer:	Bestellung Nr.:	Bestelldatum:	Auftragsbestätigung:	Lieferdatum:
178	45	xx.xx.20xx	14321	xx.xx.20xx

Artikel-Nr.	Warenbezeichnung	Menge
560098	Yogamatten	15 Pakete mit 10 Stück (Yogamatten) = 150 Stück
Versand: LKW	**Wir bestätigen die ordnungsgemäße Lieferung!** **Name:**	

Metin ist mit seinem Praktikum sehr zufrieden. Er ist immer noch in der Abteilung für Diät- und Reformware bei Frau Saure eingesetzt. Heute ist viel zu tun – es sind viele Kunden und Kundinnen in der Abteilung und alle Mitarbeiter und Mitarbeiterinnen befinden sich im Beratungsgespräch. Metin steht gerade am Türbereich und sieht den Lieferanten mit den Yogamatten.

Metin ist froh, dass die Yogamatten endlich geliefert werden, öffnet dem Lieferanten die Tür und ist überrascht, dass der Lieferant die 15 Pakete (jeweils 10 Matten) einfach in den Türbereich legt.

Der Lieferant bittet Metin den Empfang der Yogamatten zu unterschreiben und legt ihm hierfür den Lieferschein vor: „Ich bin absolut in Eile – bitte unterschreiben Sie.“

Das ist für Sie zu tun

1. Versetzen Sie sich in Metins Lage. Was würden Sie jetzt tun?
2. Tauschen Sie sich mit einem **Arbeitspartner** aus und diskutieren Sie.
3. Lesen Sie nun in **Einzelarbeit** die folgenden Informationstexte.

Informationstexte

Die Anlieferung von Ware gehört in den meisten Einzelhandelsunternehmen zum Tagesgeschäft.

Aus dem **„Wareneingang"** ergibt sich für jeden Kaufmann die Verpflichtung beim Wareneingang **unverzüglich** zu kontrollieren, ob die Lieferung ohne Fehler erfolgt ist.

Merke

Bei Wareneingang wird die Ware sofort, das heißt **unverzüglich,** in Anwesenheit vom Lieferanten und Fahrer überprüft!

Informationstexte

Wo wird die Warensendung überprüft?	Was wird überprüft?	Wie ist die Vorgehensweise?	
		Es wird kein Fehler gefunden	**Es wird ein Fehler gefunden**
1. Äußerliche Überprüfung der Warensendung	Die Ware wird **sofort** bei Entgegennahme in Anwesenheit des Fahrers oder des Lieferanten überprüft. Überprüft wird u. a.: • Stimmt die Anschrift auf dem Lieferschein? • Sind Beschädigungen der Verpackung vorhanden? • Stimmen die gelieferten Mengen mit den ausgewiesenen Mengen auf dem Lieferschein überein?	Der Lieferschein und die Empfangsbestätigung werden unterschrieben.	Annahme wird verweigert; Fehler auf dem Lieferschein bemerken und dies vom Lieferanten oder Fahrer schriftlich festhalten lassen.
2. Inhaltliche Warenüberprüfung	Die Überprüfung muss **unverzüglich**, ohne zu verantwortende Verzögerung, erfolgen. Hierbei werden die Angaben des Lieferscheins und die Bestellkopie zugrunde gelegt. Überprüft wird u. a.: Warenmenge, Qualität, Art und Beschaffenheit der Ware.	Ware wird angenommen	Fehler (Mängel) müssen dem Lieferanten unverzüglich mitgeteilt werden

Das ist für Sie zu tun

Setzen Sie sich in einer Vierergruppe zusammen und diskutieren Sie darüber, wie sich Metin in der vorher geschilderten Situation verhalten sollte und begründen Sie!

3.2.3.2 Fehlerhafte (mangelhafte) Lieferung (Schlechtleistung)

Fortsetzung der Situation

Frau Saure kommt von einem Beratungsgespräch zurück und schlägt Metin vor, mit ihm gemeinsam die angelieferten Pakete auszupacken.
Hierbei erleben die beiden einige Überraschungen:

- In einem Paket sind Yogakissen enthalten.

- In einem anderen Paket sind 10 Yogamatten an der Oberfläche beschädigt.

- In einem anderen Paket sind nur 2 Yogamatten enthalten.

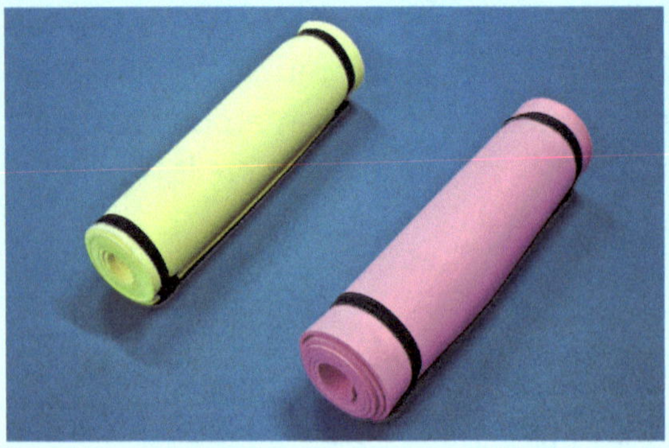

Bilder: © cmfotoworks (o. l.), misshappiness (m. l.), PhotoSG (u. l.), fotomek (o. r.), Piotr Marcinski (m. r.) – Fotolia.com

Fortsetzung der Situation

- In einem Paket befinden sich Yogamatten, die auf beiden Seiten gleich gearbeitet sind. Bestellt wurden Yogamatten mit einer rutschfesten und einer glatten Seite.

- Alle Yogamatten bleiben auf dem Boden liegen. Eine Werbeaussage des Lieferanten lautete: „Mit unseren Yogamatten können Sie abheben!“

Frau Saure ist sehr verärgert und überlegt sich, was sie nun unternehmen muss. Von Metin erwartet sie, dass er sich über **Sachmängel** informiert.

Informationstexte

Sachmängel (Schlechtleistung)

Nicht immer wird ein Kaufvertrag im Sinne des/der Kunden/in und im Sinne des Gesetzes zur Zufriedenheit aller erfüllt: Es kann zu Störungen bei der Erfüllung des Kaufvertrages kommen, den sogenannten **Kaufvertragsstörungen.**

Eine dieser Störungen ist die **Schlechtleistung**, auch **mangelhafte Lieferung** genannt.

Das Bürgerliche Gesetzbuch (BGB) regelt im Paragraphen § 434 den Sachmangel.

Hierbei werden die folgenden Sachmängel unterschieden und benannt:

Fortsetzung auf Seite 112

Informationstexte

Fortsetzung von Seite 111

Mangelart:	Erläuterung:
1. Falschlieferung	Es wird eine andere Ware geliefert als bestellt worden ist. **Beispiel:** Anstelle der bestellten Kirschkernkissen werden Öko-Wärmflaschen geliefert.
2. Qualitätsmangel (Mangel in der Güte und der Beschaffenheit)	Die Ware weicht von der vereinbarten Beschaffenheit ab. **Beispiel:** Die als besonders „tropfsichere“ Öko-Wärmflasche lässt Wasser durch.
3. Quantitätsmangel (Fehlmenge)	Es wird weniger Ware geliefert als bestellt worden ist. **Beispiel:** Anstelle von den bestellten 12 Kirschkernkissen werden nur 8 geliefert.
4. Abweichung von Werbeaussagen	Eine in der Werbung zugesicherte Eigenschaft trifft nicht zu. **Beispiel:** In der Werbung wird betont, dass die Öko-Wärmflasche zu 100 % aus nachwachsenden Rohstoffen gefertigt ist. In Wirklichkeit stellt sich heraus, dass die Öko-Wärmflasche einen hohen Anteil von Phthalate (fragwürdige Weichmacher) enthält.
5. Montagemangel (Fehler bei der Montage)	Die Ware wurde nicht fachgerecht zusammengebaut. **Beispiel:** Das Regal für die Yogamatten wurde von dem Lieferanten aufgebaut. Nach dem Einräumen der Yogamatten ist es zusammengebrochen.
6. Fehlerhafte Montageanleitung (Ikea-Klausel)	Bei Kauf einer Ware zur Selbstmontage muss die Montageanleitung die einzelnen Montageschritte erkennbar machen. Ist die Montageanleitung fehlerhaft, kann der Aufbau nicht ordnungsgemäß durchgeführt werden. **Beispiel:** Es wurde ein Heimtrainer zur Selbstmontage gekauft. Die Montage ist exakt nach der Montageanleitung erfolgt. Der Aufbau war nach der Montageanleitung nicht möglich, weil diese fehlerhaft war.

Das ist für Sie zu tun

Ergänzen Sie die folgende Übersicht, indem Sie …

1. erklären, wann der bezeichnete Mangel vorliegt,
2. überlegen, welcher der bei den Yogamatten festgestellten Mängel hier zuzuordnen ist,
3. jeweils zwei weitere Beispiele aufführen.

Mangelart	Wann liegt dieser Mangel vor?	Zuordnung der oben aufgeführten Mängel und zwei weitere Beispiele
Quantitätsmangel (Fehlmenge)		
Falschlieferung		

Fortsetzung auf Seite 114

Das ist für Sie zu tun

Fortsetzung von Seite 113

Mangelart	Wann liegt dieser Mangel vor?	Zuordnung der oben aufgeführten Mängel und zwei weitere Beispiele
Qualitätsmangel (Fehler in der Güte und Beschaffenheit)		
Montagemangel (Fehler bei der Montage)		

Das ist für Sie zu tun

Mangelart	Wann liegt dieser Mangel vor?	Zuordnung der oben aufgeführten Mängel und zwei weitere Beispiele
Fehlerhafte Montageanleitung		
Abweichung von Werbeaussagen (Werbung versprach Eigenschaften der Ware, die nicht zutreffen)		

3.2.3.3 Erkennbarkeit von Mängel: Offene und versteckte Mängel

Fortsetzung der Situation

Nachdem sich der Ärger über die festgestellten Sachmängel etwas gelegt hat, merkt Metin an: „Wie gut, dass die Sachmängel sofort von uns und nicht von den Kunden und Kundinnen entdeckt worden sind!". Frau Saure erwidert: „Ja, das ist wahr! Wenn die Kunden und Kundinnen Mängel an der Ware entdecken, haben diese einen schlechten Eindruck von uns. Außerdem ist es für die Kunden und Kundinnen sehr ärgerlich, denn sie müssen wieder hierhin kommen, um den Fehler zu reklamieren. Aber auch das lässt sich von unserer Seite nicht immer vermeiden. Die von uns festgestellten Mängel waren sogenannte **„offene Mängel"**, die sofort erkennbar waren.

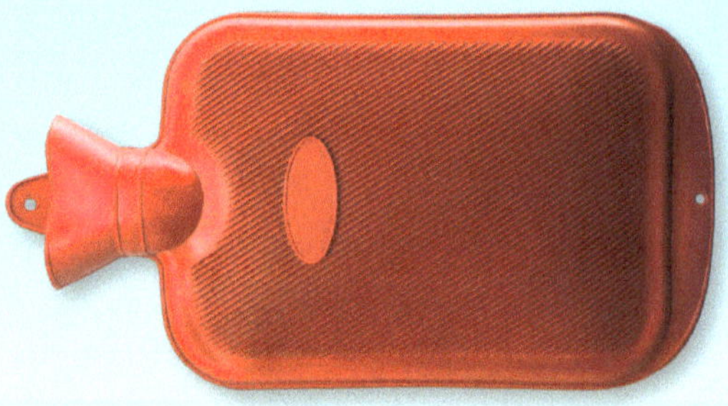

Manchmal liegen aber auch **„versteckte Mängel"** vor, die nicht sofort erkennbar sind. Letzten Monat hatten wir zum Beispiel eine wasserdichte und tropffreie Öko-Wärmflasche verkauft. Nachdem die Kundin die Öko-Wärmflasche ausprobiert hat, musste sie feststellen, dass alles nass war. Ziemlich aufgeregt hat sie dann den Fehler reklamiert."

Das ist für Sie zu tun

Ergänzen Sie die folgende Übersicht.

Wann spricht man von einem offenen oder versteckten Mangel?

Mangelart	Wann spricht man von diesem Mangel?	Nennen Sie ein Beispiel
Offener Mangel	______ ______ ______ ______	______ ______ ______ ______
Versteckter Mangel	______ ______ ______ ______	______ ______ ______ ______

3.2.3.4 Rechte des Käufers bei Sachmängeln (Schlechtleistung)

Fortsetzung der Situation

Nachdem sich Metin über die Mängelarten informiert hat, erkundigt er sich bei Herrn Gutjahr über die Rechte des Käufers bei einer mangelhaften Lieferung.

Herr Gutjahr empfiehlt Metin: „Informieren Sie sich über die Rechte einer Schlechtleistung in einem Lehrbuch oder im Internet. Hierbei sollten Sie sich zunächst auf die **vorrangigen Rechte** beschränken. Stellen Sie diese in dem nächsten Workshop für Auszubildende (in der kommenden Woche) vor!“

Informationstexte

[…] somit stehen dem Kunden und der Kundin zunächst das **vorrangige Recht** auf **Nacherfüllung** zu, das heißt, den Mangel beseitigen zu lassen. Dies kann geschehen, indem …

1. eine **Neulieferung** erfolgt.
   In diesem Fall wird die Ware zurückgenommen und eine neue, mangelfreie Ware geliefert.
2. eine **Nachbesserung** erfolgt.
   In diesem Fall wird der Mangel durch Reparatur beseitigt.

Der Kunde und die Kundin haben im Rahmen der **Nacherfüllung** zwischen der **Neulieferung** und der **Nachbesserung** ein sogenanntes **Wahlrecht** (entweder Neulieferung oder Nachbesserung).

Hierbei ist allerdings zu beachten, dass **dieses Wahlrecht** bei **unverhältnismäßig hohen Kosten** vom Verkäufer abgelehnt werden kann.

Wenn die **Nacherfüllung** (entweder die Neulieferung oder die Nachbesserung) zweimal fehlgeschlagen ist, dann greifen die sogenannten **nachrangigen Rechte:**

1. Rücktritt vom Vertrag,
2. Minderung des Kaufpreises,
3. Schadenersatz statt Leistung,
4. Ersatz vergeblicher Aufwendungen.

Rügefristen (der Zeitraum, indem der Mangel gerügt, reklamiert, werden kann):

Art des Mangels	Stellung der Vertragspartner beim Kauf	
	Einseitiger Handelskauf/ bürgerlicher Kauf	**Zweiseitiger Handelskauf**
Offener Mangel	innerhalb von 24 Monaten nach Kauf	unverzüglich nach Entdeckung
Versteckter Mangel	innerhalb von 24 Monaten nach Kauf	unverzüglich nach Entdeckung
Arglistig verschwiegener Mangel	Unverzüglich nach Entdeckung innerhalb von 3 Jahren	

Das ist für Sie zu tun

1. Ergänzen Sie die folgende Gegenüberstellung.

1. Vorrangiges Recht

↓

Nacherfüllung

↓	↓
Nachbesserung (Reparatur)	**Neulieferung**

Nennen Sie jeweils 2 Beispiele!

Wann müssen die Mängel an den Yogamatten der Bio-medicare gemeldet **(Mängelrüge)** werden? Begründen Sie.

2. Formulieren Sie mithilfe des Programms Word eine **Mängelrüge an den Lieferanten.**

3.2.4 Die Ware wird in das Lager geräumt

Situation

Metin und Ömer Dede, ein Mitarbeiter im Lager, wollen zusammen die mängelfreien Öko-Yogamatten in das Lager einräumen. Als sie das **Lager** betreten, wundern sie sich sehr über die Unordnung. Überall stehen Kartons rum, über die sie beinahe gestolpert wären. Sie erkennen auf den ersten Blick gar nicht, was diese beinhalten. Die Stellflächen in den Regalen sind überfüllt und zugestellt, der Boden ist schmierig, die Regale sind verstaubt.

Ratlos und irritiert fragen sie Herrn Greven, den Abteilungsleiter, wo die Kartons mit den Öko-Yogamatten überhaupt hingestellt werden sollen. Herr Greven antwortet: „Hier herrscht ja das totale Chaos, anscheinend hat sich hier niemand um das Lager und die **Grundsätze der Lagerhaltung** gekümmert! Bevor die Kartons das Lager noch weiter zustellen, bitte ich Sie das Lager aufzuräumen und dabei die Grundsätze der Lagerhaltung einzuhalten. Nur so kann auch **die Wirtschaftlichkeit der Lagerhaltung** gewährleistet sein!“.

Das ist für Sie zu tun

1. Lesen Sie in Einzelarbeit die folgenden Informationstexte!
2. Klären Sie mögliche Verständnisprobleme mit Ihrem Arbeitspartner.

Informationstexte

1. Funktionen des Lagers

Die Lagerung der Ware erfüllt im Einzelhandel eine Vielzahl von Funktionen:	
Sicherstellung der Verkaufsbereitschaft	Ein Einzelhandelsunternehmen sollte stets in der Lage sein, alle gelisteten Artikel verkaufen zu können.
Zeitliche Überbrückung	Durch die Lagerhaltung wird ein zeitlicher Ausgleich zwischen dem Beschaffungszeitpunkt und dem Verkauf geschaffen.
Ausnutzung von Mengenrabatten und anderen Preisvorteilen	Durch den Kauf von größeren Mengen können Mengenrabatte ausgenutzt werden. Auch können in Zeiten niedriger Preise (z. B. Saisonrabatte) zu günstigen Preisen Waren eingekauft werden, die erst Monate später zu höheren Preisen verkauft werden können.
Veredlung (bedeutsam bei manchen Lebensmitteln)	Die Qualität der Ware kann durch die Lagerhaltung erhöht werden (z. B. bei Wein, Käse, Obst)

Fortsetzung auf Seite 120

Informationstexte

Fortsetzung von Seite 119

2. Grundsätze der Lagerhaltung

Eine erfolgreiche Lagerhaltung orientiert sich an verschiedenen Grundsätzen:	
1. Übersichtlichkeit	Es muss sichergestellt sein, dass Ware sofort gesichtet wird und Suchzeiten vermieden werden.
2. Warengerechte Lagerung	Nur wenn die Ware entsprechend ihren Erfordernissen gelagert wird, kann sie schadenfrei weiterverkauft werden. Hierbei ist zu beachten, dass manche Ware bei Licht, schwankenden Temperaturen, Feuchtigkeit, Schmutz etc. Schäden davon tragen könnte.
3. Geräumigkeit	Nur wenn ausreichender Platz vorhanden ist, der effizient genutzt werden kann, kann das Lager übersichtlich und unfallsicher genutzt werden.
4. Sauberkeit	Nur in einem sauberen Lager kann auch die Ware sauber gelagert werden. Wird die Ware beschmutzt, muss sie gereinigt werden oder kann nicht mehr verkauft werden. Sowohl das Säubern der Ware, als auch das Nichtverkaufen der Ware ist mit hohen Kosten verbunden und deshalb unwirtschaftlich.
5. Sicherheit	Nur in einem Lager, indem auf Sicherheit geachtet wird, lassen sich Unfälle durch Stolpern, Ausrutschen, Stoßen etc. vermeiden.

Informationstexte

3. Risiken der Lagerhaltung

Deshalb gilt:

Eine zu lange Lagerdauer hat Einfluss auf die **Qualität** der Ware.
Aber auch **modische** und **technische Entwicklungen** dürfen nicht unbeachtet bleiben.

Gemeinsames Ergebnis der möglichen Risikofaktoren der Lagerhaltung ist eine **stark zurückgehende Nachfrage,** die dazu führt, dass die Ware weit unter dem ursprünglich kalkulierten Preis verkauft werden muss und dass Einzelhandelsunternehmen **Verluste** machen werden.

4. Kosten der Lagerhaltung

Die Kosten der Lagerhaltung sind bei Einzelhandelsunternehmen unterschiedlich. Neben den Kosten, die sich aus den Risiken einer Lagerhaltung ergeben, fallen eine Vielzahl von Kosten an, die abhängig von der Größe des Lagers sind.

Hierzu zählen:

1. **Raumkosten** (z. B. Miete)
2. **Energiekosten** (z. B. Strom)
3. **Wartungskosten** (z. B. regelmäßige Wartung der Lagerräume)
4. **Kosten der Warenpflege** (z. B. Kontrolle auf Verderb, Überalterung, Sauberkeit)
5. **Kapitalbindungskosten** (z. B. Kosten, die dadurch entstehen, dass Geld an die gekaufte Ware gebunden ist und dem Einzelhändler nicht mehr für andere, wichtige unternehmerische Handlungen zur Verfügung steht. Hierfür müsste er dann gegebenenfalls einen hohen Kredit aufnehmen.

Das ist für Sie zu tun

Ergänzen Sie mit Ihrer/m Arbeitspartner/ in die folgenden Übersichten:

1. Die Lagerung der Ware erfüllt im Einzelhandel eine Vielzahl von Funktionen

Funktionen der Lagerhaltung:	Erläutern Sie:
1. ____________	____________
2. ____________	____________
3. ____________	____________
4. ____________	____________

Das ist für Sie zu tun

2. Grundsätze der Lagerhaltung

Lagergrundsätze	Erläuterung:	Beispiele:

Das ist für Sie zu tun

3. Risiken der Lagerhaltung

Risiken der Lagerhaltung:	Beispiel:

4. Kosten der Lagerhaltung

Art der Lagerkosten:	Erklärung:	Beispiel:
Raumkosten		
Energiekosten		
Wartungs-kosten		
Kosten der Warenpflege		
Kapital-bindungs-kosten		

Das ist für Sie zu tun

Was würden Sie beim Aufräumen des Lagers der Bio-Shopping-Paradies GmbH beachten?

1. Überlegen Sie in Einzelarbeit, welche Aspekte in den einzelnen Bereichen berücksichtigt werden sollen.
2. Tauschen Sie Ihre Überlegungen mit einem Arbeitspartner aus.
3. Schließen Sie sich mit einem weiteren Arbeitspaar zusammen (Vierergruppe) und vergleichen Sie Ihre Ergebnisse.
4. Erarbeiten Sie mit Ihrer Vierer-Arbeitsgruppe konkrete Maßnahmen, die Sie bei der Bio-Shopping-Paradies GmbH berücksichtigen werden.

Bereiche benennen	Konkrete Maßnahmen für die Bio-Shopping-Paradies GmbH:
Funktionen des Lagers:	
Grundsätze der Lagerhaltung:	

Fortsetzung auf Seite 126

Das ist für Sie zu tun

Fortsetzung von Seite 125

Bereiche benennen	Konkrete Maßnahmen für die Bio-Shopping-Paradies GmbH:
Risiken der Lagerhaltung:	
Kosten der Lagerhaltung:	

3.2.4.1 Lagerbestandskennzahlen

Situation

Für Metin scheint die Lagerhaltung ziemlich einfach. Er denkt sich, wenn das Unternehmen ein großes Lager mit einer großen Fläche mietet, dann hat man kein Problem mehr mit der Übersichtlichkeit und der Geräumigkeit im Lager. Stellt man im Lager viel Personal ein, dann hat man auch kein Problem mehr mit der Warenpflege und der Warenkontrolle. Dann könnte auch mehr Ware gekauft werden, sodass immer eine hohe Verkaufsbereitschaft von allen Artikeln vorhanden wäre.

Metin sucht das Gespräch mit Herrn Greven, dem Abteilungsleiter der Abteilung Lager und teilt ihm seine Überlegungen mit. Dieser antwortet: „Wenn das alles so einfach wäre! Einerseits gilt es, genau diese Aspekte im Blick zu haben. Andererseits müssen wir aber auf die Kosten achten. Deshalb müssen wir unsere Warenbestände immer überwachen. Das Ziel soll sein, die Warenbestände so zu organisieren, sodass eine ständige Verkaufsbereitschaft ermöglicht wird und gleichzeitig möglichst geringe Kosten in der Lagerhaltung verursacht werden.“. „Wie soll das denn funktionieren?“, fragt Metin. „Hierfür gibt es die **Lagerbestandskennzahlen** und die **Lagerbewegungskennzahlen.** Mit deren Hilfe lässt sich die **Wirtschaftlichkeit des Lagers** kontrollieren. Gleichzeitig dienen sie zur Überwachung der Lagerkosten“, antwortet Herr Greven. „Da fällt mir gerade ein, haben Sie die im Lager eingeräumten Yogamatten denn schon in die **Lagerdatei** eingetragen?“

Er zeigt Metin die Lagerdatei und zeigt Metin, wie die benötigten Zahlen eingetragen werden.

Auszug aus der Lagerdatei:

Artikelbezeichnung	Datum	Zugang	Abgang	aktueller Bestand	Melde-bestand	Mindest-bestand	Höchst-bestand
Öko-Wärmflaschen	01.01.			86	85	40	120
	02.01.		10	76			
Yogamatten	xx.xx.	122		122	??	40	122

Fortsetzung der Situation

Jetzt will Metin wissen, was die Begriffe **Meldebestand, Mindestbestand** und **Höchstbestand** bedeuten.

Informationstexte

Lagerbestandkennzahlen:	
Mindestbestand	• die Menge, die **mindestens** vorhanden sein sollte. Häufig wird hierbei auch von der „eisernen Reserve“ gesprochen, • hilft im Falle von Streiks oder Lieferengpässen, die Verkaufsbereitschaft für kurze Zeit aufrecht zu halten, • wird durch Beobachtung und Erfahrung festgelegt.
Meldebestand	• bei Erreichen dieses Bestandes wird nachbestellt, damit der Mindestbestand nicht berührt wird Berechnung: **Meldebestand = Mindestbestand + (Tagesabsatz x Lieferzeit)**
Höchstbestand	• die Menge, die höchstens **vorhanden** sein soll, • hierdurch sollen zusätzliche **Lagerkosten** vermieden werden,wird durch Beobachtung und Erfahrung festgelegt

Das ist für Sie zu tun

1. Informieren Sie sich in Einzelarbeit über die Lagerbestandkennzahlen.
2. Erklären Sie abwechselnd die einzelnen Lagerbestandkennzahlen einem Arbeitspartner.
3. Ergänzen Sie die Übersicht und bestimmen Sie den Meldebestand für die Yogamatten.

	Erläuterung	**Beispiel Yogamatten:**
Mindest-bestand	______________________ ______________________	______________________ ______________________
Melde-bestand*	______________________ ______________________	______________________ ______________________
Höchst-bestand	______________________ ______________________	______________________ ______________________

*Es wird unterstellt, dass der Tagesabsatz bei 16 liegt und die Lieferzeit 3 Tage beträgt!

Das ist für Sie zu tun (Fortsetzung)

4. Vergleichen Sie Ihre Arbeitsergebnisse mit einem anderen Arbeitspaar.
5. Erstellen Sie nun eine Lagerdatei mithilfe des Tabellenkalkulationsprogramms **Excel.** Berechnen Sie den Meldebestand mit der Rechenfunktion in **Excel.**

3.2.4.2 Lagerbewegungskennzahlen

Fortsetzung der Situation

Nun will Metin es genau wissen: Einerseits ist er sicher, dass der Einzelhandelsbetrieb seine Verkaufsbereitschaft aufrecht erhält, wenn ausreichend Ware vorhanden ist, andererseits verursacht das Lager hohe Kosten. ,,Doch wie ist es möglich, die Kosten, die durch die Lagerhaltung entstehen, zu kontrollieren?"

Diese Frage stellt Metin Herrn Greven. Er antwortet Metin: „Die Kostenkontrolle des Lagers erfolgt mithilfe der **Lagerbewegungskennzahlen.** Hierbei meine ich im Einzelnen **den durchschnittlichen Lagerbestand, die Umschlagshäufigkeit** und die **durchschnittliche Lagerdauer.**"

Das ist für Sie zu tun

Informieren Sie sich über die Lagerbewegungskennzahlen.

Informationstexte

Lagerbestandskennzahlen:	
Durchschnittlicher Lagerbestand	zeigt, wie hoch der Warenbestand in Stück oder in Euro in einem Jahr (bei 12 Monatsbeständen), ansonsten halbjährlich (bei 6 Monatsbeständen) oder vierteljährlich (bei 3 Monatsbeständen) war. Beispiel bezogen auf ein Jahr. $\frac{\textbf{Jahresanfangsbestand + 12 Monatsbestände}}{\textbf{13}}$
Umschlagshäufigkeit	zeigt, wie häufig der durchschnittliche Lagerbestand in einem Jahr verkauft wurde. $\frac{\textbf{Jahresabsatz}}{\textbf{durchschnittlicher Lagerbestand}}$
Durchschnittliche Lagerdauer	zeigt, wie lange die Ware durchschnittlich bis zum Verkauf im Lager ist. $\frac{\textbf{360}}{\textbf{Umschlagshäufigkeit}}$

Das ist für Sie zu tun

Vervollständigen Sie die folgende Tabelle:

Lagerkennzahlen	**Erläuterung**	**Formel**	**Berechnung** (siehe Beispiel Öko-Wärmflasche)
durchschnittlicher Lagerbestand			
Umschlagshäufigkeit			
durchschnittliche Lagerdauer			

Das ist für Sie zu tun

Beispiel:

Lagerbewegungskennzahlen:

Öko-Wärmflasche	**Stück**
Jahresanfangsbestand:	**86**
Bestand 31.01.	75
Bestand 28.02.	110
Bestand 31.03.	80
Bestand 30.04.	92
Bestand 31.05.	115
Bestand 30.06.	95
Bestand 31.07.	85
Bestand 31.08.	105
Bestand 30.09.	96
Bestand 31.10.	79
Bestand 30.11.	95
Bestand 31.12.	70
Summe der Monatsendbestände (der Anfangsbestand wird hier nicht berücksichtigt)	**1097**

Durchschnittlicher Lagerbestand = ____? (berechnen Sie!)

Information: Der Jahresabsatz der Yogamatten liegt bei **940** Stück!

3.2.5 Die Ware muss bezahlt werden … (Zahlungsverkehr)

Situation

Der Verkauf der Yogamatten läuft gut an. Alle Yogamatten sind im Verkaufsraum und im Lager eingeräumt worden und die festgestellten Sachmängel sind durch Neulieferung der Yogamatten behoben worden.

Metin ist immer noch in der Abteilung von Frau Saure eingesetzt und verkauft gerade eine Yogamatte. Da kommt Herr Gutjahr: „Hallo Metin, da Sie von Anfang an in den Prozess der Beschaffung der Yogamatten eingebunden waren, sollen Sie nun auch in den **letzten Schritt** der Abwicklung eingebunden werden: Hier ist die **Rechnung.** Bitte prüfen Sie diese und veranlassen Sie in der Abteilung Verwaltung die Zahlung."

Das ist für Sie zu tun

Herr Gutjahr redet von dem **„Prozess der Beschaffung“** und dem letzten Schritt, der Zahlung. Was meint er damit?

1. Überlegen Sie in Einzelarbeit, **welche Schritte** Metin bei der Beschaffung der Yogamatten bisher durchlaufen hat. Notieren Sie diese.

2. Tauschen Sie sich mit einem Arbeitspartner aus und diskutieren Sie.
3. Schließen Sie sich mit einem weiteren Arbeitspaar (Vierergruppe) zusammen. Formulieren Sie eine Checkliste, in der Sie alle Schritte des Beschaffungsprozesses, von der Bezugsquellenanalyse bis zur Bezahlung aufführen.
4. Erstellen Sie die Checkliste in dem Programm Word.
5. Präsentieren Sie Ihre Checkliste mit dem Beamer.

Weitere Aufgaben:

Helfen Sie Metin, sich um die Aufgaben im Zusammenhang mit der „Rechnung“ zu kümmern!

1. Überprüfen Sie in Einzelarbeit, ob die vorliegende Rechnung richtig ist. Wie gehen Sie hierbei vor?
2. Tauschen Sie sich mit einem Arbeitspartner aus. Einigen Sie sich auf die wesentlichen „Prüfungsinhalte“.
3. Notieren Sie diese und rechnen Sie nach.
4. Tauschen Sie sich nun mit einem weiteren Arbeitspaar aus. Gibt es „Prüfungsinhalte“, die Sie noch nicht beachtet haben?
5. Zu welchem Ergebnis kommen Sie?

Bio-Shopping-Paradies GmbH xx. xx. 20xx
Lange Strasse 16
50876 Köln

Bio-medicare
Vertrieb von medizinischer Handelsware
Steinstrasse 6
30984 Pirmasens

Rechnung: 879
Ihre Kundennummer:178
Lieferscheindatum: xx. xx. 20xx

Pos.	Artikel-Nr.	Artikelbezeichnung	Menge	Einzelpreis	Rabatt	Gesamtpreis
1	560098	Yogamatten	150	13,95 €	15 %	1.778,62 €

Verpackung	Lieferkosten	Summe netto	UST %	UST €	Summe brutto
ohne	120,00 €	1.778,62 €	19 %	337,94 €	2.116.56 €

Zahlbar innerhalb 30 Tagen

3.2.5.1 Zahlungsmöglichkeiten

Fortsetzung der Situation

Metin überlegt immer noch, was Herr Gutjahr damit gemeint haben könnte, als er sagte „...veranlassen Sie in der Abteilung Verwaltung die Zahlung.“

Was sollte Metin hierzu wissen?

Informationstexte

Grundsätzlich können Rechnungen bar, halbbar oder bargeldlos gezahlt werden.

Welche Zahlungsart gewählt wird, kann nicht beliebig entschieden werden, sondern hängt von gewissen Voraussetzungen ab.

Eine dieser Voraussetzungen ist zum Beispiel das **Vorhandensein eines Kontos.**

	Bei welchem Vertragspartner muss ein Konto vorhanden sein?	**Wie erfolgt die Zahlung? Welche Vorteile bzw. Nachteile ergeben sich aus der Barzahlung?**
	Bei der Bezahlung mit **Bargeld** benötigt keiner der beiden Vertragspartner ein Konto.	Die Bezahlung erfolgt mit Münzgeld oder mit Banknoten, „Scheinen“, von Hand zu Hand. Häufig wird als „Beleg“ eine **Quittung** ausgestellt.
Vorteile der Bargeldzahlung:	Der **Zahlungsempfänger** erhält sofort sein Geld. Für **beide Vertragspartner** entstehen keine Bankgebühren.	
Nachteile der Bargeldzahlung:	Der **Zahlende** muss immer das Bargeld dabei haben. Hier besteht das Risiko, das Geld zu verlieren oder beraubt zu werden. Für den **Zahlungsempfänger** besteht das Risiko an Falschgeld zu geraten oder selber beraubt zu werden.	

Informationstexte

	Bei welchem Vertragspartner muss ein Konto vorhanden sein?	**Wie erfolgt die Zahlung? Welche Vorteile bzw. Nachteile ergeben sich aus der Barzahlung?**
	Bei der **halbbaren Zahlung** benötigt ein Vertragspartner ein Konto.	Beispielsweise zahlt der Zahlende **bar** auf ein Konto des Zahlungsempfängers (Bareinzahlung) ein. Andererseits kann auch vom Konto des Zahlenden eine Abbuchung vorgenommen werden und der Betrag wird dem Zahlungsempfänger bar ausgezahlt (Barauszahlung).
Vorteile der halbbaren Zahlung:	Es benötigt nur ein Vertragspartner ein Konto. Der **Zahlende** (Kontoinhaber) kann einen Barscheck ausstellen, damit der Zahlungsempfänger das Geld bar von dem Konto abhebt. Vorgedruckte Formulare erleichtern die Zahlung. Der Zahlende muss kein Bargeld dabei haben.	
Nachteile der halbbaren Zahlung:	Es ist ein umständliches Zahlungsverfahren. Es fallen Gebühren an.	
	Bei der **bargeldlosen Zahlung** benötigen beide Vertragspartner ein Konto.	Die Bezahlung erfolgt durch • Überweisung, • Dauerauftrag, • SEPA-Lastschriftverfahren.
Vorteile der bargeldlosen Zahlung:	Bezahlung erfolgt ohne große Fehlerquellen (z. B. Verzählen). Die Bezahlung erfolgt bequem (z. B. übers Internet von zu Hause aus, rund um die Uhr). Der **Zahlende** hat weniger Bargeld in der Tasche, d. h. keine Gefahr das Geld zu verlieren oder beraubt zu werden. Die Zahlung erfolgt „fast von selber“, z. B. durch Dauerauftrag oder Lastschriftverfahren. Es kann auch „mehr“ Geld ausgegeben werden, als man hat, d. h. das Girokonto kann bis zu einem vorher festgelegten Betrag überzogen werden. Beim Einkaufen hat man immer die Möglichkeit zu zahlen.	
Nachteile der bargeldlosen Zahlung:	Häufig fallen bei der bargeldlosen Zahlung hohe Gebühren (für beide Vertragspartner) an. Für den Zahlenden ergibt sich eine Nachverfolgbarkeit des Geldverkehrs, die Daten werden gespeichert. Es besteht die Gefahr mehr Geld als nötig auszugeben.	

Situation

Für die Auszubildenden der Bio-Shopping-Paradies GmbH findet wieder ein Workshop für Auszubildende statt. Diesmal geht es um den Inhalt „Zahlungsmöglichkeiten“. Auch Metin darf an diesem Workshop teilnehmen. In diesem Workshop werden Inhalte vermittelt und es werden praktische Aufgaben gelöst.

Bitte halten Sie sich bei der Bearbeitung der Aufgaben an das folgende Schema:

1. Setzen Sie sich zunächst alleine mit den Aufgaben auseinander.
2. Vergleichen Sie Ihre Lösungen mit einem Arbeitspartner.
3. Stellen Sie Ihre Ergebnisse einem weiteren Arbeitspaar (Vierergruppe) vor.

Informationstexte

Bargeldzahlung:

Für den Fall, dass ein Kunde oder eine Kundin mit **Bargeld** bezahlen würde, müsste die Bio-Shopping-Paradies GmbH dem Kunden oder der Kundin eine Quittung ausfüllen. In dieser wird der Erhalt des Geldes bestätigt. Eine Quittung hat die folgenden Bestandteile:

1. Betrag (netto, USt, brutto);
2. Name des Zahlenden,
3. Zweck der Zahlung,
4. Empfangsbestätigung,
5. Ort der Zahlung,
6. Unterschrift des Zahlungsempfängers (häufig auch einen Firmenstempel).

Das ist für Sie zu tun

Sie haben gerade ein Fitnessgerät aus ökologischen Materialien verkauft. Die Kundin, Frau Sybille Hammer aus Köln, zahlt mit Bargeld und bittet um eine Quittung. Der Nettobetrag liegt bei 285 €, es kommen 19 % MwSt dazu.

Stellen Sie die Quittung aus!

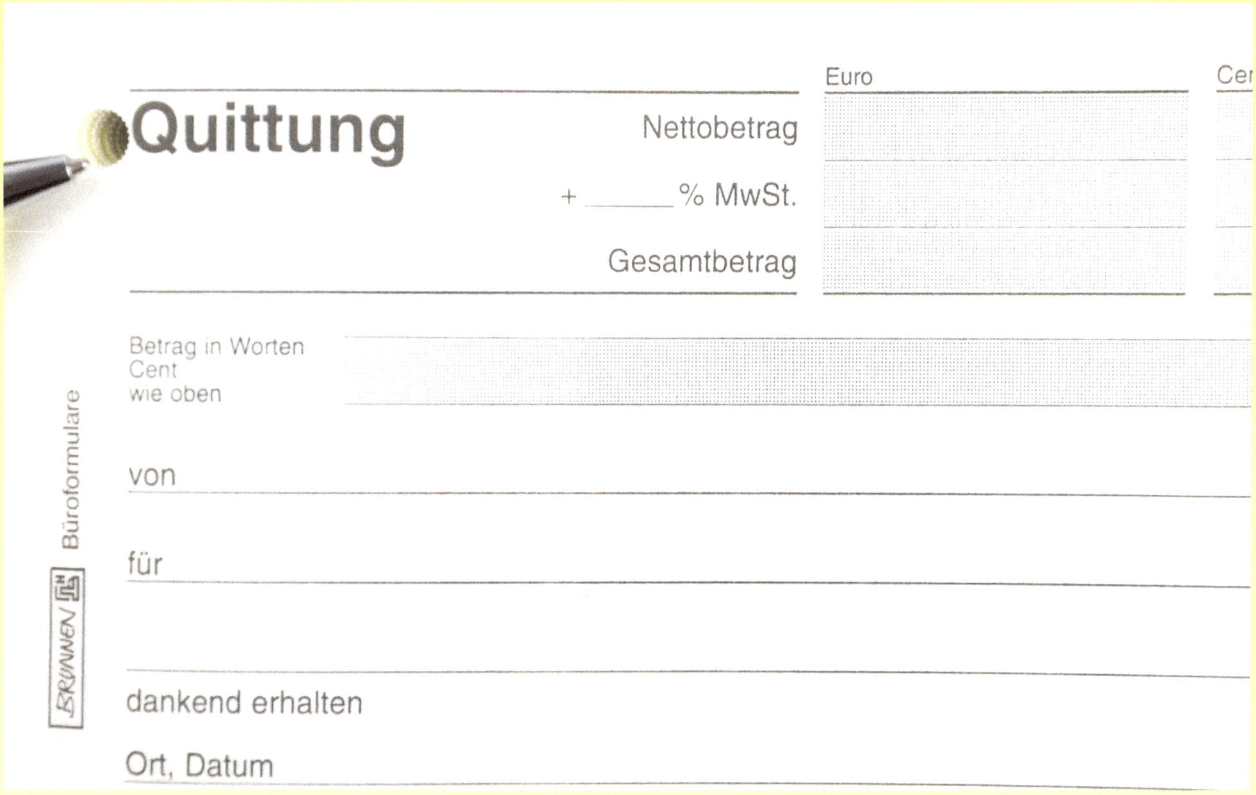

Quittung

	Euro	Cent
Nettobetrag		
+ ______ % MwSt.		
Gesamtbetrag		

Betrag in Worten
Cent
wie oben

von

für

dankend erhalten

Ort, Datum

Beantworten Sie die folgenden Fragen

1. Obwohl die Barzahlung seit Beginn der Corona-Pandemie rückläufig ist, hat sie als Zahlungsmittel im Einzelhandel immer noch einen hohen Stellenwert. Erläutern Sie anhand von drei Beispielen, wann die Barzahlung sinnvoll ist und wann nicht.
2. Wäre die Barzahlung im Falle der Yogamatten sinnvoll? Begründen Sie.

Informationstext

Halbbare Zahlung:

Manche Händler verkaufen ihre Ware per Nachnahme. Die Nachnahme beschreibt eine Versand- und Zahlungsart, bei der die Bezahlung einer Ware beim Empfang durch den Empfänger an das ausführende Unternehmen (z. B. Post oder DHL) erfolgt.

Die Nachnahme bietet für den Empfänger den Vorteil, dass erst mit der Übergabe der Ware gezahlt werden muss. Der Versender hat gegenüber einer Zahlung auf Rechnung den Vorteil, das Geld nach Ablieferung sicher zu erhalten. Nachteil dieser Versandart: Hohe Kosten.

Das ist für Sie zu tun

Metin hat sich im Internet ein Buch zur Ausbildung im Einzelhandel bestellt. Jetzt muss er das Buch bezahlen, hat aber kein Konto. Er geht zur Bank, um sich zu informieren. Dort erfährt er, dass er das Geld bar einzahlen kann. Wenn er das entsprechende Überweisungsformular ausfüllt, wird das Geld dem Zahlungsempfänger (hier dem Internetshop) gutgeschrieben. Hierbei entstehen Gebühren, die Metin zahlen muss.

(Internetshop: Bayerische Buchhandlung-Internetshop, Buch: Ausbildung Einzelhandel, Preis 24,95 € (brutto), Bankverbindung: Commerzbank AG Münster; IBAN: DE13 4004 0028 0398 9111 00; BIC: COBADEFF400)

Füllen Sie das Überweisungsformular aus.

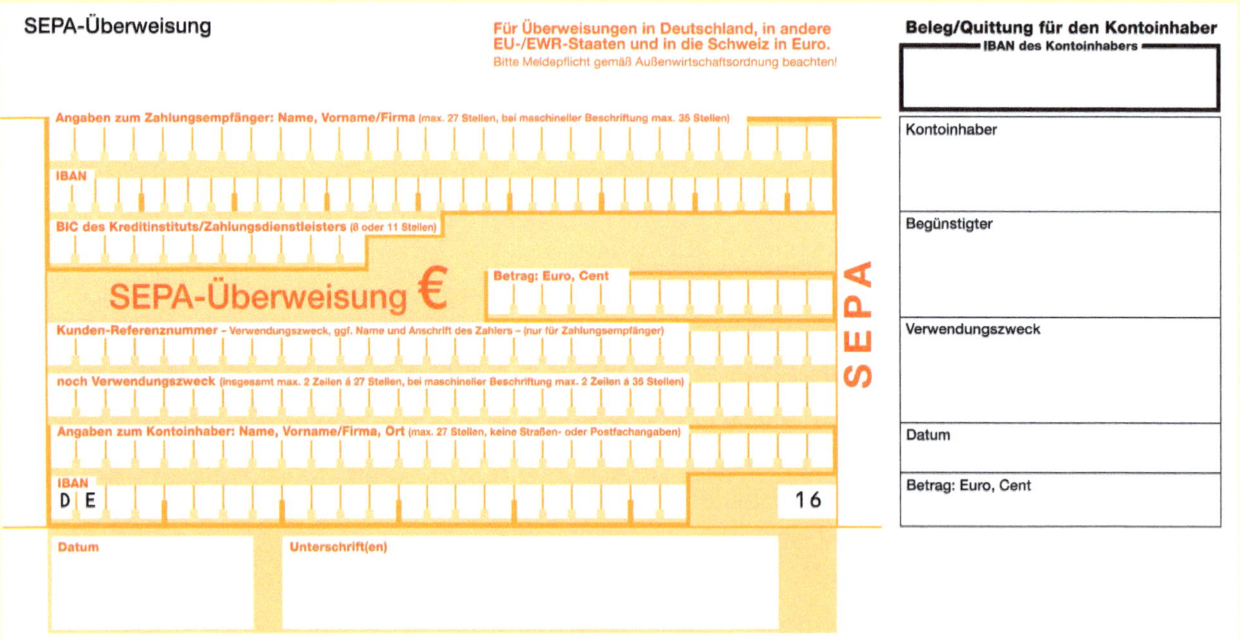
SEPA-Überweisung

Für Überweisungen in Deutschland, in andere EU-/EWR-Staaten und in die Schweiz in Euro.
Bitte Meldepflicht gemäß Außenwirtschaftsordnung beachten!

Angaben zum Zahlungsempfänger: Name, Vorname/Firma (max. 27 Stellen, bei maschineller Beschriftung max. 35 Stellen)

IBAN

BIC des Kreditinstituts/Zahlungsdienstleisters (8 oder 11 Stellen)

SEPA-Überweisung €

Betrag: Euro, Cent

Kunden-Referenznummer – Verwendungszweck, ggf. Name und Anschrift des Zahlers – (nur für Zahlungsempfänger)

noch Verwendungszweck (insgesamt max. 2 Zeilen á 27 Stellen, bei maschineller Beschriftung max. 2 Zeilen á 35 Stellen)

Angaben zum Kontoinhaber: Name, Vorname/Firma, Ort (max. 27 Stellen, keine Straßen- oder Postfachangaben)

IBAN
D E 16

SEPA

Datum

Unterschrift(en)

Beleg/Quittung für den Kontoinhaber

IBAN des Kontoinhabers

Kontoinhaber

Begünstigter

Verwendungszweck

Datum

Betrag: Euro, Cent

Das ist für Sie zu tun

Beantworten Sie die folgenden Fragen:

1. Geben Sie zwei Möglichkeiten der halbbaren Zahlung an. Welcher der beiden Vertragspartner muss ein Konto haben?
2. Begründen Sie, warum es sich aus Händlersicht anbietet, eine Versendung der Waren per Nachnahme zu schicken.
3. Was spricht aus Sicht des Warenempfängers dagegen, sich eine Ware per Nachnahme schicken zu lassen?
4. Würde es sich anbieten die Rechnung für die Yogamatten „halbbar" zu zahlen? Begründen Sie.

Ihre Aufgabe: Vervollständigen Sie die folgende Übersicht

Bargeldlose Zahlung	Erläuterung	Wann bietet sich diese Zahlungsweise an?	Beispiele
Überweisung			
Dauerauftrag			
SEPA-Lastschrift-verfahren			

5. Würde es sich anbieten, die Rechnung für die Yogamatten „bargeldlos" zu zahlen? Begründen Sie.

3.2.5.2 Was hat es mit dem Plastikgeld auf sich?

Fortsetzung der Situation

Metin beschäftigt sich interessiert mit den einzelnen Zahlungsarten.

An der Kasse beobachtet er, wie ein Kunde seinen Einkauf mit einer Plastikkarte bezahlt. Da er die Plastikkarten nicht unterscheiden kann, möchte er lernen, wie man die Plastikkarten unterscheiden kann und wissen, wie die Bezahlung mit einer Plastikkarte funktioniert.

Als er im Internet den Begriff Plastikkarte eingibt, erhält er die folgende Information:

Unter dem Plastikgeld versteht man Karten aus Plastik, mit denen bargeldlose Zahlungen möglich sind. Die Karten werden von Kreditinstituten ausgegeben.

Hierbei werden die beiden Bereiche unterschieden:

1. Girocard und Maestro
2. Kreditkarte und Kundenkreditkarte

Arbeitsauftrag Partnerpuzzle:

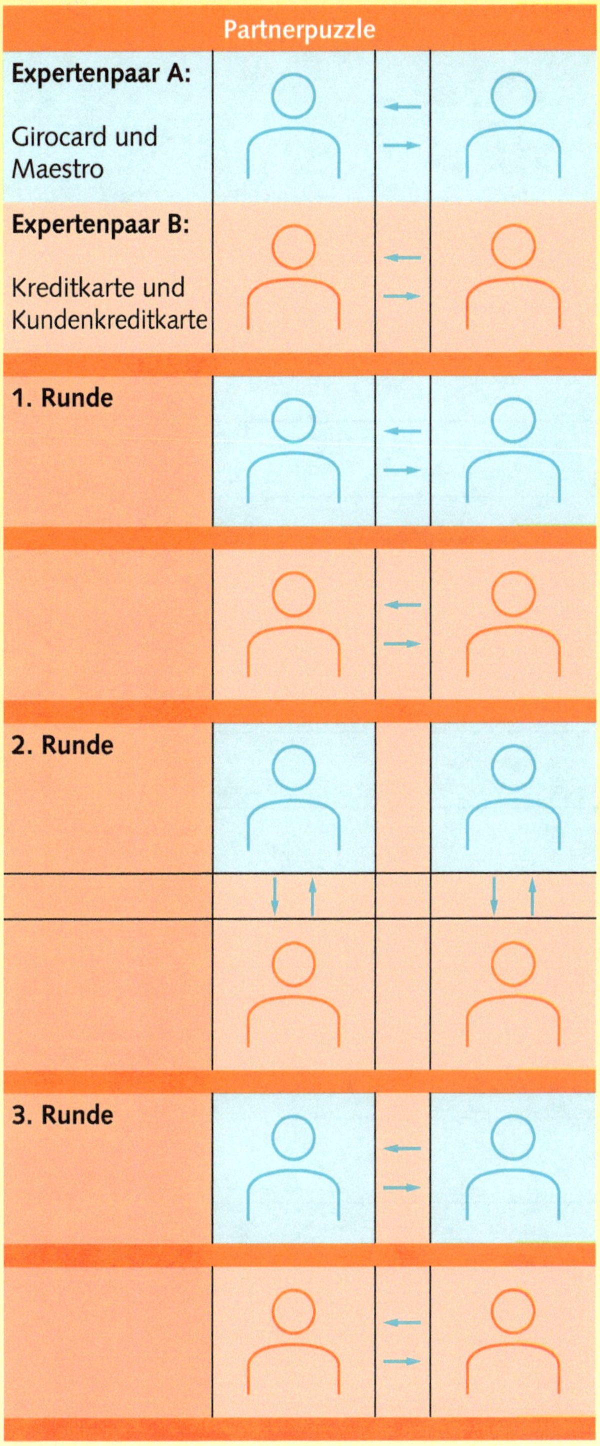

1. Runde:

- Bilden Sie mit einem Arbeitspaar ein Expertenteam (Arbeitspaar A: Girocard und Maestro; Arbeitspaar B: Kreditkarte und Kundenkreditkarte).
- Lesen Sie in Einzelarbeit den Informationstext zu Ihrem Expertenthema (Girocard und Maestro oder Kreditkarte und Kundenkreditkarte). Sollten sich Verständnisfragen ergeben, so können Sie diese mit Ihrer Arbeitspartnerin oder Ihrem Arbeitspartner gemeinsam klären.
- Tauschen Sie sich bei der Beantwortung der Fragen zu Ihrem Expertenthema aus und halten Sie Ihre Ergebnisse fest.

2. Runde:

- Wenn Sie Ihre Fragen beantwortet haben, setzen Sie sich mit einer Mitschülerin oder einem Mitschüler von einem Expertenpaar mit dem anderen Expertenthema zusammen.
- Erklären Sie sich gegenseitig Ihr Thema und stellen Sie sicher, dass die jeweils zuhörenden Partner die Informationen aufnehmen und notieren können.

3. Runde:

- Setzen Sie sich nun wieder mit Ihrer ursprünglichen Arbeitspartnerin bzw. Ihrem Arbeitspartner zusammen.
- Vergleichen Sie Ihre Notizen oder fragen Sie sich wechselseitig, wo Sie noch Unklarheiten haben.
- Am Ende sollen alle Schülerinnen und Schüler die Fragen zu den Plastikkarten vollständig beantwortet und verstanden haben.

Das ist für Sie zu tun

Fragen zur Girocard:	Antworten

Was ist eine Girocard?	
Welche Funktionen hat die Girocard?	
Die Girocard ist eine Debitkarte. Was bedeutet Debitkarte?	
Was bedeutet das Maestro-Zeichen?	
Wie funktioniert die Zahlung mit dem „Wellensymbol"?	

Das ist für Sie zu tun

Wie funktioniert die Zahlung mit der PIN?

Welche Kosten entstehen bei der Bezahlung mit der Girocard für den Händler?

Wie funktioniert die Zahlung mit der Girocard ohne PIN?

Welches Risiko ergibt sich für den Händler bei der Zahlung ohne PIN?

Was kann der Händler tun, um dieses Risiko zu minimieren?

Das ist für Sie zu tun

Wie funktioniert die kontaktlose Zahlung mit der Girocard?

____

____

____

____

Wie erkennt man, an welcher Kasse eine kontaktlose Bezahlung möglich ist?

____

____

____

____

Das ist für Sie zu tun

Fragen zur Kreditkarte	Antworten

Was ist eine Kreditkarte?

____

____

____

____

Wo sind Zahlungen mit der Kreditkarte möglich?

____

____

____

____

Das ist für Sie zu tun

Wie funktioniert die kontaktlose Bezahlung an der Kasse?

Wodurch erkennt man, an welcher Kasse eine kontaktlose Bezahlung möglich ist?

Wie funktionieren die Zahlungen mit der Karte?

Welche Kosten entstehen bei der Bezahlung mit der Kreditkarte für den Händler?

Was ist der Vorteil bei der Bezahlung mit der Kreditkarte für den Kunden?

Was ist der Nachteil bei der Bezahlung mit der Kreditkarte für den Kunden?

Das ist für Sie zu tun

Fragen zur Kundenkreditkarte	Antworten
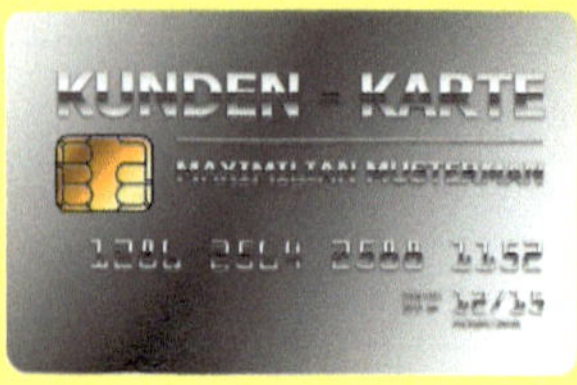	
Von wem bekommt man diese Karte?	
Welche Vorteile ergeben sich für den Kunden bei der Nutzung der Kundenkreditkarte?	
Welche Nachteile ergeben sich für den Kunden bei der Nutzung der Kundenkreditkarte?	

Das ist für Sie zu tun

Wie funktionieren die Zahlungen mit der Karte?

Welche Kosten entstehen bei der Bezahlung mit der Kundenkarte für den Händler?

Informationstext: Kartengestützte Zahlung

Immer häufiger kommt es zur bargeldloser Zahlung mit dem sogenannten Plastikgeld.

Girocard und Maestro

Die Girocard ist eine häufig verbreitete Plastikkarte, die zu einem reinen deutschen System gehört. Diese wird allen Inhabern eines Girokontos von der kontoführenden Bank zur Verfügung gestellt. Die Funktionen dieser Karte sind vielfältig: Neben der reinen Zahlungsfunktion ermöglicht die Girocard die bargeldlose Zahlung im Rahmen des **Electronic-Cash-Systems (POS-Zahlung)** und des **elektronischen Lastschriftverfahrens (ELV)**, das Ausdrucken von Kontoauszügen, der Einrichtung von Daueraufträgen und Überweisungen. Es ist allerdings geplant, diese Funktionen in den nächsten Jahren zu reduzieren.

Die Girocard ist eine sogenannte Debitkarte. Die Zahlung mit einer Debitkarte erfolgt **sofort** von dem zugeordneten Girokonto.

Das Maestro Zeichen steht für weltweit akzeptiertes und sehr sicheres Zahlen mit der Debitkarte was durch die Kooperation mit einer Organisation wie Mastercard ermöglicht wird. Neben Maestro gibt es das von Visa eingeführte V-Pay. Wenn dieses Zeichen sichtbar ist, kann durch die Eingabe der PIN weltweit an Kassenautomaten Geld abgehoben werden oder in Einzelhandelsunternehmen an der Kasse gezahlt werden. In den kommenden Jahren wird Mastercard allerdings die Maestro-Funktion auslaufen lassen.

Electronic Cash (Point of Sale (POS) Zahlung)

Die Zahlung mit der Girocard im Rahmen des Electronic Cashsystems erfolgt direkt am Ort des Verkaufs (Point of Sale), überall wo das Symbol angezeigt wird.

Nachdem der Verkäufer den zu zahlenden Betrag in die Kasse eingegeben hat, wird der Kunde gebeten, die Bankkarte in das Kartenlesegerät zu stecken. Auf dem Kartenlesegerät wird der zu zahlende Betrag von der Kasse angezeigt. Der Kunde bestätigt den Zahlungsbetrag durch das Drücken der „OK-Taste". Danach wird er aufgefordert, die PIN (Personal Identification Number) einzugeben und diese ebenfalls durch das Drücken der „OK-Taste" zu bestätigen. Die Karteninformationen und die PIN werden **online** an das Rechenzentrum der zuständigen Bank übermittelt und überprüft. Wenn die PIN mit den Informationen auf der Karte übereinstimmt, die Karte gültig ist und der zu zahlende Betrag den auf der Karte vorhandenen Betrag nicht übersteigt, dann wird die Zahlung ausgeführt und durch einen Hinweis auf dem Lesegerät angezeigt. Der Kunde erhält einen Zahlungsnachweis und kann seine Karte aus dem Lesegerät nehmen. Bis zu der Rückmeldung von der Bank können einige Minuten vergehen.

Fortsetzung des Informationstextes auf Seite 149

Informationstext: Kartengestützte Zahlung (Fortsetzung)

Für den Kunden ist die Zahlung bargeldlos und gebührenfrei.

Der Einzelhändler hat eine Zahlungsgarantie, indem er das Geld sofort nach der Bezahlung auf seinem Konto hat. Voraussetzung für den Einzelhändler sind ein Kartenlesegerät und eine funktionierende Onlineverbindung. Hierbei fallen Kosten für das Kartenlesegerät an (Kauf oder Mietzahlung), Kosten für die Onlineverbindung und Gebühren für die getätigten Umsätze, die je nach Kreditinstitut unterschiedlich ausfallen.

Beispiel: Sven Nickel steht an der Kasse im Bio-Shopping-Paradies und muss für seinen Einkauf 75,00 € bezahlen. Er gibt dem Kassierer seine Debitkarte mit dem Girocard Zeichen. Nachdem der Kassierer die Karte in das Kartenlesegerät gesteckt hat, wird Sven gebeten, sein PIN einzugeben.

Elektronisches Lastschriftverfahren (ELV)

Der Kunde zahlt hier mit der gleichen Karte, aber die Abwicklung der Zahlung erfolgt in anderer Weise.

Wenn der Kassierer den Rechnungsbetrag in der Kasse eingegeben hat, wird dieser an das Kartenlesegerät übertragen. Der Kunde steckt seine Bankkarte in das Lesegerät ein. Anders als beim Elektronic Cash (POS) wird nicht durch die Eingabe einer PIN die Zahlung in Gang gesetzt.

Stattdessen wird bei diesem Zahlungssystem wird der Magnetstreifen mit den Informationen über IBAN von dem Kartenlesegerät offline ausgelesen. Liegen die Daten vor, werden zwei Lastenschriftenbelege ausgedruckt. Einer dieser Zahlungsbelege wird vom Kunden unterschrieben.

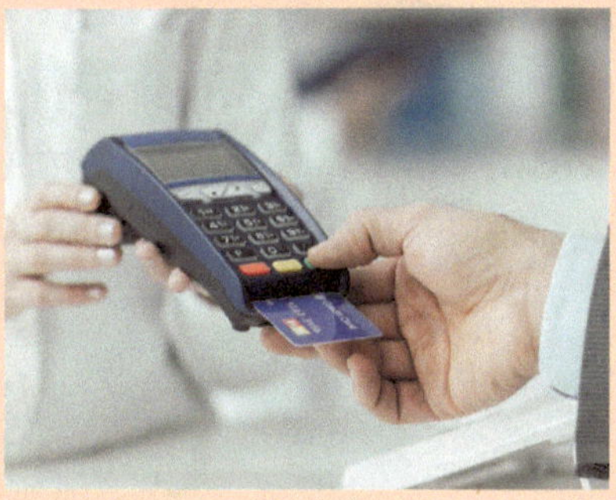

Der Kassierer vergleicht die Unterschrift auf dem Beleg mit der Unterschrift auf der Karte und überprüft die Identität des Kunden mithilfe eines Lichtbildausweises (z. B. Personalausweis oder Führerschein). Zur Kontrolle erhält der Kunde den zweiten Zahlungsbeleg und die Bankkarte zurück. Durch die Unterschrift wird der Einzelhändler berechtigt (legitimiert) die Lastschrift bei seiner Bank einzureichen. Die Bank des Einzelhändlers bucht den Betrag von dem Konto des Kunden ab.

Beispiel: Sven Nickel kauft eine Woche später wieder im Bio-Shopping-Paradies ein. Diesmal muss er für seinen Einkauf 105,00 € bezahlen. Er gibt dem Kassierer seine Debitkarte mit dem Girocard Zeichen. Nachdem der Kassierer die Karte in das Kartenlesegerät gesteckt hat, wird Sven gebeten, einen Zahlungsbeleg zu unterschreiben. Er bekommt seine Karte zurück und erhält einen Beleg. Mit der Ware verlässt der das Einzelhandelsunternehmen.

Für den Einzelhändler ergeben sich aus der ELV-Zahlung gewisse **Risiken:**

- Konto des Zahlenden könnte nicht gedeckt sein,
- Unterschrift könnte gefälscht sein,
- Kunde könnte den Geldbetrag wieder einziehen (zurückbuchen).

Fortsetzung des Informationstextes auf Seite 150

Informationstext: Kartengestützte Zahlung (Fortsetzung)

Beispiel: Sven Nickel hat seine Girocard achtlos in seiner Hosentasche, aus der die diese gestohlen wird. Der Dieb übt die auf der Rückseite der Karte vorhandene Unterschrift von Sven Nickel und zahlt 240 € im Bio-Shopping-Paradies mit Karte und Unterschrift. In der Zwischenzeit hat Sven Nickel die Karte sperren lassen. Den Betrag von 240 € hat er zurückbuchen lassen.

Diese Risiken könnten durch die folgende Maßnahmen minimiert bzw. ausgeschaltet werden:

- PIN-Zahlung vorgeben,
- Kunden, die bereits wegen eines ungedeckten Kontos aufgefallen sind, von weiteren ELZ-Zahlungen ausschließen,
- Name und Unterschrift des Kunden mit Personalausweis vergleichen.

Kontaktloses Bezahlen mit dem „Wellensymbol"

Das kontaktlose Bezahlen mit der Girocard wurde in der Corona-Pandemie zur Einhaltung einer besseren Hygiene stark genutzt und ist jetzt nicht mehr wegzudenken.

Nahezu alle neuen Girocards weisen das „Wellensymbol" auf und sind mit einem NFC-Chip (Near Field Communication) ausgestattet. Die kontaktlose Zahlung ist an allen Kassen möglich, die ebenfalls mit dem „Wellensymbol" gekennzeichnet sind.

Die Zahlung erfolgt, indem die Karte nah an die Kontaktstelle des Kassenterminals gehalten wird. Beträge bis 50 Euro können in der Regel ohne Pin oder Unterschrift bezahlt werden.

Kreditkarte

Die Kreditkarte wird bei entsprechenden Kartenorganisationen (z. B. American Express, MasterCard, Visa) beantragt. Sie wird dann einem Nutzer zur Verfügung gestellt, wenn über die Kreditwürdigkeit entschieden worden ist.

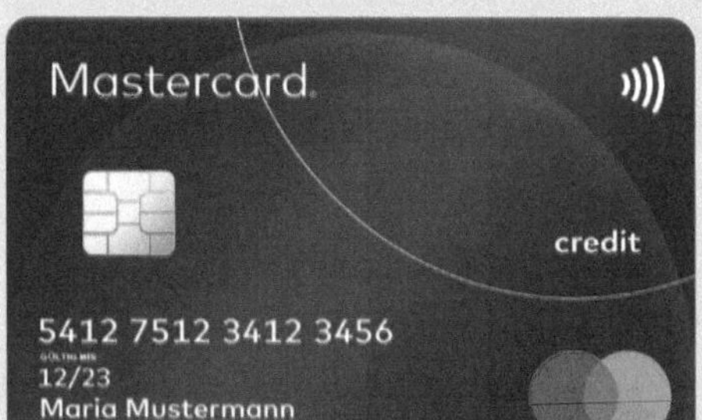

Der Karteninhaber erteilt der Kreditkartenorganisation eine Einzugsermächtigung für sein Girokonto. Von diesem Girokonto werden die mit der Kreditkarte gezahlten Beträge abgebucht. Mit der Kreditkarte wird später gezahlt (anders als bei der Debitkarte, mit der sofort gezahlt wird). Somit wird bei jeder Zahlung mit der Kreditkarte bei der betreffenden Kreditkartenorganisation ein Kredit aufgenommen. Die Kreditkartenorganisation sammelt die monatlichen Kartenumsätze und bucht diese dann von dem Girokonto des Karteninhabers ab.

Zur Zahlung mit der Kreditkarte wird der Kunde, nachdem der Verkäufer den zu zahlenden Betrag in die Kasse eingegeben hat, gebeten, die Kreditkarte in das Kartenlesegerät zu stecken. Es wird online eine Verbindung zu der Kreditkartenorganisation hergestellt und überprüft, ob die Karte freigeschaltet ist. Durch das Kartenlesegerät werden die Kontoinformationen (IBAN) erfasst.

Fortsetzung des Informationstextes auf Seite 151

Informationstext: Kartengestützte Zahlung (Fortsetzung)

Der Kunde kann durch die Eingabe der PIN oder durch die Unterschrift eines ausgedruckten Belegs die Zahlung abwickeln. Bei der Zahlung durch die Unterschrift überprüft der Einzelhändler die Identität des Kunden durch die Vorlage eines gültigen Personalausweises oder Führerscheins. Der Kunde erhält seine Kreditkarte und seinen Ausweis zurück, er bekommt den Zahlungsbeleg und seine Ware ausgehändigt und er kann das Geschäft verlassen.

Der vom Kunden unterschriebene Zahlungsbeleg reicht der Einzelhändler bei der Kreditkartenorganisation ein. Diese überweist dem Einzelhändler das Geld. Das Konto des Kunden wird einmal im Monat von der Kreditkartenorganisation für alle mit der Karte getätigten Zahlungen belastet.

Mittlerweile findet sich das „Wellensymbol" auch auf Kreditkarten, so dass die kontaktlose Zahlung möglich ist. Zur Zahlung wird die Kreditkarte vor das entsprechende „Wellensymbol" an das Kartenlesegerät gehalten. Liegen die zu zahlenden Beträge unter 50 Euro ist die Eingabe einer PIN nicht erforderlich, bei höheren Beträgen muss die PIN eingegeben werden.

Für Online-Zahlungen ist eine Kreditkarte inzwischen unerlässlich. Hier wird die Zahlung durch die dreistellige Sicherheits-Nummer auf der Rückseite der Karte autorisieren.

Kreditkarten werden grundsätzlich im In- und Ausland (weltweit) zur Zahlung akzeptiert. Einzelne Einzelhändler lehnen die Bezahlung mit einer Kreditkarte ab oder akzeptieren eine Zahlung erst ab einer gewissen Umsatzhöhe, weil diese für den Einzelhändler hohe Kosten verursacht (Transaktions- und Fixkosten). Vorteilhaft für den Einzelhändler ist aber eine Zahlungsgarantie von den Kreditinstituten. Ebenfalls ist es für die Umsätze der Einzelhändler positiv, wenn die Kunden Spontankäufe tätigen, die mit der Kreditkarte bezahlt werden können.

Der Kartennutzer ist immer in der Lage zu zahlen, so dass auch Spontanausgaben jederzeit möglich sind. Er benötigt kein Bargeld und geht damit kein Risiko des Geldverlustes ein.

Nachteilig ist für den Kartennutzer jedoch, dass er seine Geldausgaben nicht immer unter Kontrolle hat und am Ende des Monats bei der Abrechnung und der Abbuchung vom seinem Konto über seine Geldausgaben verwundert ist. Auch die Verschuldung könnte eine Folge von spontanen und unüberlegten Ausgaben sein.

Beispiel: Sven Nickel erhält am Ende des Monats seine Kreditkartenabrechnung: Er ist schockiert über deine Geldausgaben.

Erst durch die Auflistung jeder einzelnen Zahlung wird ihm klar, dass er viel zu „locker" mit seinen Ausgaben mit der Kreditkarte war.

Fortsetzung des Informationstextes auf Seite 152

Informationstext: Kartengestützte Zahlung (Fortsetzung)

Kundenkreditkarte

Vermehrt kommen auch in Deutschland im Einzelhandel Kundenkreditkarten (Co-Branding-Karten) zum Einsatz. Die von den Einzelhandelsunternehmen kostenlos herausgegebenen Kundenkarten, die mit einem Bonusprogramm (z. B. bei Erreichen eines bestimmten Jahresumsatzes, erhält der Kartennutzer am Jahresende einen Rabatt auf alle Einkäufe) und weiteren Serviceleistungen ausgestattet sind, schließen gleichzeitig eine Kreditkarte ein.

Herausgeber dieser Kreditkarten sind Partnerbanken oder Kreditkartengesellschaften. Zahlung und Abrechnung erfolgt wie bei der Kreditkarte (siehe oben).

Vorteile für die Kunden einer solchen Kundenkreditkarte sind zusätzlichen Serviceleistungen (z. B. Informationen über Sonderaktionen oder Firmenevents) und höhere Preisnachlässe. Für den Kartennutzer ergeben sich allerdings auch **Nachteile:**

Als „gläserner Kunde“ werden viele Informationen preisgegeben und die Gefahr von zu hohen Ausgaben, z. B. durch Spontankäufe, können zur Verschuldung führen.

Vorteile für die Einzelhandelsunternehmen ist eine engere Kundenbindung und die Gewinnung wertvoller Kundendaten (Einkaufsgewohnheiten, Kontaktdaten).

Kundenkreditkarten wurden von „Deutschland Test“ nach den folgenden Kategorien getestet:

(1) Jahresgebühr,

(2) Akzeptanzstellen,

(3) Bargeld/Zinsen und

(4) Leistungen/Bonusprogramm. (www.deutschlandtest.de/kundenkreditkarten/)

3.2.6 Die Ware muss nachbestellt werden und kommt nicht (Nicht-Rechtzeitig-Lieferung → Lieferungsverzug)

Situation

Langsam ist der Meldebestand der Yogamatten erreicht.
Herr Gutjahr bittet Metin alle nötigen Schritte zu veranlassen.

Das ist für Sie zu tun

1. Bestellen Sie die Yogamatten, indem Sie eine E-Mail schreiben. Achten Sie darauf, dass diese E-Mail die Regeln der DIN 5008 für E-Mails einhält: https://sekretaria.de/bueroorganisation/korrespondenz/din-5008/e-mail/
2. Schreiben Sie in der Bestellung, dass die Lieferung innerhalb von 5 Werktagen erfolgen soll.

Fortsetzung der Situation

Jetzt ist der Mindestbestand erreicht. Die Lieferzeit ist überschritten und von der Lieferung keine Spur. Metin ist entsetzt: „Als Liefertermin haben wir den x1.xx. festgelegt. Heute ist der x2.xx. und die Ware ist immer noch nicht da – was sollen wir jetzt machen?"

Das ist für Sie zu tun

1. Klären Sie, wann ein Lieferungsverzug vorliegt.
2. Klären Sie, welche Rechte der Käufer im Falle eines Lieferungsverzuges hat.
   Nehmen Sie hierzu den folgenden Informationstext zur Hilfe:

Informationstexte

Unter der **Voraussetzung,** dass ein Kaufvertrag abgeschlossen worden ist und dass die Lieferung der Ware fällig ist, gerät der Lieferant dann in Verzug, wenn er nicht rechtzeitig liefert.

Beispiel: Der Liefertermin sollte am 5. XX. sein. Jetzt haben wir den 6.xx. und die Lieferung ist immer noch nicht da. ➜ **Lieferungsverzug**

Doch wann ist die Lieferung fällig und wann gerät der Lieferant in Verzug?

Grundsätzlich hat jeder Lieferant die Verpflichtung rechtzeitig zu liefern!

Der Lieferant kommt in Verzug, wenn die folgenden Voraussetzungen erfüllt sind:

1. Fälligkeit der Lieferung	Wenn der Liefertermin kalendermäßig bestimmt war (**Beispiel:** Im Kaufvertrag wurde der x3.xx. als Liefertermin festgelegt) oder wenn der Käufer (Empfänger der Ware) eine angemessene Frist gesetzt hat (**Beispiel:** In einem Schreiben wurde eine Lieferfrist von 2 Wochen vereinbart).
2. Verschulden	Aufgrund von Vorsatz oder Fahrlässigkeit kann der Lieferant nicht liefern **Beispiel 1:** Der Lieferant hat seinerseits wegen Trunkenheit versäumt, die Ware bei seinem Lieferanten zu bestellen; **Beispiel 2:** Der Lieferant hat für die Ware von einem anderen Kunden einen besseren Preis erzielen können und die Ware dann an den anderen Lieferanten weiterverkauft. **Dies trifft aber nicht auf höhere Gewalt oder Streiks zu.**

Im Falle eines **Lieferungsverzuges** können der Käufer und die Käuferin die **folgenden Rechte** geltend machen:

1. Je nach Interessenslage ➜ Nachlieferung;
2. Nach erneuter Mahnung ➜ Nachlieferung und Schadenersatz;
3. Nachdem eine angemessene Nachfrist gesetzt worden ist ➜ Rücktritt vom Vertrag und/oder die Ware woanders beschaffen (Deckungskauf);
4. Forderung von Schadenersatz.

Wie sieht es in Ihrem Praktikumsunternehmen aus?

1. Haben Sie bereits Ware in Ihrem Praktikumsunternehmen verkaufen dürfen?

2. Beschreiben Sie, wie Sie den Verkauf durchgeführt haben.

3. Beschreiben Sie, wie hierbei der Kaufvertrag zustande gekommen ist.

4. Stellen Sie in Ihrer Klasse die Allgemeinen Geschäftsbedingungen aus Ihrem Praktikumsunternehmen vor.

5. Durften Sie bereits im Bereich des Wareneingangs arbeiten?

6. Beschreiben Sie, wann neue Ware bestellt wird.

7. Verfügt Ihr Praktikumsunternehmen über ein Warenwirtschaftssystem?

Fortsetzung auf Seite 156

Wie sieht es in Ihrem Praktikumsunternehmen aus? (Fortsetzung)

8. Falls ja, beschreiben Sie, für welche Bereiche das Warenwirtschaftssystem Informationen liefert.

9. Beschreiben Sie, wie in Ihrem Praktikumsunternehmen Zahlungen für den Wareneingang getätigt werden.

10. Nennen und erläutern Sie die Zahlungsweisen, die in Ihrem Praktikumsunternehmen von den Kunden genutzt werden.

11. Haben Sie in Ihrem Praktikumsunternehmen bereits Fälle von Störungen in der Erfüllung (Schlechtleistung, Nicht-Rechtzeitig-Lieferung) erfahren?

12. Falls ja, beschreiben Sie diese.

13. Beschreiben Sie, wie Ihr Praktikumsunternehmen darauf reagiert hat!

3.2.7 Beschaffungsabwicklung: Ich-kann-Liste

Ich-kann-Liste

Bitte machen Sie an der Stelle ein Kreuz,
an der Sie Ihren Lernfortschritt einordnen.

Inhalte: **Ich kann ...**	**Lernfortschritt**			
	++	**+**	**–**	**– –**
1. ... mit einfachen Instrumenten und Methoden der Kommunikation einfache Kaufverträge anbahnen und abschließen,				
2. ... schriftliche Bestellungen verfassen und die DIN – Vorschriften berücksichtigen.				
3. ... verschiedene wirtschaftliche Interessenslagen der Vertragspartner im Zusammenhang mit einem Kaufvertrag beachten,				
4. ... einfache rechtliche Handlungsspielräume (Allgemeine Geschäftsbedingungen) beachten.				
5. ... den Wareneingang prüfen, überwachen und dokumentieren,				
6. ... Rechte im Rahmen der Schlechtleistung prüfen,				
7. ... den Wareneingang überwachen und anhand von Belegen dokumentieren.				
8. ... eine wirtschaftliche Lagerhaltung ermitteln,				
9. ... einfache Lagerkennziffern ermitteln,				
10. ... einfache Lagerkennziffern interpretieren,				
11. ... einfache IF-Systeme nutzen.				
12. ... Zahlungsvorgänge veranlassen,				
13. ... bare, halbbare und bargeldlose Zahlungsmöglichkeiten veranlassen.				
14. ... auf Störungen der Erfüllung (Nicht-Rechtzeitig-Lieferung) reagieren,				
15. ... geeignete Maßnahmen zu deren Beseitigung einleiten.				

Fortsetzung auf Seite 158

Ich-kann-Liste (Fortsetzung)

An dieser Stelle ist es zur Selbstreflexion Ihres Lernprozesses von Bedeutung, sich über einzelne Phasen des Lernprozesses bewusst zu werden:

Woran hat es gelegen, dass ich einen sehr guten bzw. guten Lernfortschritt in den einzelnen Inhalten erzielt habe?

Woran hat es gelegen, dass ich einen geringen bzw. gar keinen Lernfortschritt in den einzelnen Inhalten erzielt habe?

Welche Vorgehensweise bzw. Methoden haben zum Gelingen meines Lernfortschritts beigetragen?

Was nehme ich mir für meinen Lernprozess in der nächsten Anforderungssituation vor?

Lernfeld 4: Leistungsprogramm planen und entwickeln

AS 4.1 Leistungsprogrammplanung: Was erwartet uns in der Anforderungssituation?

4.1.1 Wir beschreiben das Sortiment fachkundig

Situation

Während seines Praktikums konnte Metin Einblicke in mehrere Unternehmensbereiche gewinnen. Heute wird er zu Heinz Schwarz gerufen. Er stellt Metin die neue Praktikantin, Marie Jürgensson, vor.

Metin soll ihr die Bio-Shopping-Paradies GmbH vorstellen. Heinz Schwarz und auch Metin sind beide über die erste Frage von Marie überrascht: „Mir ist bewusst, dass es hier nur ökologische Ware gibt. Deshalb wollte ich ja auch unbedingt hier mein Praktikum absolvieren, weil ich selber vegan lebe. Aber wie genau kann ich das Sortiment hier beschreiben?“

Heinz Schwarz, der seit 2 Jahren in diesem Unternehmen arbeitet, antwortet: „Die **Sortimentsdimension**, die **Sortimentsbreite** und die **Sortimentstiefe** des Unternehmens haben sich in den letzten beiden Jahren stark verändert und entwickelt. Selbst die Mitarbeiter/-innen, die schon länger hier als Festangestellte arbeiten, haben nicht immer den genauen Überblick über das aktuelle gesamte **Sortiment.** In unserer „Unternehmensvorstellung“ wird das Sortiment grob beschrieben. Wenn wir sehen, wie viele Mitarbeiter und Mitarbeiterinnen in den einzelnen **Warengruppen** tätig sind, können wir vielleicht auch Überlegungen zur Sortimentstiefe anstellen. Es wäre prima, wenn Sie anhand der Informationen eine Übersicht der Sortimentsbreite und Sortimentstiefe erstellen würden.“

Metin und Marie sind sich einig: Sie wollen die gewünschten Informationen zum Sortiment der Bio-Shopping-Paradies GmbH zusammenstellen.

Das ist für Sie zu tun

Helfen Sie den beiden!

Informieren Sie sich in **Einzelarbeit** über die Begriffe

1. Sortiment,
2. Sortimentspolitik,
3. Sortimentspyramide,
4. Sortimentsdimension:
   a. Sortimentstiefe und
   b. Sortimentsbreite.

Nehmen Sie hierzu den Informationstext und das Internet zur Hilfe.

Informationstexte

Die Existenzgrundlage eines Einzelhandelsunternehmens wird durch den Abverkauf der im **Sortiment** aufgenommen Ware gesichert. Hierbei wird das unternehmerische Ziel, einen Gewinn zu erwirtschaften, im Auge behalten.

Mithilfe der **Sortimentspolitik** stellt der Einzelhändler den Kunden

- die richtige Ware
- zum richtigen Zeitpunkt
- in ausreichender Menge

zur Verfügung. Hiermit legt er die **Sortimentsdimension** (siehe unten) fest.

Als **Sortiment** wird die Auswahl der verschiedenen Waren und Dienstleistungen bezeichnet, die das Einzelhandelsunternehmen anbietet. Ein ideales Sortiment liegt dann vor, wenn das Waren- und Dienstleistungsangebot mit den Wünschen der Kunden übereinstimmt.

Das Sortiment wird nach bestimmten Bausteinen systematisiert. Diese Systematisierung (Sortimentsaufbau) wird auch **Sortimentspyramide** genannt.

Sortimentspyramide (Sortimentsaufbau)	**Erläuterung**	**Beispiel**
Warenbereich	Fachbereich/Branche	Textil/Bekleidung
Warengruppe	verschiedene Warenarten aus ähnlichem Material oder mit ähnlicher Verwendung, Herstellung	Damenoberbekleidung
Warenart	Artikel mit ähnlicher Verwendung oder Zusammensetzung	Damenhosen
Artikel	Bestimmte Artikel einer Warengruppe	Jeans
Sorte	Spezielles Produkt nach Marke, Größe, Farbe, Gewicht …	Skinny, Größe 38, grau …

Die **Sortimentsdimension** gibt an, wie umfangreich ein Sortiment ist.
Ein Sortiment kann die folgenden Ausprägungen aufweisen:

Dimension	**Erläuterung**	**Beispiel**
1. breit	verschiedene Warengruppen	Bekleidung, Lebensmittel, Schuhe, Diät- und Reformware etc.
2. schmal	das Sortiment ist auf eine oder ganz wenige Warengruppen	ausschließlich Lebensmittel oder Bekleidung
3. flach	innerhalb einer Warenart gibt es **nur wenige** unterschiedliche Artikel	es gibt nur graue Damenhosen von einem Schnitt (Modell)
4. tief	innerhalb einer Warenart gibt es **viele** unterschiedliche Artikel	bei den Damenhosen gibt es viele verschiedene Farben und Schnitte (Modelle)

Ihre Aufgaben:

1. Ergänzen Sie nun die Übersicht.

Begriff	Erläuterung	Beispiel
Sortiment:		
Sortimentspolitik:		
Sortimentsaufbau:		
1. Warenbereich:		
2. Warengruppe:		

Begriff	Erläuterung	Beispiel
3. Warenart:	____	____
	____	____
	____	____
	____	____
4. Artikel:	____	____
	____	____
	____	____
	____	____
5. Sorte:	____	____
	____	____
	____	____
	____	____
Sortimentsbreite (breit oder schmal)	____	____
	____	____
	____	____
	____	____
Sortimentstiefe (flach oder tief)	____	____
	____	____
	____	____
	____	____

2. Vergleichen Sie nun mit einem Arbeitspartner Ihre Ergebnisse.

3. Stellen Sie Ihre Ergebnisse einem weiteren Arbeitspaar vor und stellen Sie sicher, dass alle SuS aus der Vierergruppe die Begriffe richtig verstanden haben.

Das ist für Sie zu tun

1. Recherchieren Sie in Einzelarbeit über das Sortiment der Bio-Shopping-Paradies GmbH und ordnen Sie dieses den Begriffen Sortimentsbreite und Sortimentstiefe zu.

Bei dem Sortiment der Bio-Shopping-Paradies GmbH handelt es sich um ein …

☐ … breites Sortiment ☐ … flaches Sortiment

☐ … schmales Sortiment ☐ … tiefes Sortiment

Begründen Sie Ihre Entscheidung:

2. Überlegen Sie in **Partnerarbeit,** welche und wie viele Warenbereiche in der Bio-Shopping-Paradies GmbH geführt werden.

In dem Sortiment der Bio-Shopping-Paradies GmbH finden sich die folgenden Warenbereiche:

In der Bio-Shopping-Paradies GmbH werden ______ Warenbereiche im Sortiment geführt.

Das ist für Sie zu tun (Fortsetzung)

3. Welche **Warengruppen** werden innerhalb der einzelnen **Warenbereiche** angeboten?

Warenbereiche:	Warengruppen:
1.	
2.	
3.	

Das ist für Sie zu tun (Fortsetzung)

Warenbereiche:	Warengruppen:
4. ______________________	______________________
______________________	______________________
______________________	______________________
______________________	______________________
______________________	______________________
______________________	______________________
______________________	______________________

Das ist für Sie zu tun (arbeitsteilige Gruppenarbeit)

1. Schließen Sie sich mit Ihrem Arbeitspartner mit einem weiteren Arbeitspaar zusammen (Vierergruppe).

2. Einigen Sie sich innerhalb Ihrer Arbeitsgruppe auf einen **Warenbereich,** den Sie genauer analysieren wollen (z. B. Lebensmittel). Wählen Sie nun vier **Warengruppen aus diesem Warenbereich** aus (z. B. **1.** Frisches, haltbar Gemachtes und Verarbeitetes, Brotaufstriche, **2.** Obst, Gemüse und Exoten, **3.** Getränke, **4.** Kaffee, Kakao, Tee).

3. Stellen Sie **innerhalb** der Klasse sicher, dass sich jede Arbeitsgruppe mit unterschiedlichen Warengruppen auseinandersetzt.

4. Führen Sie für jeden von Ihnen ausgesuchten Warenbereich eine Internetrecherche durch (hierbei können Sie auf Internetseiten von Onlineshops gehen, die ebenfalls ökologische Produkte anbieten).

5. Welche Artikel finden Sie unter dem entsprechenden Warenbereich?

6. Erstellen Sie in Word eine ansprechende Übersicht (z. B. durch die Tabellenfunktion und die Funktion „Bilder einfügen"), um das Sortiment zu beschreiben.

7. Speichern Sie diese Übersicht ab.

8. Stellen Sie diese Übersicht Ihren Mitschülerinnen und Mitschülern vor.

9. Benutzen Sie bei der Beschreibung die erarbeiteten Fachbegriffe und achten Sie darauf, dass jeder aus Ihrer Arbeitsgruppe einen gleichen Anteil bei der Präsentation der Ergebnisse leistet.

4.1.2 Wir erarbeiten ein Konzept für eine ansprechende Warenpräsentation

Situation

Marie und Metin zeichnen gerade Ware aus, als die beiden Auszubildenden Maximilian und Linja rufen: „Wir haben beschlossen, dass ihr jetzt zu unserer Arbeitsgruppe gehört!" Irritiert erwidern die beiden: „Keine Ahnung, worum es hier geht." Maximilian klärt auf: „Eben ist die folgende Hausmitteilung eingegangen. Frau Fritzki hat uns bereits in der vergangenen Woche für die Arbeitsgruppe eingeteilt."

Hausmitteilung: Bio-Shopping-Paradies GmbH — Datum: xx. xx. 20xx

Absender	**Empfänger**	**Weiterverwendung**
☒ Geschäftsleitung	☐ Geschäftsleitung	☐ zur Kenntnisnahme
☐ Verwaltung/Verkauf	☐ Verwaltung/Verkauf	☒ zur Erledigung
☐ Warengruppe	☒ Warengruppe Textil	☐ zur Stellungnahme
☐ Frau/Herr ____________	☐ Frau/Herr ____________	

Liebe Auszubildende, liebe Praktikanten!

Die Bio-Shopping-Paradies GmbH plant für die Sommersaison neue naturbelassene Textilien in das Sortiment aufzunehmen. Hierbei handelt es sich um Modeartikel für Babys & Kinder, Damen und Herren. Hierfür soll ein **neuer Verkaufsshop** gestaltet werden.

Frau Fritzki hat eine Arbeitsgruppe gebildet, die es sich zur Aufgabe gemacht hat, den Verkaufsshop nach **grundsätzlichen Regeln für die Warenpräsentation** und **-platzierung** zu gestalten und dabei verkaufspsychologische Erkenntnisse zu berücksichtigen.

Das ist für Sie zu tun

1. Informieren Sie sich in **Einzelarbeit** über **Regeln für eine ansprechende Warenpräsentation und -platzierung** (lesen die entsprechenden Informationstexte).
2. Tauschen Sie sich darüber mit einem **Arbeitspartner** aus.
3. Stellen Sie wechselseitig Ihre Regeln einem weiteren Arbeitspaar vor und erstellen Sie gemeinsam einen **Regelkatalog** (Checkliste) für eine ansprechende Warenpräsentation und -platzierung (hierbei ist eine Internetrecherche nach/zu Bildern von Warenträgern, zur Warenplatzierung und zur Warenpräsentation besonders hilfreich).
4. Informieren Sie sich in der Vierergruppe über die **verkaufspsychologischen Erkenntnisse** zur Warenpräsentation und Warenplatzierung und berücksichtigen Sie diese in Ihrem Regelkatalog.
5. Schreiben Sie die einzelnen Regeln auf Präsentationskarten und präsentieren Sie diese Ihren Mitschülerinnen und Mitschülern. Hierbei können Sie gerne das digitale Tool zur Kartenabfrage „oncoo.de“ nutzen!
   (Alle Regeln werden am Ende zu einem einheitlichen Regelkatalog in dem Programm Word zusammengeführt).
6. Gestalten Sie nun in Ihrer Vierergruppe unter Berücksichtigung der vorliegenden, einheitlichen Regeln den neuen Verkaufsshop.
7. Erstellen Sie hierfür eine **PowerPoint-Präsentation.**

Nutzen Sie hierbei die folgenden **Informationen und das Internet** zur Recherche.

Bearbeitungshinweis: Beantworten Sie, nachdem Sie die einzelnen Informationstexte gelesen haben, die unter dem Text formulierten Verständnisfragen.

Informationstext 1: Ein Studienergebnis

Vergleicht man unterschiedliche Studien zur Kundenzufriedenheit, ergibt sich, dass Verbraucher (Kunden und Kundinnen) beim Einkauf folgende Wünsche haben:

- **kurze Suchzeiten** nach bestimmten Artikeln
- Unterstützung bei Entscheidungsprozessen durch **Beratung** und **Warenpräsentation**
- ein angemessenes **optisches Erscheinungsbild** der Abteilungen

Die Warenpräsentation ist für den Erfolg des Einzelhandelsbetriebes von großer Bedeutung!

Verständnisfragen zum Informationstext 1:

1. Die Verbraucher haben beim Einkaufen verschiedene Wünsche. Nennen Sie drei in dem Text genannte Wünsche und begründen Sie.

Wünsche der Verbraucher:	Warum glauben Sie, dass die genannten Wünsche für die Verbraucher wichtig sind?

2. Welche der hier genannten Inhalte sollten wir bei der Formulierung von unseren Regeln für eine ansprechende Warenplatzierung und -präsentation beachten?

Informationstext 2: Informationen aus einem Fachbuch

Bei der **Platzierung der Ware** im Regal unterscheidet man die folgenden Zonen:

Regalzone		Platzierung der Ware
Streckzone	über 170 cm	• **weniger verkaufsstarke Zone** • leichte Ware (–)
Sichtzone	120 cm – 170 cm	• **verkaufsstarke Zone (+)** • Artikel mit einer hohen Gewinnspanne
Greifzone	80 cm – 120 cm	• **verkaufsintensive Zone (++)** • Impuls- und Zusatzartikel
Bückzone	unter 80 cm	• **verkaufsschwache Zone (––)** • schwere Ware, Suchartikel, Artikel mit geringer Gewinnspanne

Verständnisfragen zum Informationstext 2:

1. In der Übersicht haben wir verschiedene Regalzonen kennengelernt.
Nennen und beschreiben Sie diese.
Welche Art von Ware sollte in der jeweiligen Regalzone platziert werden?
Beurteilen Sie, ob die jeweilige Regalzone verkaufsstark oder verkaufsschwach ist.

Regalzone	Beschreibung	Für welche Art von Ware geeignet?	verkaufsstark oder verkaufsschwach?
______	______________	______________________	____________
______	______________	______________________	____________
______	______________	______________________	____________
______	______________	______________________	____________
______	______________	______________________	____________
______	______________	______________________	____________
______	______________	______________________	____________
______	______________	______________________	____________

Verständnisfragen zum Informationstext 2:

2. Welche der hier genannten Inhalte sollten wir bei der Formulierung von unseren Regeln für eine ansprechende Warenplatzierung und -präsentation beachten?

____

____

____

____

____

____

Informationstext 3: Texte aus einem Einzelhandelsbuch

Die Warenplatzierung und Warenpräsentation umfassen die Gestaltung des Verkaufsraums und die Präsentation der angebotenen Waren. Es sollte alles sehr übersichtlich, sauber und ordentlich sein. Eine gelungene Präsentation der Ware steigert den Verkauf und führt zu einem höherem Umsatz.

Warenplatzierung

Bei der Warenplatzierung geht es um die Frage, **wo** die Artikel platziert sind. So werden verkaufsstarke Artikel zum Beispiel an besonders gut sichtbaren Positionen angeboten. Suchartikel werden gerne „in der Ecke" versteckt, damit die Laufwege lang sind und der Kunde viele andere Artikel sieht, die er spontan kaufen könnte. Artikel, die eine Kühlung benötigen, müssen natürlich in einem Kühlfach oder in einer Tiefkühltruhe aufbewahrt werden. Besonders schwere Artikel sollten am besten unten, in der Bückzone, platziert werden.

Beispiel: Der in der Bio-Shopping-Paradies GmbH zubereitete Humus, mit frischem Koriander, wird im Kühlregal in der Sichtzone platziert!

Ein weiteres Beispiel: Eine große, schwere Maxi-Packung Waschmittel wird in der Bückzone platziert.

Die neuen ökologisch hergestellten Laptophüllen werden stark verkauft und bieten eine hohe Gewinnspanne. Deshalb werden sie in der Sichtzone im Regal mit Blickrichtung nach rechts platziert!

Fortsetzung des Informationstextes auf Seite 172

Informationstext 3: Texte aus einem Einzelhandelsbuch (Fortsetzung)

Warenpräsentation

Bei der Warenpräsentation geht es um die Frage, **wie** die Artikel im Verkaufsraum präsentiert werden. Hierbei werden die folgenden Fragen gestellt: Welche Regalarten werden benutzt? Wie wird der Verkaufsraum beleuchtet? Wie wird der Verkaufsraum dekoriert? Eine gute Warenpräsentation kann **Kaufimpulse** auslösen.

Beispiel: In der Sportabteilung werden vor den Sommerferien Badeanzüge und Badehosen präsentiert mit Dekorationen, die an Urlaub und Meer erinnern.

Weiteres Beispiel: Vor den Sommerferien werden in Lebensmittelgeschäften Grillartikel auf Sonderflächen im Verbund (alle Artikel, die zum Grillen benötigt werden) dekoriert.

Diese T-Shirts sind rechts vom Kundenlauf platziert. Die T-Shirts sind in einer verkaufsaktiven Zone.

Verständnisfragen zum Informationstext 3:

1. Was verstehen Sie unter der Warenplatzierung und der Warenpräsentation?

____

____

____

____

2. Warum sollte ein Einzelhandelsunternehmen darauf achten, dass die Warenpräsentation und die Warenplatzierung sauber, ordentlich und übersichtlich gestaltet werden?

____

____

____

____

____

____

Verständnisfragen zum Informationstext 3:

3. Unterscheiden Sie die beiden Begriffe und nennen Sie Beispiele:

a. Warenplatzierung

b. Warenpräsentation

4. Welche der hier genannten Inhalte sollten wir bei der Formulierung von unseren Regeln für eine ansprechende Warenplatzierung und -präsentation beachten?

Informationstext 4: zusammengestellt aus einer Fachzeitschrift

[...] jetzt können wir zusammenfassend festhalten: Erkenntnisse aus der **Verkaufspsychologie** sollten umsatzsteigernd eingesetzt werden [...]

4.1 Kundenlaufanalysen

Auswertung der Ergebnisse von **Kundenlaufanalysen** zeigen auf, dass die meisten Kunden bei Betreten des Einzelhandelsunternehmens zu einem Linkslauf und Rechtsdrall tendieren, d. h. sie bewegen sich entlang der Außenwände gegen den Uhrzeigersinn (Linkslauf) und orientieren sich hinsichtlich der Blickrichtung und Greifrichtung nach rechts (Rechtsdrall).

Aufgrund des Kundenverhaltens ergeben sich verkaufsaktive und weniger verkaufsaktive Bereiche im Einzelhandelsunternehmen:

Verkaufszonen	
verkaufsaktiv	**weniger verkaufsaktiv**
• Laufrichtung rechts • Kopfseiten von Regalen • Hauptgänge • Kreuzungen der Gänge • Kassenzone	• Laufrichtung links • Mittelzonen • hinterer Teil des Verkaufsraums • Kreuzungen der Nebengänge • Eingangs- und Ausgangsbereich • obere und untere Etage in Kauf- und Warenhäusern • Bereiche hinter der Kassenzone

Verständnisfragen zum Informationstext 4.1

1. Wozu sollten die Erkenntnisse der **Verkaufspsychologie** eingesetzt werden?

____

____

____

____

2. Was zeigen die Ergebnisse von den **Kundenlaufanalysen?**

____

____

____

____

Verständnisfragen zum Informationstext 4.1

3. Was verstehen Sie unter **„verkaufsaktive“** Bereiche und **„weniger verkaufsaktive“** Bereiche in Einzelhandelsunternehmen?

4. Nennen Sie **„verkaufsaktive“** Bereiche in Einzelhandelsunternehmen.

5. Nennen Sie **„weniger verkaufsaktive“** Bereiche in Einzelhandelsunternehmen.

6. Welche der hier genannten Inhalte sollten wir bei der Formulierung von unseren Regeln für eine ansprechende Warenplatzierung und -präsentation beachten?

Informationstext 4: zusammengestellt aus einer Fachzeitschrift

4.2 Visual Merchandising

Bei Kunden sollte durch eine aufeinander abgestimmte wirkungsvolle **Ladengestaltung** und **Warenpräsentation** ein **Kaufwunsch** erzeugt werden.

Das Warenangebot sollte klar und übersichtlich präsentiert werden und Einzelstücke **optisch hervorgehoben** werden.

Die Kundenführung sollte so gestaltet sein, dass die Kunden an der Ware vorbeigeführt werden und somit in Kontakt mit der Ware kommen.

Zu den Merkmalen des Visual Merchandising gehören alle optischen Maßnahmen der Geschäftsraumgestaltung und Warenpräsentation:	
Beleuchtung	Lichteffekte, setzt Akzente, leitet die Blicke der Kunden, führt den Kunden durch das Geschäft, ermöglicht genaue Prüfung der Ware, unterteilt den Raum
Farben	wirken emotional und beeinflussen die Stimmung der Menschen; unterschiedlichen Farben werden unterschiedliche Wirkungen zugesprochen, z. B. **rot:** anregend, aktiv, aber auch aggressiv und aufwühlend; **blau:** stabil, beruhigend, harmonisch aber auch kalt, durchschaubar; **gelb:** hell, heiter, warm, stärkend, leicht, frisch
Dekoration	Blumen, Decken-, Wandschmuck etc. Durch eine angenehme Atmosphäre verbringen Kunden mehr Zeit im Laden und kaufen möglicherweise mehr.
Warenträger	Teil der Ladeneinrichtung, der dazu dient, die Ware im Verkaufsraum zu lagern und gleichzeitig die Ware gut zu präsentieren. Je nach Ware und Betriebsform können unterschiedliche Warenträger eingesetzt werden.

Verständnisfragen zum Informationstext 4.2

1. Warum Visual Merchandising? ______________________________

Verständnisfragen zum Informationstext 4.2

2. Wie sollte die Kundenführung gestaltet sein?

3. Nennen Sie Merkmale, die zu Visual Merchandising gehören.

4. Welche der hier genannten Inhalte sollten wir bei der Formulierung von unseren Regeln für eine ansprechende Warenplatzierung und -präsentation beachten?

4.1.3 Wir legen eine optimale Lagermenge und eine angemessene Qualität für die neuen ökologischen Herren-T-Shirts fest

Situation

Hausmitteilung: Bio-Shopping-Paradies GmbH		Datum: xx. xx. 20xx
Absender	**Empfänger**	**Weiterverwendung**
☐ Geschäftsleitung	☐ Geschäftsleitung	☐ zur Kenntnisnahme
☒ Verwaltung/ Verkauf	☐ Verwaltung/ Verkauf	☒ zur Erledigung
☐ Warengruppe	☒ Warengruppe Textil	☐ zur Stellungnahme
☐ Frau/ Herr ____________	☐ Frau/ Herr ____________	

Liebe Auszubildende, liebe Praktikanten,

zur Vorbereitung unseres nächsten Auszubildenden-Workshops bitten wir Sie um die Erledigung des folgenden Arbeitsauftrages:

Legen Sie für die im Sortiment neu aufgenommenen Herren-T-Shirts eine optimale Lagermenge und eine angemessene Qualität fest.
Präsentieren Sie Ihr Ergebnis begründet.

Wir freuen uns auf den kommenden Workshop mit Ihnen!

Das ist für Sie zu tun

Ihre Aufgaben: Helfen Sie Metin und Marie, die Vorbereitungen für den Auszubildenden-Workshop vorzubereiten!

1. Ihre Aufgaben sind, für die im Sortiment neu aufgenommenen Herren T-Shirts eine optimale Lagermenge zu bestimmen und eine angemessene Qualität festzulegen.
2. Befolgen Sie hierbei die folgenden Arbeitsschritte:
   a) Sichten und lesen Sie in Einzelarbeit die Informationsmaterialien oder Texte 1 – 3.
   b) Markieren und/ oder notieren Sie die wichtigsten Aussagen.
   c) Tauschen Sie sich mit einem Arbeitspartner aus, indem Sie sich gegenseitig die wichtigsten Inhalte der Materialien vorstellen. Sollten sich inhaltliche Fragen ergeben, dann klären Sie diese.
   d) Schließen Sie sich mit einem weiteren Arbeitspaar zusammen. Stellen auch Sie sich gegenseitig die unterschiedlichen Informationsmaterialien (1 – 3) vor und klären Sie die folgenden inhaltliche Verständnisfragen.
3. Ermitteln Sie in der Vierergruppe den optimalen Lagerbestand der Herren-T-Shirts. Beziehen Sie sich dabei auf den aktuellen Auszug aus der Lagerdatei der Bio-Shopping-Paradies GmbH (Informationsmaterial 3).

Vergleichen Sie Ihr Ergebnis mit den anderen Gruppen.

1. Informationsmaterial: Begriffsbeschreibung

Begriffsbeschreibung:
Optimale Lagermenge

Die Kennzahl, optimaler Lagerbestand, gibt die optimierte Lagermenge bei optimierten Kosten wieder.

optimale Lagermenge =
Mindestbestand + optimale Bestellmenge

2. Informationstext: Mindestbestand, Höchstbestand, Beschaffungskosten, der optimale Lagerbestand und die optimale Bestellmenge

Mindestbestand

Den Mindestbestand, der auch eiserne Reserve genannt wird, legt der Einzelhändler fest, damit er auch unter nicht planbaren Umständen (ungewöhnlich hohe Nachfrage, Streik, Lieferprobleme beim Hersteller etc.) weiterhin verkaufsbereit bleibt. Die Höhe des Mindestbestandes orientiert sich an Erfahrungswerten. Die Bio-Shopping-Paradies GmbH rechnet bei den meisten Artikeln mit der Faustregel: **täglicher Absatz mal Lieferzeit (vgl. Lagerbestandskennzahlen, Kapitel 2.2.4.5.1 in diesem Buch).**

Höchstbestand

Bei der Ermittlung des Höchstbestands können zwei unterschiedliche Größen betrachtet werden: Zum einen wird die **Größe des Lagers** betrachtet. Wenn das Lager keine Lagerkapazität mehr vorweist, dann ist es voll und wenn das Lager voll ist, dann kann auch nichts mehr gelagert werden. Zum anderen werden die Kosten der Lagerhaltung und für die Warenbeschaffung betrachtet. Es sollen zusätzliche, nicht dringend notwendige Lagerkosten vermieden werden. Warenkäufe können nicht getätigt werden, wenn kein Geld für die Ware vorhanden ist (liquide Mittel) **(vgl. Lagerbestandskennzahlen, Kapitel 2.2.4.5.1 in diesem Buch).**

Beschaffungskosten

Zu den Beschaffungskosten zählen alle Sach- und Personalkosten, die durch eine Bestellung von Waren entstehen. Das sind genauer gesagt z. B. die Kosten für die Anfragen an die Lieferer, Angebotsvergleiche, Vertragsverhandlungen usw. Da diese Kosten nicht immer genau einem Artikel oder einer Warengruppe zugeordnet werden können, basiert die Ermittlung häufig auf Erfahrungs- und Schätzwerten. Bei der Bio-Shopping-Paradies GmbH sind zwei Mitarbeiter und eine Mitarbeiterin im Einkauf beschäftigt. Sie tätigen im Jahr ca. 4.500 Bestellungen (einschließlich der Nachbestellungen).

Fortsetzung des Informationstextes auf Seite 180

2. Informationstext: Mindestbestand, Höchstbestand, Beschaffungskosten, der optimale Lagerbestand und die optimale Bestellmenge

Beschaffungskosten (Fortsetzung)

Die Drei verursachen Personalkosten in Höhe von knapp 140.000,00 € (einschließlich Nebenkosten). An Sachkosten (Büromaterial, Strom, Telefon, Porto usw.) entstehen weitere 15.000,00 €. Die 4.500 Bestellungen verursachen also insgesamt 155.000,00 € Kosten im Jahr. Somit kostet eine Bestellung rund 34,45 €.

Diese Berechnung ist aber noch sehr ungenau. Weiterhin müssen bei der Ermittlung der Kosten für die Bestellungen auch die durch den Wareneingang verursachten Kosten, wie z. B. die Personalkosten für die Wareneingangsprüfung, das Einpflegen der Daten ins Warenwirtschaftssystem usw., berücksichtigt werden. Darüber hinaus verursacht jede Bestellung auch Kosten im Rechnungswesen. Die Verwaltungsmitarbeiter müssen die Eingangsrechnung prüfen, buchen und die Bezahlung des Rechnungsbetrags veranlassen. Die Bio-Shopping-Paradies GmbH rechnet deshalb weiterhin mit ca. 14,00 € Kosten pro Bestellung, die im Lager beim Wareneingang anfallen, und mit 20,00 € Kosten für die Arbeiten der Verwaltung.

Der optimale Lagerbestand und die optimale Bestellmenge

Eines der Hauptprobleme im Rahmen der Lagerhaltung ist die Ermittlung des **optimalen Lagerbestands** für einen Artikel. Hierunter versteht man den für ein Einzelhandelsunternehmen **günstigsten Lagervorrat.** Dieser sollte einerseits aus Kostengründen so klein wie möglich ausfallen, andererseits muss er auch groß genug sein, um die Verkaufsbereitschaft des Unternehmens zu sichern.

Bei der Ermittlung des **optimalen Lagerbestands** müssen sowohl die **Beschaffungskosten** als auch die **Lagerkosten** berücksichtigt werden. Dabei muss man beachten, dass sich die Beschaffungskosten und die Lagerkosten gegenläufig entwickeln, d. h., je häufiger nachbestellt wird, desto geringer sind Lagerbestand und Lagerkosten. Je seltener nachbestellt wird, desto geringer sind die Beschaffungskosten. Die Bestellmenge, bei der die Summe beider Kostenarten (Beschaffungskosten und Lagerkosten) am geringsten ist (Minimum der Kosten), nennt sich **optimale Bestellmenge.** Die optimale Bestellmenge muss bekannt sein, um den optimalen Lagerbestand zu ermitteln. Dieser wird dann wie folgt berechnet:

Optimaler Lagerbestand = Mindestbestand + optimale Bestellmenge

Verständnisfragen zu Informationstext 2

Wie wird der Mindestbestand festgelegt?

____

____

____

Verständnisfragen zu Informationstext 2

Wie wird der Mindestbestand auch häufig genannt?

Warum sollte der Mindestbestand nicht unterschritten werden?

Was besagt der Höchstbestand?

Welche Größen sind für die Festlegung des Höchstbestandes von Bedeutung und warum?

Verständnisfragen zu Informationstext 2

Was verstehen Sie unter dem Begriff Beschaffungskosten?

Welche Größen fließen in die Berechnung der Beschaffungskosten mit ein?

Warum ist es schwierig die Beschaffungskosten genau zu berechnen?

Warum stellt die Ermittlung des **optimalen Lagerbestands** für einen Artikel im Rahmen der Lagerhaltung eines der Hauptprobleme dar?

Wie wird der optimale Lagerbestand berechnet?

3. Informationsmaterial: Aktueller Auszug aus dem Lagerdatei der Bio-Shopping-Paradies GmbH

Warengruppe	Artikel-nummer	Artikel-bezeich-nung	Datum	Aktueller Bestand	Mindest-bestand	Höchst-bestand	Melde-bestand	Optimale Bestell-menge	Opt. Lager-bestand
2 (Bekleidung)	T36574	Damen T-Shirt organic	30.04.	120	100	300	120	180	280
2 (Bekleidung)	T36576	Herren T-Shirt organic	30.04.	80	60	300	80	240	

Das ist für Sie zu tun

1. Lesen und sichten Sie nun wieder in Einzelarbeit die Informationsmaterialien (4 bis 6).
2. Markieren und/oder notieren Sie die wichtigsten Aussagen.
3. Tauschen Sie sich mit einem Arbeitspartner aus, indem Sie sich gegenseitig die wichtigsten Inhalte der Materialien vorstellen. Sollten sich inhaltliche Fragen ergeben, dann klären Sie diese.
4. Schließen Sie sich mit einem weiteren Arbeitspaar zusammen. Stellen auch Sie sich gegenseitig die unterschiedlichen Informationsmaterialien (4 bis 6) vor und klären Sie die hierzu formulierten Fragen.

4. Informationsmaterial: Qualitätsbegriff

Qualitätsbegriff laut Duden:

Beschaffenheit, Güte, Wert

5. Informationsmaterial

Internetauszug: https://www.fairtrade-deutschland.de

Qualität von Fairtrade-Produkten sticht heraus

Wie alle anderen Produkte unterliegen auch die Fairtrade-Produkte den Marktmechanismen. Eine dauerhaft geringe Qualität zugunsten von gezeigter Hilfsbereitschaft würde langfristig nicht funktionieren. Stattdessen gilt es, trotz der Hilfsbereitschaft dauerhaft mit guter Qualität zu überzeugen.

Ergebnisse einer Umfrage zeigen, dass 98 Prozent der Fairtrade-Kunden und Kundinnen die Qualität von Fairtrade-Produkten als gleich gut oder sogar besser einstufen als die von anderen Produkten [...]

6. Informationsmaterial aus dem Internet

http://www.jugend-und-bildung.de/files/860/AB_Stoffwechsel_04_2011-2.pdf

Vertrauen ist gut, Siegel ist besser – Warenkennzeichnung und Produktlabel

Jeden Tag kommst du mit vielen verschiedenen Textilien in Kontakt. T-Shirts, Plüschteddys, Jeans, Handtücher, Teppiche, Matratzen, Verbandsmaterial und vieles mehr.

Produziert werden diese Textilien nicht nur in Deutschland, sondern weltweit. Wie soll man da wissen, ob die Produkte qualitativ hochwertig sind, unter guten sozialen Bedingungen (z. B. keine Kinderarbeit) und ohne Schaden für Menschen und der Natur entstanden sind?

Label sollen dir Sicherheit beim Einkauf geben. Aber was verbirgt sich dahinter?

Produktlabels – das steckt dahinter

Produktlabels sind Markierungen an Produkten, die die Qualität oder besondere Eigenschaften eines Produktes verdeutlichen sollen.

6. Informationsmaterial aus dem Internet (Fortsetzung)

Sie signalisieren, dass sich ein Produkt
- durch eine hohe Material- oder Verarbeitungsqualität auszeichnet
- und/ oder keine für die Umwelt oder die Gesundheit des Menschen, schädlichen Substanzen und Schadstoffe enthält
- und/ oder die Umwelt weniger belastet als vergleichbare Produkte
- und/ oder wenig Ressourcen bei der Herstellung, beim Gebrauch und der Entsorgung verbraucht
- und/ oder Normvorgaben, Gesetze, Kriterien der Arbeitssicherheit und des Arbeitsschutzes sowie des Gesundheitsmanagements erfüllt.

Viele Unternehmen haben auch erkannt, dass Gütesiegel hilfreich sind, um Produkte zu vermarkten. Diese Unternehmen sehen in Gütesiegel in erster Linie ein Instrument der Verkaufsförderung und stehen nicht immer für hohe Standards.

Die Flut geordnet – Labels in der Textilbranche

1. **Eigenlabels:** Dabei handelt es sich um firmeneigene Labels, die mindestens eine Produktlinie kennzeichnen. Bei der Auszeichnung steht meist ein Aspekt, wie zum Beispiel Schadstoffe, im Mittelpunkt. Die Prüfkriterien werden in der Regel firmenintern festgelegt und überwacht.
2. **Test-Labels:** Sie werden von Institutionen auf Grundlage umfangreicher Tests und Untersuchungen vergeben. Diese werden von unabhängigen und eigenständigen Laboren anhand einheitlicher Kriterien durchgeführt. So wird sichergestellt, dass die Ergebnisse objektiv, vergleichbar und neutral sind. Die zugrunde liegenden Testkriterien und Grenzwerte sind dabei oft strenger als die gesetzlichen Vorgaben.
3. **Regionalzeichen:** Sie kennzeichnen Produkte, die in einer bestimmten Region hergestellt wurden. Aus diesem Grund heißen sie auch oft Herkunftszeichen.
4. **Gütezeichen:** Dies sind spezielle Labels, die nach einem Prüfverfahren vom Deutschen Institut für Kennzeichnung und Gütesicherung e. V. (RAL genannt) anerkannt worden sind. Bei den RAL-Gütezeichen steht die Qualitätssicherung, also die „Güte" eines Produktes im Vordergrund. Für die Vergabe und Verwaltung der Gütezeichen sind die Gütegemeinschaften verantwortlich. Die Einhaltung dieser Bestimmungen wird durch regelmäßige Eigenkontrollen und durch eine regelmäßige **Fremdüberwachung sichergestellt.**
5. **Umweltzeichen:** Dies sind produktbezogene Kennzeichen, welche sich auf die ökologischen Eigenschaften eines Produktes beziehen. Sie finden sich auf Produkten, die im Vergleich zu Vorgänger- oder Wettbewerbsprodukten umweltschonender hergestellt wurden, deren Inhaltsstoffe sich durch geringere Schadstoffbelastungen auszeichnen oder umweltfreundlicher entsorgt werden können – deshalb werden sie oft auch Öko-Labels genannt.
6. **Prüfzeichen:** Sie werden von wissenschaftlich-technischen Instituten vergeben. Dabei wird geprüft, ob das Produkt die sicherheitstechnischen Anforderungen oder Normvorgaben erfüllt und gebrauchstauglich ist.
7. **Produktmerkmals-Zeichen:** Dies sind Labels, die eine bestimmte Eigenschaft oder eine Besonderheit des Produktes kennzeichnen. So werden mit ihrer Hilfe technische Merkmale wie zum Beispiel Atmungsaktivität oder auch Besonderheiten in der Materialzusammensetzung hervorgehoben.

Verständnisfragen zu den Informationsmaterialien 4, 5 und 6

Was bedeutet der Begriff Qualität?	______________________________ ______________________________
Was lässt sich zur Qualität von Fairtrade-Produkten sagen?	______________________________ ______________________________ ______________________________
Was sind Produktlabels?	______________________________ ______________________________ ______________________________
Warum gibt es Produktlabels?	______________________________ ______________________________ ______________________________
Was sagen Produktlabels aus?	______________________________ ______________________________ ______________________________

Das ist für Sie zu tun

Legen Sie nun die Qualität der Herren T-Shirts fest!

Orientieren Sie sich hierbei an die im Informationsmaterial 6 beschriebenen Labels.

1. Legen Sie in Ihrer Arbeitsgruppe fest, wer sich mit welchen Labels auseinandersetzt (3 Gruppenmitglieder beschäftigen sich mit 2 verschiedenen Labels, ein Gruppenmitglied liest die Informationen von einem Label).
2. Jeder stellt den anderen Gruppenmitgliedern die/ das Label/ s vor, was/ welche gerade bearbeitet worden ist/ sind.
3. Diskutieren Sie nun die Vorteile und Nachteile der einzelnen Labels und entscheiden sich für ein Label. Dieses Label wird die Qualitätsmerkmale der Herren T-Shirt ausweisen.
4. Stellen Sie anschließend Ihre Auswahl der Klasse vor und begründen Sie.

4.1.4 Das Kalkulieren der Verkaufspreise ist gar nicht so einfach

Situation

Metin und Marie kommen gerade aus der Mittagspause zurück, als sie die nächste Hausmitteilung von Frau Fritzki sehen.

Hausmitteilung: Bio-Shopping-Paradies GmbH		Datum: xx. xx. 20xx
Absender	**Empfänger**	**Weiterverwendung**
☐ Geschäftsleitung	☐ Geschäftsleitung	☐ zur Kenntnisnahme
☒ Verwaltung/ Verkauf	☐ Verwaltung/ Verkauf	☒ zur Erledigung
☐ Warengruppe	☒ Warengruppe Textil	☐ zur Stellungnahme
☐ Frau/ Herr ______________	☐ Frau/ Herr ______________	

Liebe Auszubildende, liebe Praktikanten!

Die bestellten 240 (Stück) Herren T-Shirts sind eingetroffen. In dem nächsten Workshop für Auszubildende werden wir die Verkaufspreise hierfür kalkulieren und uns somit mit der **Kalkulation der Verkaufspreise** beschäftigen.

Bis dahin informieren Sie sich bitte über die folgenden Aspekte der Preisgestaltung:

Einflussfaktoren auf die Preise:

- betriebsintern
- betriebsextern

Orientierung bei der Preisgestaltung:

- kostenorientiert,
- nachfrageorientiert und
- konkurrenzorientiert.

Es wird erwartet, dass Sie die Aspekte erläutern und jeweils ein Beispiel dazu nennen können.

Wir freuen uns auf den kommenden Workshop mit Ihnen!

Informationstext 1

In Ihrer lokalen Zeitung finden Sie diesen Leserbrief:

Es ist schön, in einem aufwendig gestalteten Ladenambiente zu shoppen. Die Beleuchtung ist perfekt ausgewählt und gibt der Ware ein vorteilhaftes Aussehen, die Warenträger sind modern und hochwertig, das Personal ist zahlreich und stets freundlich [...] Häufig wird jemandem ein Getränk oder etwas zum Naschen angeboten. Eigentlich könnte ein solch gestalteter Laden zu dem persönlichen Lieblingsladen werden [...]

Doch dann kommt der Blick auf die Preise der angebotenen Ware! Zunächst denken Sie an einen Irrtum, aber die von Ihnen gefragte Verkäuferin bestätigt Ihnen den Preis. Sie fragen sich: Wie kann das sein? Einen vergleichbaren Artikel haben Sie gestern in einem anderen Geschäft gesehen und da hat er weniger als die Hälfte gekostet! Zugegeben, in diesem Geschäft war die Ladeneinrichtung recht einfach gestaltet, es war deutlich weniger Verkaufspersonal vorhanden und es gab auch nichts zum Trinken. Aber ganz ehrlich, soll man wegen der Ladengestaltung so viel mehr als nötig bezahlen?

Also für mich steht fest, dass ich einen solch exklusiven Laden nicht mehr betreten werde!

Eingereicht von Frau Jennifer Metior, 36 Jahre, aus Köln.

Verständnisfragen zu Informationstext 1

1. Was hat der Leserin, Jennifer Metior, an dem „Einkauf" im dem Einzelhandelsunternehmen gefallen? Beschreiben Sie!

____

____

____

____

____

____

____

____

Verständnisfragen zu Informationstext 1

2. Worüber hat sich Jennifer Metior geärgert?

3. Jennifer Metior fragt sich: „Aber ganz ehrlich, soll man wegen der Ladengestaltung so viel mehr als nötig bezahlen?" Wie erklärt sich Frau Metior die hohen Preise in diesem Einzelhandelsunternehmen?

4. Kann das Einzelhandelsunternehmen in diesem Fall die Preise selber beeinflussen? Begründen Sie.

5. Welche der hier genannten Inhalte gehören zu den Einflussfaktoren auf die Preise oder beeinflussen die Orientierung bei der Preisgestaltung?

Informationstext 2

In einer Wirtschaftszeitung lesen Sie die folgende Meldung:

Nachfrage nach Leder nimmt zu

Steigende Preise für den Rohstoff

Schick, bequem, passend und zu einem bezahlbaren Preis: So sollte der perfekte Schuh sein. Doch wer Wert auf Lederschuhe legt, sollte sich auf steigende Preise einstellen. Das gleiche gilt auch für Liebhaber von Ledertaschen. Der Grund ist, dass die Nachfrage nach Leder weltweit steigt – Leder wird knapper. [...]

Verständnisfragen zu Informationstext 2

1. Wie sollte der perfekte Lederschuh sein?

2. Was wird in der nächsten Zeit mit den Preisen von Lederschuhen und Ledertaschen geschehen?

Verständnisfragen zu Informationstext 2

3. Warum wird das so sein?

4. Kann das Einzelhandelsunternehmen in diesem Fall die Preise selber beeinflussen? Begründen Sie.

5. Welche der hier genannten Inhalte gehören zu den Einflussfaktoren auf die Preise oder beeinflussen die Orientierung bei der Preisgestaltung?

Informationstext 3

Beim Shoppen mit Freunden und Freundinnen sticht Ihnen am Schaufenster eines Warenhauses das folgende Informationsschild ins Auge:

Preissteigerung bei Schuhen und Taschen

Liebe Kundinnen, liebe Kunden,

leider müssen wir Ihnen mitteilen, dass wir eine Erhöhung der Preise für **Ledertaschen** und **Lederschuhe** von 15 % vornehmen müssen.

Ab dem 1. Juni werden wir die von uns zu zahlenden, stark erhöhten Einkaufspreise von Schuhen und Taschen bei unserer Preiskalkulation berücksichtigen müssen. Bitte haben Sie dafür Verständnis! [...]

Verständnisfragen zu Informationstext 3

1. Warum werden sich die Preise bei Lederwaren (Schuhe und Taschen) in diesem Einzelhandelsunternehmen erhöhen?

____

____

____

____

____

2. Kann das Einzelhandelsunternehmen in diesem Fall die Preise selber beeinflussen? Begründen Sie!

____

____

____

____

Verständnisfragen zu Informationstext 3

3. Welche der hier genannten Inhalte gehören zu den Einflussfaktoren auf die Preise oder beeinflussen die Orientierung bei der Preisgestaltung?

____

____

____

____

____

____

Informationstext 4

Julia, eine Freundin aus Metins vorherigen Schule, absolviert zurzeit eine Ausbildung zur Kauffrau im Einzelhandel in einem Textilkaufhaus. Sie erzählt Marie von dem hohen Kundenandrang, der seit der vorgenommen Preisreduzierungen in der Abteilung „Young Fashion" herrscht. „In den letzten zwei Monaten war kaum was los", berichtet sie. „Kaum sind die Preise gepurzelt, kaufen die Kunden und Kundinnen alles, was sie brauchen! Da zeigt sich wieder einmal sehr deutlich, dass Nachfrager und Nachfragerinnen doch nicht bereit sind, jeden verlangten Preis zu bezahlen."

Verständnisfragen zu Informationstext 4

1. Warum hat das Einzelhandelsunternehmen die Preise gesenkt?

____

____

____

____

Fortsetzung der Verständnisfragen auf Seite 194

Verständnisfragen zu Informationstext 4 (Fortsetzung)

2. Kann das Einzelhandelsunternehmen in diesem Fall die Preise selber beeinflussen? Begründen Sie.

3. Welche der hier genannten Inhalte gehören zu den Einflussfaktoren auf die Preise oder beeinflussen die Orientierung bei der Preisgestaltung?

Informationstext 5

Julia berichtet auch von dem letzten Abteilungsmeeting, indem die Abteilungsleiterin angekündigt hat, die Preise für Damen T-Shirts, Basic, von 29,95 € auf 19,95 € zu senken. Der Grund liegt darin, dass der Absatz dieser T-Shirts in den letzten zwei Wochen stark rückläufig war. Eine Konkurrenzanalyse hat ergeben, dass in der Boutique, die sich in unmittelbarer Nähe des Textilkaufhauses befindet, die gleichen T-Shirts für 22,95 € verkauft werden.

Verständnisfragen zu Informationstext 5

1. Warum hat das Einzelhandelsunternehmen die Preise gesenkt?

2. Kann das Einzelhandelsunternehmen in diesem Fall die Preise selber beeinflussen? Begründen Sie.

3. Welche der hier genannten Inhalte gehören zu den Einflussfaktoren auf die Preise oder beeinflussen die Orientierung bei der Preisgestaltung?

Das ist für Sie zu tun

1. Lesen Sie in **Einzelarbeit** die Informationstexte 1, 2, 3, 4, und 5 auf den vorherigen Seiten. Beantworten Sie die Fragen zu den Texten.
2. Tauschen Sie sich mit einem Arbeitspartner aus und vergleichen Sie Ihre Ergebnisse.
3. Vervollständigen Sie die folgende Übersicht „Einflussfaktoren auf die Preisgestaltung und Orientierung bei der Preisgestaltung".
4. Vergleichen Sie Ihre Ergebnisse mit einem Arbeitspartner.

Einflussfaktoren auf die Preisgestaltung

Einflussfaktor	Bitte erläutern Sie.	Nennen Sie ein Beispiel.
betriebsintern:	______________________	______________________
	______________________	______________________
	______________________	______________________
	______________________	______________________
betriebsextern:	______________________	______________________
	______________________	______________________
	______________________	______________________
	______________________	______________________

Orientierung bei der Preisgestaltung

Orientierung	Bitte erläutern Sie.	Nennen Sie ein Beispiel.
Kosten-orientierte Preisgestaltung:	______________________	______________________
	______________________	______________________
	______________________	______________________
	______________________	______________________
Nachfrage-orientierte Preisgestaltung:	______________________	______________________
	______________________	______________________
	______________________	______________________
	______________________	______________________

Fortsetzung der Situation

Metin und Marie freuen sich darüber, heute wiederholt als Praktikanten am Workshop für Auszubildende teilnehmen zu dürfen.

Beide wollen sich aktiv am Workshop beteiligen, um dadurch Ihre Chancen auf einen Ausbildungsplatz zu erhöhen.

Als Inhalte stehen auf der Tagesordnung:

1. Einflussfaktoren auf die Preisgestaltung und Orientierung bei der Preisgestaltung
2. Kalkulation der Verkaufspreise (für die eingetroffenen Herren T-Shirts)
3. Kalkulationsverfahren mithilfe von Kalkulationszuschlag und -faktor

Frau Fritzki eröffnet den Workshop mit den Einflussfaktoren auf die Preisgestaltung und die Orientierung bei der Preisgestaltung.

Das ist für Sie zu tun

Stellen Sie Ihre Übersicht der Einflussfaktoren auf die Preisgestaltung und Orientierung bei der Preisgestaltung in der Klasse vor.

Fortsetzung der Situation

Frau Fritzki erklärt, dass sie nun die Rechnung des Lieferanten der Herren T-Shirts vorlegen will. Sie weist ausdrücklich darauf hin, dass alle Zahlen, die jetzt offen gelegt werden, Betriebsgeheimnis sind und auf gar keinen Fall nach außen dringen dürfen. Sollte sich jemand nicht an dieses Verbot halten, dann sei dies ein außerordentlicher Grund zur Kündigung.

Aus der Eingangsrechnung (vom Lieferanten) ist ersichtlich, dass der **Bezugspreis** (Kalkulation des Bezugspreises siehe LS 3.1.) pro T-Shirt 6,90 € beträgt. Frau Sommer verrät, dass die **Handlungskosten** (z. B. Kosten für die allgemeine Verwaltung, Löhne und Gehälter, Bürokosten, Raumkosten, Lagerkosten, Werbekosten etc.) bei 20 % liegen. Der Zuschlag für den **Gewinn** des Unternehmens beträgt bei Herren T-Shirts (hier wurde auf das Protokoll der letzten Abteilungsleiterkonferenz verwiesen) 35 %.

Fortsetzung auf Seite 198

Fortsetzung der Situation

Kalkulationsschema der Verkaufskalkulation				
		Erläuterungen (allgemein)	**Berechnung (T-Shirts)**	**Betrag in €**
	Bezugspreis	Einstandspreis (der Preis, der gezahlt wird, wenn die Ware im Betrieb angekommen ist)	240 x 6,90 =	1.656,00
+	Handlungskosten	Zuschlag für betriebliche Kosten (s. o.)	20 %	331,20
=	Selbstkosten	die Kosten, die dem Unternehmen tatsächlich entstanden sind		1.987,20
+	Gewinnzuschlag	erst durch die Einbeziehung des Gewinnzuschlags kann das Unternehmen mehr einnehmen, als das es ausgegeben hat	35 %	695,52
=	Barverkaufspreis (netto)	(netto) Verkaufspreis ohne USt. (Umsatzsteuer)		2.682,72
+	Umsatzsteuer	entweder 19 % oder in Ausnahmefällen 7 %	19 %	509,72
=	Barverkaufspreis (brutto)	Der Preis, der auf dem Preisetikett oder am Regal steht		3.192,44

Somit steht der Preis, der auf das Verkaufsetikett bei den T-Shirts kommt, fest:

Es wurde ein Bruttoverkaufspreis von 3.192,44 € ermittelt. Hierbei handelt es sich um den Gesamtpreis aller 240 T-Shirts. Um den Einzelpreis zu ermitteln muss dieser Gesamtpreis durch die Anzahl der T-Shirts geteilt werden:

$$\frac{3.192,44}{240} = 13,30\ €$$

Frau Fritzki fordert Sie nun auf, diese Kalkulation zur Übung mit dem Programm Excel durchzuführen.

Das ist für Sie zu tun

Erstellen Sie im Programm Excel eine Tabelle in der vorgegebenen Form und berechnen Sie selber mithilfe von Excel-Formeln die Werte in der Spalte „Betrag“:

Kalkulation Herren T-Shirts			
		Berechnung	**Betrag in €**
	Bezugspreis	240 x 6,90	
+	Handlungskosten	20 %	
=	Selbstkosten		
+	Gewinnzuschlag	35 %	
=	Barverkaufspreis (netto)		
+	Umsatzsteuer	19 %	
=	Barverkaufspreis (brutto)		
	Einzelpreis	3192,44 : 240	

Fortsetzung der Situation

Lara, eine Auszubildende im 3. Lehrjahr, merkt an: „In der Berufsschule haben wir in Lernfeld 9 auch die Kalkulation besprochen. Dort haben wir gelernt, dass wir bei der Festlegung des Barverkaufspreises abgekürzte Kalkulationsverfahren mithilfe des **Kalkulationszuschlags** und des **-faktors** anwenden können."

Frau Fritzki erwidert: „Genau darauf wollte ich auch hinaus! Durch die verkürzten Kalkulationsverfahren sparen wir natürlich bei der Kalkulation des Verkaufspreises sehr viel Zeit. Berechnen Sie nun, auf das Beispiel bezogen, den Kalkulationszuschlag und den Kalkulationsfaktor. Benutzen Sie hierbei das Programm Excel."

Informationstext

Verkürzte Kalkulationsverfahren:

Wir müssen nicht immer das gesamte Kalkulationsschema bei der Berechnung des Verkaufspreises verwenden. Zur Vereinfachung können wir auch den Verkaufspreis mithilfe der verkürzten Kalkulationsverfahren ermitteln. Hierzu zählen:

1. Kalkulationszuschlag
2. Kalkulationsfaktor

$$\text{Kalkulationszuschlag in \%} = \frac{\text{Bruttoverkaufspreis} - \text{Bezugspreis}}{\text{Bezugspreis}} \times 100$$

$$\text{Kalkulationsfaktor} = \frac{\text{Bruttoverkaufspreis}}{\text{Bezugspreis}}$$

→ **Bezugspreis x Kalkulationsfaktor = Bruttoverkaufspreis**

Das ist für Sie zu tun

Beantworten Sie die folgenden Fragen:

1. Was fällt Ihnen auf?
2. Wie hoch sind die Kosten für die Herren T-Shirts?
3. Wie hoch ist der Umsatz, der mit den Herren T-Shirts erzielt wird, wenn alle 240 Stück verkauft werden?
4. Wie hoch ist der Ertrag, der mit den T-Shirts erzielt wird, wenn alle 240 Stück verkauft werden?

Fortsetzung auf Seite 200

Das ist für Sie zu tun (Fortsetzung)

Berechnen Sie mit dem Programm Excel:

1. Bruttoverkaufspreise

Artikel	Bezugspreis	Kalkulationsfaktor	Bruttoverkaufspreis
Damen T-Shirts	8,90	3,6	
Kinder T-Shirts	3,90	3,6	
Kinder Strandkleider	4,90	3,6	

2. Kalkulationszuschlag

Artikel	Bezugspreis	Bruttoverkaufspreis	Kalkulationszuschlag
Damen T-Shirts	8,90		
Kinder T-Shirts	3,90		
Kinder Strandkleider	4,90		

3. Kalkulationsfaktor

Artikel	Bezugspreis	Bruttoverkaufspreis	Kalkulationsfaktor
Damen T-Shirts	8,90		
Kinder T-Shirts	3,90		
Kinder Strandkleider	4,90		

4.1.5 Bei den Preisauszeichnungen haben sich Fehler eingeschlichen

Fortsetzung der Situation

Die neuen T-Shirts sind im Verkaufsregal einsortiert worden und die Verkaufspreise wurden durch die Kalkulation festgelegt. Im Verkaufsraum sieht Marie, wie ein Kunde ein T-Shirt in die Hand nimmt. „Diese T-Shirts sind aus einer organischen Baumwolle hergestellt, das Material ist hautschonend und atmungsaktiv …“, beginnt Marie das Verkaufsgespräch.

Bio-Äpfel
500 g
2,50 €

„Wo ist der denn der Preis ausgezeichnet?“ unterbricht Sie der Kunde verärgert. „Sie wissen doch, dass Sie nach der Preisangabenverordnung (PAngV) gesetzlich zur Preisauszeichnung von Waren verpflichtet sind! Hierbei rede ich nicht von den freiwilligen Angaben zur Preisauszeichnung, sondern von den gesetzlich vorgeschriebenen Angaben. Diese müssen bei der Preisauszeichnung eingehalten werden! Schauen Sie sich jetzt einmal dieses Etikett aus der Warengruppe Obst und Gemüse an.“

Marie ist ganz irritiert und denkt sich …

… warum regt sich der Kunde nur so auf?

Das ist für Sie zu tun

Helfen Sie Marie! Erklären Sie ihr, was der Kunde mit den Begriffen …

1. Preisangabenverordnung,
2. gesetzlich vorgeschriebene Angaben bei der Preisauszeichnung,
3. freiwillige Angaben bei der Preisauszeichnung meint.

Informationstext 1

Textstellen aus der Preisangabenverordnung (PAngV):

§1 Grundvorschriften

Einzelhandelsunternehmen sind laut der Preisangabenverordnung (PAngV) verpflichtet, Waren und Dienstleistungen, die an Endverbraucher angeboten werden, mit den Preisen auszuzeichnen, die **„einschließlich der Umsatzsteuer"** und sonstiger Preisbestandteile zu zahlen sind **(Gesamtpreise).**

§2 Grundpreis

(1) Wer Verbrauchern gewerbs- oder geschäftsmäßig oder wer ihnen regelmäßig in sonstiger Weise Waren in Fertigpackungen, offenen Packungen oder als Verkaufseinheiten ohne Umhüllung nach Gewicht, Volumen, Länge oder Fläche anbietet, hat neben dem **Gesamtpreis** auch den Preis **je Mengeneinheit** einschließlich der Umsatzsteuer und sonstiger Preisbestandteile **(Grundpreis)** in unmittelbarer Nähe des Gesamtpreises gemäß Absatz 3 Satz 1, 2, 4 oder 5 anzugeben. […] Auf die Angabe des Grundpreises kann verzichtet werden, wenn dieser mit dem Gesamtpreis identisch ist.

[…]

(3) Die **Mengeneinheit für den Grundpreis** ist jeweils 1 Kilogramm, 1 Liter, 1 Kubikmeter, 1 Meter oder 1 Quadratmeter der Ware.

Bei Waren, deren Nenngewicht oder Nennvolumen üblicherweise 250 Gramm oder Milliliter nicht übersteigt, dürfen als Mengeneinheit für den Grundpreis 100 Gramm oder Milliliter verwendet werden.

Bei nach Gewicht oder nach Volumen angebotener, loser Ware ist als Mengeneinheit für den Grundpreis entsprechend der allgemeinen Verkehrsauffassung entweder 1 Kilogramm oder 100 Gramm oder 1 Liter oder 100 Milliliter zu verwenden. Bei Waren, die üblicherweise in Mengen von 100 Liter und mehr, 50 Kilogramm und mehr oder 100 Meter und mehr abgegeben werden, ist für den Grundpreis die Mengeneinheit zu verwenden, die der allgemeinen Verkehrsauffassung entspricht […]

§4 Handel

Waren, die in Schaufenstern, Schaukästen, innerhalb oder außerhalb des Verkaufsraumes auf Verkaufsständen oder in sonstiger Weise sichtbar ausgestellt werden, und Waren, die vom Verbraucher unmittelbar entnommen werden können, sind durch **Preisschilder oder Beschriftung der Ware** auszuzeichnen.

Informationstext 2

Auszug aus einer Zeitschrift für den Einzelhandel:

[...] und so kann der Handel das Preisschild nutzen, um zusätzliche, freiwillige Informationen über die Ware zu erhalten. Häufig finden wir an dem Preisschild den Strichcode (Balkencode bzw. Barcode), mit der EAN (= Europäische Artikelnummer).

Diese kann mir speziellen Lesegeräten (z. B. Scanner) erkannt werden.

4 001923 910023

Die Angaben des Barcodes werden im Warenwirtschaftssystem des Betriebes erfasst und können somit zur Vereinfachung betrieblicher Abläufe dienen.

Häufig findet sich auf dem Preisschild auch das Eingangsdatum des Artikels, damit die Kontrolle der Lagerdauer vereinfacht wird.

Manche Betriebe informieren die Kunden auch über die letzte vorgenommene Preiserhöhung.

Das ist für Sie zu tun

Lesen Sie in **Einzelarbeit** die Informationstexte 1 und 2. Arbeiten Sie in Einzelarbeit die gesetzlich vorgeschriebenen Angaben eines Preisschildes heraus.

Gesetzlich vorgeschriebenen Angaben

§	Angabe	Beispiel
§ 1	1. ______________________	______________________
	______________________	______________________
	2. ______________________	______________________
	______________________	______________________
§ 2	1. ______________________	______________________
	______________________	______________________
	2. ______________________	______________________
	______________________	______________________
	3. ______________________	______________________
	______________________	______________________

Das ist für Sie zu tun

§	Gesetzlich vorgeschriebenen Angaben	Beispiel
§4	1. ______________________	______________________
	______________________	______________________
	2. ______________________	______________________
	______________________	______________________

Freiwillige Angaben	Beispiel
1. ______________________	______________________
______________________	______________________
2. ______________________	______________________
______________________	______________________

1. Vergleichen und diskutieren Sie mit einem **Arbeitspartner** Ihre Ergebnisse.
2. Setzen Sie sich mit einem weiteren Arbeitspaar zusammen.
3. Analysieren Sie die vorliegenden Preisschilder und notieren Sie, welche Angaben Sie auf dem Preisschild finden.
4. Entscheiden Sie, ob es sich hierbei um gesetzlich vorgeschriebene Angaben oder um betriebsinterne, freiwillige Angaben handelt.

Preisschild	Merkmale	Gesetzliche Angaben	Freiwillige Angaben
	______________ ______________ ______________	______________ ______________ ______________	______________ ______________ ______________
	______________ ______________ ______________	______________ ______________ ______________	______________ ______________ ______________
	______________ ______________ ______________	______________ ______________ ______________	______________ ______________ ______________

Das ist für Sie zu tun

Nachdem Sie sich ausreichend über die Preisangabenverordnung (PAngV) informiert haben, können Sie Marie „aufklären".

Schildern Sie sachlich, was den „gesetztestreuen" Kunden so verärgert hat.

Das ist eine weitere Aufgabe für Sie:

Erkundungsauftrag

1. Legen Sie mit einem Arbeitspartner ein Unternehmen im Einzelhandel Ihrer Wahl fest und stellen Sie sicher, dass kein weiteres Arbeitspaar dieses Unternehmen auswählt.
2. Vergleichen Sie anhand von fünf Preisschildern (bitte fragen Sie das Verkaufspersonal, ob Sie diese für die Schule fotografieren dürfen) die korrekte Preisauszeichnung der Waren.
3. Stellen Sie uns Ihre Ergebnisse mithilfe einer PowerPoint-Präsentation vor.

Wie sieht es in Ihrem Praktikumsunternehmen aus?

1. Beschreiben Sie das Sortiment Ihres Praktikumsunternehmens. Sollten Sie in einem Dienstleistungsunternehmen ein Praktikum absolvieren, dann beschreiben Sie die Dienstleistung.

2. Nennen Sie die unterschiedlichen Waren, die in Ihrem Praktikumsunternehmen angeboten werden.

3. Beschreiben Sie, wie die Ware in Ihrem Praktikumsunternehmen präsentiert wird.

4. Erläutern Sie, wie hoch der Lagerbestand in Ihrem Praktikumsunternehmen ist.

Wie sieht es in Ihrem Praktikumsunternehmen aus? (Fortsetzung)

5. Beschreiben Sie, wie die Höhe des Lagerbestands in Ihrem Praktikumsunternehmen ermittelt wird.

____

____

6. Vergleichen Sie die Preisauszeichnungsetiketten aus Ihrem Praktikumsbetrieb mit den im Unterricht kennengelernten rechtlichen und betrieblichen Vorgaben.

____

____

7. Beschreiben Sie, was Ihnen bei dem Vergleich (siehe Punkt 6) auffällt.

____

____

4.1.6 Leistungsprogrammplanung: Ich-kann-Liste

Ich-kann-Liste

Bitte machen Sie an der Stelle ein Kreuz,
an der Sie Ihren Lernfortschritt einordnen.

Inhalte: Ich kann …	Lernfortschritt ++	+	–	––
1. … das Sortiment, **2.** … die Sortimentsbreite und -tiefe, **3.** … die Sortimentspolitik in einem Unternehmen beschreiben.				
4. … Kriterien für eine ansprechende Warenpräsentation erarbeiten, **5.** … grundsätzliche Regeln für die Warenpräsentation und -platzierung anwenden, **6.** … verkaufspsychologische Erkenntnisse berücksichtigen, **7.** … eine auf diese beiden genannten Aspekte ausgerichtete Geschäftsausstattung beschreiben, **8.** … eine Warenpräsentation erstellen und diese anhand von erarbeiteten Kriterien bewerten.				

Fortsetzung auf Seite 206

Ich-kann-Liste (Fortsetzung)

Bitte machen Sie an der Stelle ein Kreuz,
an der Sie Ihren Lernfortschritt einordnen.

Inhalte: **Ich kann ...**	**Lernfortschritt** ++	+	–	––
9. … für ein Unternehmen geeignete Produkte auswählen,				
10. … eine optimale Lagermenge auswählen,				
11. … eine angemessene Qualität festlegen.				
12. … Verkaufspreise kalkulieren,				
13. … betriebsinterne und betriebsexterne Einflüsse auf die Preise identifizieren,				
14. … kostenorientierte, nachfrageorientierte und konkurrenzorientierte Preisgestaltungen unterscheiden,				
15. … abgekürzte Kalkulationsverfahren mithilfe von Kalkulationszuschlag und -faktor anwenden,				
16. … Zusammenhänge von Kosten, Umsatz und Ertrag erkennen,				
17. … ein Tabellenkalkulationsprogramm bei der Kalkulation nutzen.				
18. … **Preisauszeichnung** im Rahmen der betrieblichen und rechtlichen Vorgaben erläutern,				
19. … die korrekte Preisauszeichnung der Waren mit praktischen Beispielen in der Region vergleichen.				

An dieser Stelle ist es zur Selbstreflexion Ihres Lernprozesses von Bedeutung, sich über einzelne Phasen des Lernprozesses bewusst zu werden:

Woran hat es gelegen, dass ich einen sehr guten bzw. guten Lernfortschritt in den einzelnen Inhalten erzielt habe?

____

____

____

____

Ich-kann-Liste (Fortsetzung)

Woran hat es gelegen, dass ich einen geringen, bzw. gar keinen Lernfortschritt in den einzelnen Inhalten erzielt habe?

Welche Vorgehensweise bzw. Methoden haben zum Gelingen meines Lernfortschritts beigetragen?

Was nehme ich mir für meinen Lernprozess in der nächsten Anforderungssituation vor?

AS 4.2 Leistungsentwicklung: Was erwartet uns in der Anforderungssituation?

4.2.1 So viele Zahlen

Situation

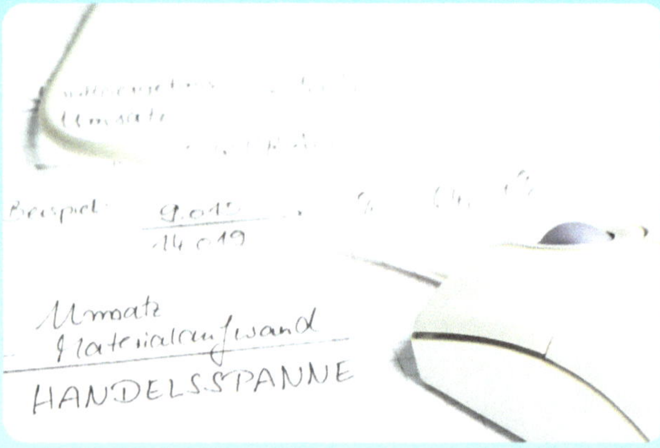

Schon wieder fragen die Kunden nach den Herren Basic T-Shirts. Seit Tagen ist der Regalplatz dieser T-Shirts leer und auch im Lager ist an dem vorgesehenen Lagerplatz gähnende Leere.

Metins Blick fällt auf die Herren-Jogginghosen, die seit Wochen im Regal liegen und nicht verkauft werden.

Er spricht Frau Fritzki an: „Wie kann es sein, dass große Mengen von Artikel hier vorhanden sind, die nicht nachgefragt werden und andere Artikel, wie z. B. die Herrn T-Shirts nicht ausreichend vorhanden sind und wir somit den Kundenwünschen nicht gerecht werden können?" Frau Fritzki wird nachdenklich: „Danke für den Hinweis! Dann muss ich mir mal die entsprechenden Zahlen aus unserem Warenwirtschaftssystem ansehen."

Aktuelle Informationen aus dem Warenwirtschaftssystem der Bio-Shopping-Paradies GmbH

Artikel	Menge (verkauft)	Verkaufspreis (netto)/Stück €	Bezugs-Preis €	Umsatz (aktuell)	Umsatz (Vorjahr)	Lagerbestand	Handelsspanne* absolut €	Handelsspanne in %
Herren-T-Shirts	240	11,18	6,90	3.192,00	–	0	4,28	38,29
Herren-Jogginghosen	40	19,20	12,80	768,00	4.800,00	210	6,40	33,33
Damen-T-Shirts	250	16,40	8,90	4.100,00	3.936,00	2	7,50	45,72
Damen-Jogginghosen	380	19,90	9,90	7.562,00	7.762,00	50	10,00	50,25
Baby-Bodys	450	11,95	4,90	5.377,50	5.377,50	0	7,05	59,00

***Handelsspanne:** Bezeichnet die Differenz zwischen dem Verkaufspreis (netto) und dem Bezugspreis (absolut)

$$\text{oder in \%} = \frac{\text{Nettoverkaufspreis} - \text{Bezugspreis}}{\text{Nettoverkaufspreis}} \times 100$$

Das ist für Sie zu tun

1. **Einzelarbeit:** Klären Sie, welche aktuellen Informationen aus dem Warenwirtschaftssystem gewonnen werden können. Was sagen die beobachteten kaufmännischen Zahlen allgemein aus?

Beobachteten kaufmännischen Zahlen	Erläuterung (allgemein)
Artikel	
Menge (verkauft)	

Das ist für Sie zu tun

Beobachteten kaufmännischen Zahlen	Erläuterung (allgemein)
Verkaufspreis (netto)/ Stück €	
Bezugspreis €	
Umsatz (aktuell)	
Umsatz (Vorjahr)	
Lagerbestand	
Handelspanne absolut €	

2. Tauschen Sie sich mit einem Arbeitspartner aus und vergleichen Sie Ihre Ergebnisse.
3. Vergleichen Sie in mit Ihrem Arbeitspartner die kaufmännischen Zahlen der Herren-T-Shirts mit denen der Herren Jogginghosen.
   a) Notieren Sie sich Ihre Beobachtungsergebnisse.
   b) Wie bewerten Sie aus kaufmännischer Sicht die beiden Artikel? Diskutieren Sie.
4. Setzen Sie sich mit einem weiteren Arbeitspaar zusammen.
   a) Vergleichen und diskutieren Sie in der Vierergruppe Ihre Ergebnisse.
   b) Entscheiden Sie gemeinsam, was Sie unter kaufmännischen Gesichtspunkten mit den beiden Artikeln unternehmen werden.
   c) Bereiten Sie mithilfe des Programms Excel für diese beiden Artikel eine Statistik vor. Präsentieren Sie mithilfe dieser Grafik die von Ihnen beschlossenen Maßnahmen vor der Klasse.

4.2.2 Wir verändern unser Sortiment

Situation

Frau Fritzki wirkt seit einigen Tagen sehr angespannt und nachdenklich. Es ist einer der letzten Tage von Metins Praktikum. Er wartet auf eine Gelegenheit, mit ihr ein Gespräch über eine mögliche Übernahme in ein Ausbildungsverhältnis zu führen. Doch ihm erscheint der Zeitpunkt für ein solches Gespräch unpassend. Stattdessen spricht er Frau Fritzki wegen eines Kundengespräches an, das sich vor einigen Minuten ereignet hat: „Zum x-ten Mal hat mich ein Kunde nach den ausverkauften T-Shirts gefragt und gleichzeitig bemängelt, dass wir keine Badeschuhe führen. Auch danach wurde schon häufig gefragt". Frau Fritzki erwidert: „Ja, auch mich haben Kunden angesprochen, dass sie sich gerne eine Herren-Jogginghose kaufen wollen, aber mit der Qualität unserer Jogginghosen nicht zufrieden sind. Auch haben mich Kunden angesprochen, die für Markenartikel bereit wären, mehr Geld zu zahlen. Mir ist durchaus klar, dass für unser Sortiment eine Veränderung anstehen sollte."

Das ist für Sie zu tun

1. Klären Sie in **Einzelarbeit,** warum sich das Sortiment in der Abteilung von Frau Fritzki verändern sollte.

   Notieren Sie Stichworte.

2. Setzen Sie sich mit den Einflussfaktoren für die Sortimentsbildung auseinander. Erklären Sie hierbei:
   a) Warum ist es manchmal nötig, ein Sortiment zu verändern?
   b) Welche Möglichkeiten einer Sortimentsveränderung haben Sie als Einzelhandelsunternehmen?
   c) Welche Entscheidungsgrundlagen können Ihnen bei der Entscheidungsfindung helfen?

Lesen Sie hierzu die Informationstexte (1 bis 3) und recherchieren Sie bei unbekannten Begriffen im Internet.

Einflussfaktoren für die Sortimentsbildung

Gründe, die zu einer Sortimentsveränderung führen können:

Möglichkeiten einer Sortimentsveränderung:

Entscheidungsgrundlagen bei der Entscheidungsfindung:

Das ist für Sie zu tun

3. Vergleichen und diskutieren Sie Ihre Ergebnisse mit einem **Arbeitspartner.**
4. Klären Sie mit Ihrem **Arbeitspartner,** wie Sie im Rahmen der Sortimentsbildung mit den Artikeln der oben vorliegenden Informationen aus dem Warenwirtschaftssystem verfahren würden. Begründen Sie Ihre Entscheidung.
5. Vergleichen Sie Ihre Entscheidungen mit einem weiteren Arbeitspaar.

Artikel	Entscheidung	Begründung
Herren-T-Shirt		
Herren-Jogginghose		
Damen-T-Shirt		
Damen-Jogginghose		
Baby-Bodys		

Informationstext 1

„Der Kunde ist König"!

Was bedeutet dieser Spruch in der Praxis im Einzelhandel?

Der Kunde, der im Sortiment des Einzelhandels seine Wünsche wiederfindet und zufrieden ist, kauft in diesem Unternehmen ein und sorgt für den Umsatz.

Als zufriedener Kunde wird er das Unternehmen an Familienmitglieder, Freunde und Bekannte weiterempfehlen und auch diese sorgen für Umsatz und empfehlen das Unternehmen weiter.

Kunden sind aber auch kritisch und so muss sich ein Einzelhandelsunternehmen ständig darum bemühen, das **Sortiment** auf die **Wünsche** und **Bedürfnisse** der Kunden anzupassen. Das Sortiment stellt Kunden jedoch **nicht dauerhaft** zufrieden. Durch **modische Trends, Bewusstseinswandel der Kunden** (z. B. steigendes Qualitätsbewusstsein, zunehmendes Umweltbewusstsein etc.) **ändern** sich die **Kundenwünsche** laufend. Auch Größen wie das **Einkommen** spielen bei den Kundenwünschen eine Rolle. So legen plötzlich Menschen, die viel arbeiten und gut verdienen, mehr Wert auf einen gewissen Service oder auf Markenprodukte oder umgekehrt werden bei geringerem Einkommen andere Kundenwünsche wirksam (geringere Qualität, höheres Preisbewusstsein, Trend zur Handelsmarke etc.).

Die **unternehmerische Kunst** ist es, diese Größen im Blick zu haben und schnell und flexibel darauf zu reagieren.

Verständnisfragen zu Informationstext 1

1. Was bedeutet der Spruch: „Der Kunde ist König" in der Praxis des Einzelhandels?

____

____

____

____

____

2. Was muss der Einzelhandel im Hinblick auf das Sortiment unternehmen, damit der Kunde gerne in dem Unternehmen einkauft?

____

____

____

____

____

Verständnisfragen zu Informationstext 1

3. Nennen Sie Gründe, die dazu führen, dass sich die Kundenwünsche im Laufe der Zeit ändern.

4. Welche der hier genannten Inhalte können Ihnen helfen, Ihren Arbeitsauftrag zu bearbeiten?

Informationstext 2

Auszüge aus einem Lehrbuch im Einzelhandel:

[…] so ergeben sich u.a. die folgenden Möglichkeiten, das Sortiment zu verändern:

Wir können das Sortiment erweitern **(Sortimentserweiterung),** indem wir neue Produkte in das bestehende Sortiment aufnehmen (z. B. neue Herren-T-Shirts) bzw. das Sortiment vertiefen (weitere Modelle von Herren-T-Shirts).

In diesem Zusammenhang können wir auch neue Warengruppen in unser Sortiment aufnehmen. Dies wäre z. B. der Fall, wenn wir zusätzlich die Warengruppe Schuhe in das Sortiment aufnehmen würden. Dann würde es sich um eine **Diversifikation** handeln. Wir könnten aber auch eine **Sortimentsbereinigung** durchführen. Dies wäre der Fall, wenn wir Waren oder Warengruppen, die sich als unrentabel erwiesen haben, aus unserem Sortiment entfernen würden.

Verständnisfragen zu Informationstext 2

1. Welche beiden Möglichkeiten hat das Einzelhandelsunternehmen, um sein Sortiment zu verändern? Nennen Sie diese.

2. Was verstehen Sie unter einer Sortimentserweiterung?

3. Was verstehen Sie unter einer Diversifikation?

4. Was verstehen Sie unter einer Sortimentsbereinigung?

5. Welche der hier genannten Inhalte können Ihnen helfen, Ihren Arbeitsauftrag zu bearbeiten?

Informationstext 3 – Ergebnisse einer Umfrage

Das sagen Einzelhandelsunternehmer/-innen zur Entscheidungsfindung bei Sortimentsveränderungen:

Holger Bauer, 54 Jahre,
Geschäftsführer eines Lebensmittelmarktes in Köln

[...] Grundlage zur Sortimentsveränderung sind bei uns die **„Renner-Penner-Listen"!** Die sind einfach in der Handhabe: Wenn wir sehen, dass bestimmte Artikel längerfristig „Penner" (werden nicht verkauft) sind, dann überlegen wir, diese aus dem Sortiment zu nehmen. Handelt es sich dabei allerdings um Artikel, die ein jeder Lebensmittelmarkt gelistet haben muss, dann überlegen wir, wie wir mit dem Artikel umgehen werden.

Silke Junnoffer, 38 Jahre,
Geschäftsführerin eines großen Textilkaufhauses

[...] häufig bedienen wir uns bei der Entscheidungsfindung zur Sortimentsveränderung der **A-B-C-Analyse!** Hier legen wir ein Kriterium, z. B. Umsatz, fest und sehen, welche Artikel den höchsten Umsatz (A-Artikel) erzielen, welche Artikel einen mittelmäßigen Umsatz erzielen (B-Artikel) oder welche Artikel einen geringen Umsatz (C-Artikel) erzielen! Danach entscheiden wir, welche Artikel wir von den C-Artikeln zur Sortimentsbereinigung entfernen.

Martina Heindrich, 52 Jahre,
Inhaberin einer Parfümeriekette

[...] die Standorte all meiner Filialen sind in Stadtteilen, in denen die Kaufkraft (das Einkommen der Menschen, das für Konsumausgaben zur Verfügung steht) der Zielgruppe (Menschen, die als Käufer in Frage kommen) hoch ist. Die Artikel, die wir verkaufen, sind hochpreisige Luxusartikel. Damit sprechen wir eine andere Zielgruppe als die der sogenannten „1-Euro-Läden" an.

Verständnisfragen zu Informationstext 3:

1. Wie gehen Unternehmen bei der Entscheidungsfindung zur Sortimentsbildung vor, wenn sie die „Renner-Penner-Listen" zur Entscheidungsgrundlage nutzten?

2. Wie gehen Unternehmen bei der Entscheidungsfindung zur Sortimentsbildung vor, wenn sie die A-B-C-Analyse zur Entscheidungsgrundlage nutzten?

3. Warum ist das Einkommen der Kunden und Kundinnen sowohl bei der Standortwahl als auch bei der Sortimentsbildung zu berücksichtigen?

4. Welche der hier genannten Inhalte können Ihnen helfen, Ihren Arbeitsauftrag zu bearbeiten?

Wie sieht es in Ihrem Praktikumsunternehmen aus?

1. Beurteilen Sie, ob es in der letzten Zeit in Ihrem Praktikumsunternehmen zu Veränderungen im Sortiment gekommen ist.

2. Werden in Ihrem Praktikumsunternehmen Renner-Penner-Listen geführt? Falls ja, beschreiben Sie, wie diese genutzt werden.

3. Wird in Ihrem Praktikumsunternehmen eine A-B-C-Analyse eingesetzt? Falls ja, beschreiben Sie, wie diese genutzt wird.

4. Beschreiben Sie, wie die Kaufkraft Ihrer Kunden die Auswahl des Sortiments in Ihrem Praktikumsunternehmen beeinflusst.

4.2.3 Leistungsentwicklung: Ich-kann-Liste

Ich-kann-Liste

Bitte machen Sie an der Stelle ein Kreuz,
an der Sie Ihren Lernfortschritt einordnen.

Inhalte: Ich kann …	**Lernfortschritt** ++	+	–	––
5. … für vorgegebene Daten aus verschiedenen Informationssystemen einfache **Kennziffern** des **Warenverkehrs** berechnen,				
6. … einfache **Verfahren des kaufmännischen Rechnens** zur erfolgsorientierten Steuerung und Kontrolle des Sortiments berechnen,				
7. … überschaubare Statistiken graphisch aufbereiten,				
8. … die Informationen interpretieren,				
9. … ein Tabellenkalkulationsprogramm nutzen.				
10. … Vorschläge zur Sortimentsveränderung unterbreiten: • Sortimentsbereinigung, • Sortimentserweiterung, • Diversifikation unter Berücksichtigung vorgegebener Informationen (z. B. Renner-Penner-Listen, ABC-Analysen),				
11. … sortimentsbestimmende Faktoren diskutieren, insbesondere Qualität, Trends, Zielgruppen, Standort und Wettbewerbssituationen.				

An dieser Stelle ist es zur Selbstreflexion Ihres Lernprozesses von Bedeutung, sich über einzelne Phasen des Lernprozesses bewusst zu werden:

Woran hat es gelegen, dass ich einen sehr guten bzw. guten Lernfortschritt in den einzelnen Inhalten erzielt habe?

Fortsetzung auf Seite 221

Ich-kann-Liste (Fortsetzung)

Woran hat es gelegen, dass ich einen geringen bzw. gar keinen Lernfortschritt in den einzelnen Inhalten erzielt habe?

____

____

____

____

Welche Vorgehensweise bzw. Methoden haben zum Gelingen meines Lernfortschritts beigetragen?

____

____

____

____

Was nehme ich mir für meinen Lernprozess in der nächsten Anforderungssituation vor?

____

____

____

____

Lernfeld 11: Wertströme erfassen, dokumentieren und auswerten

AS 11.1 Erfassung und Dokumentation von Wertströmen: Was erwartet uns in der Anforderungssituation?

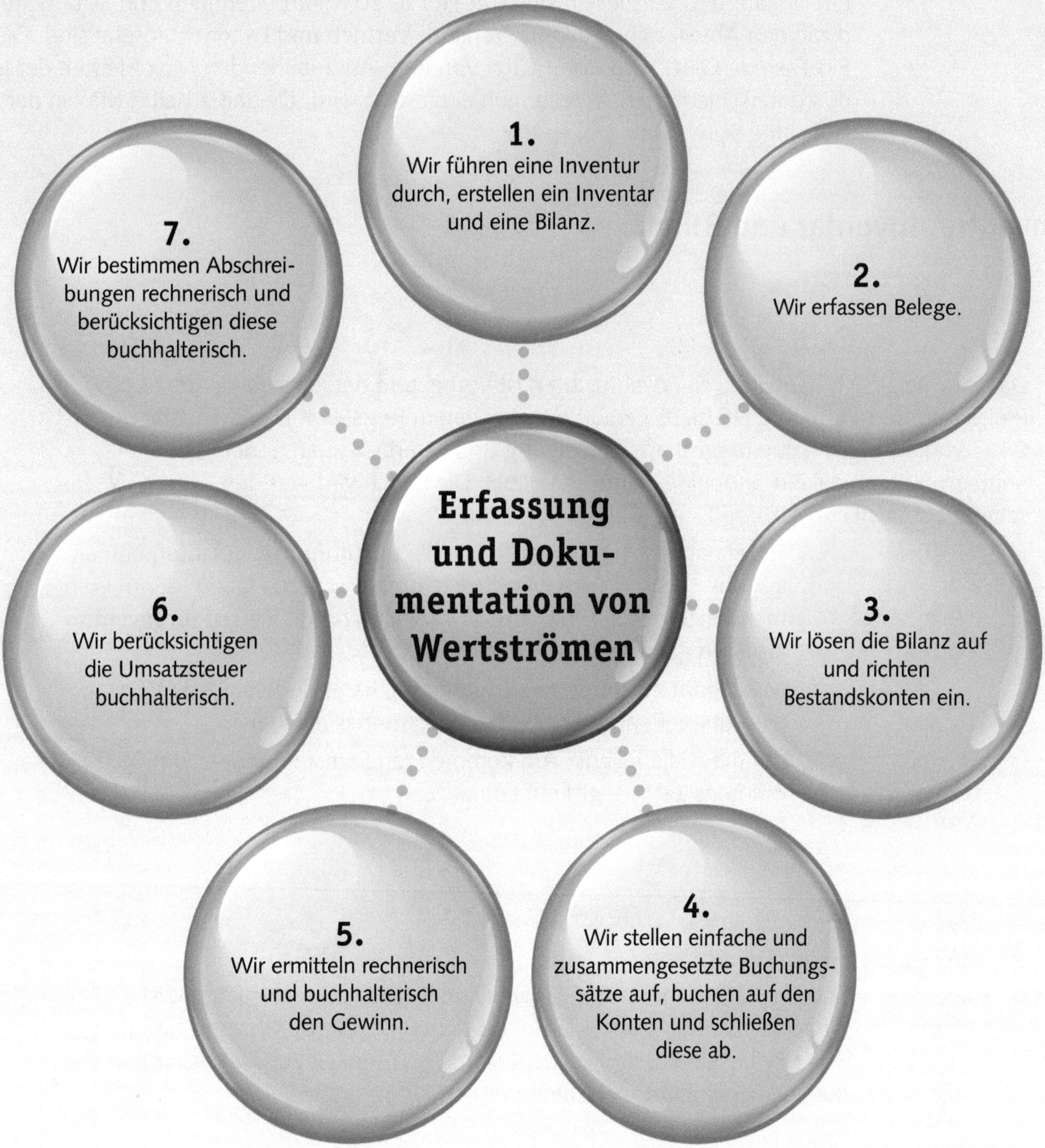

Das Modellunternehmen

Die Bio-Fashion OHG mit Sitz in Köln verkauft deutschlandweit fair hergestellte Kleidung an den Einzelhandel bzw. Großhandel. Kundin ist auch die Bio-Shopping GmbH[1] aus Köln. Die Bio-Fashion OHG wird geführt von den

Gesellschaftern Maja Lennartz und von Deniz Yildiz. Frau Lennartz ist zuständig für die Verwaltung, insbesondere die Buchhaltung. Herr Yildiz kümmert sich um Einkauf und Vertrieb. Insgesamt gibt es 20 Mitarbeiterinnen und Mitarbeiter, die in den Abteilungen Einkauf, Verkauf, Vertrieb und Lager eingesetzt sind. Die Bio-Fashion OHG wird unterstützt von dem Auszubildenden Max Pfeiffer, der in den unterschiedlichen Abteilungen eingesetzt wird. Derzeit arbeitet Max in der Abteilung Verwaltung.

Inventur, Inventar und Bilanz

11.1.1 Durchführung der Inventur

Situation

Das Jahr neigt sich dem Ende zu. Weihnachten ist vorbei und der Auszubildende Max Pfeiffer der Bio-Fashion OHG zieht gerade Ware in einem Regal vor. Die Bio-Fashion OHG verkauft nachhaltig hergestellte Bekleidung und liefert diese an andere Unternehmen, z. B. an die Bio-Shopping-Paradies GmbH. Die OHG wird von den beiden Gesellschaftern Maja Lennartz und Deniz Yildiz geführt.

Frau Lennartz, die sich auch um die Buchführung im Unternehmen kümmert, kommt auf Max zu: „Guten Morgen. Haben Sie am kommenden Samstag schon etwas vor? Ich könnte Sie gut für **Inventurarbeiten** gebrauchen."

Max kennt zwar den Begriff **Inventur**, kann diesen allerdings nicht einordnen. Er antwortet: „Ja, ich kann das machen".

„Prima, vielen Dank. Am kommenden Samstag geht es um 08:00 Uhr morgens los.", sagt Frau Lennartz.

Informationstext 1: Inventur

Begriffsbeschreibung: Inventur

Im Handelsgesetzbuch (HGB) steht unter § 240, dass der Kaufmann verpflichtet ist, sein Vermögen (z. B. Grundstücke, Waren, Geld auf dem Bankkonto, Kassenbestand) und seine Schulden (z. B. bei einer Bank) festzustellen. Die Tätigkeit zur Feststellung des Vermögens und der Schulden nennt man Inventur.

1 Da die Bio-Shopping GmbH eine GmbH ist, konnte mit diesem Modellunternehmen in den Situationen zur Buchführung nicht weitergearbeitet werden. Die Bilanzierung ist bei der GmbH komplexer als bei der OHG. Daher wurde ein Modellunternehmen mit der Rechtsform OHG konzipiert.

Informationstext 1: Inventur (Fortsetzung)

Die Inventur muss erfolgen:
- **bei Gründung oder Übernahme eines Unternehmens**
- **für den Schluss eines jeden Geschäftsjahres (meist 31.12.)**
- **bei Auflösung oder Verkauf eines Unternehmens**

Die **Inventur** wird auch **Bestandsaufnahme** genannt. Sie beinhaltet **die Erfassung aller Vermögensteile und Schulden des Unternehmens, jeweils einzeln nach Art, Menge und Wert und zu einem bestimmten Zeitpunkt** (z. B. 31.12.). Dabei können die Vermögensgegenstände gezählt, gemessen und gewogen und schließlich bewertet werden.

Beispiel: Herrenjeans, Artikelnummer 0126789, Größe 32/30, 10 Stück, Preis 75,00 €

Merke

Die Inventur ist eine Bestandsaufnahme der Vermögensgegenstände und Schulden in einem Unternehmen zu einem bestimmten Zeitpunkt.

Informationstext 2: Arten der Inventur

1. Unterscheidung nach der Art der Aufnahme

Je nach Durchführung der Inventur werden zwei Inventurarten unterschieden: **körperliche Inventur und Buchinventur.**

Körperliche Inventur

Mengenmäßige Aufnahme aller körperlichen Vermögensgegenstände (z. B. Pkw/Lkw, PC und Drucker in der Verwaltung, Waren, Kassenbestand) durch **Zählen, Messen, Wiegen und Schätzen mit nachfolgender Bewertung. Körperlich** heißt, dass die Vermögensgegenstände angefasst und z. B. gezählt werden können.

Beispiel: Die Münzen und Geldscheine in der Kasse kann man anfassen und zählen.

Buchinventur

Diese Inventur beinhaltet alle **nicht körperlichen Vermögensgegenstände und Schulden.** Der mengen- und wertmäßige Bestand wird anhand von **schriftlichen Unterlagen ermittelt,** z. B. Kontoauszüge, Schulden bei der Bank, Schulden gegenüber Lieferanten.

Beispiel: Die Bio-Fashion OHG stellt anhand eines aktuellen Kontoauszuges fest, dass das Guthaben 102.000,00 € beträgt.

Fortsetzung auf Seite 226

Informationstext 2: Arten der Inventur (Fortsetzung)

2. Unterscheidung nach dem Zeitpunkt der Durchführung

Je nach Zeitpunkt der Inventur wird unterschieden zwischen **Stichtagsinventur, zeitnaher Inventur** und **permanenter Inventur.**

Stichtagsinventur

Körperliche Bestandsaufnahme der Bestände am Bilanzstichtag (meist 31.12.). Dies ist in der Praxis aufgrund der zahlreichen Produkte eines Unternehmens kaum möglich. Daher gibt es die unten beschriebenen Inventurvereinfachungsverfahren.

Inventurvereinfachungsverfahren

Zeitnahe Inventur

Die Inventur muss nicht genau zum Bilanzstichtag erfolgen. Sie muss aber zeitnah, d. h. innerhalb von 10 Tagen vor oder nach dem Bilanzstichtag durchgeführt werden. Es muss eine mengen- und wertmäßige Fortschreibung- bzw. Rückrechnung zum jeweiligen Bilanzstichtag erfolgen.

Beispiel für eine Fortschreibung

21.12.: Inventurwert	500,00 €
+ Wert der Zugänge vom 21.12. bis zum 31.12.	100,00 €
– Wert der Abgänge vom 21.12. bis 31.12.	50,00 €
= Wert am Bilanzstichtag 31.12.	550,00 €

Beispiel für eine Rückrechnung

05.01.: Inventurwert	700,00 €
– Wert der Zugänge vom 01.01. bis zum 05.01.	200,00 €
+ Wert der Abgänge vom 01.01. bis 05.01.	70,00 €
= Wert am Bilanzstichtag 31.12.	570,00 €

Permanente Inventur

Diese Inventur bezeichnet man auch als **fortlaufende Inventur.** Die Betriebe erfassen einmal im Jahr die Bestände körperlich (z. B. durch Zählen, Messen und Wiegen) und halten alle darauffolgenden Bestandsveränderungen, also Zu- und Abgänge, in einer Datei fest.

Informationstext 3: Planung und Durchführung der Inventur

Die Inventur erfordern umfangreiche Maßnahmen, die nachfolgend aufgelistet werden:

- Bestimmung eines Inventurleiters, der für Planung, Organisation und Durchführung der Inventur verantwortlich ist
- Festlegung des Inventurverfahrens (Stichtagsinventur, zeitnahe Inventur, permanente Inventur)
- Festlegung des Inventurtermins und der voraussichtlichen Dauer der Inventur
- Einteilung der Mitarbeitenden
- Einweisung der Mitarbeitenden, sodass diese wissen, was zu tun ist
- Können wir die Inventur im laufenden Betrieb durchführen oder müssen wir den Betrieb schließen?

Das ist für Sie zu tun

1. Beschreiben Sie die organisatorischen Aufgaben, die Frau Lennartz und ihr Team vor der Durchführung der Inventur durchführen müssen.

Fortsetzung auf Seite 228

Das ist für Sie zu tun

2. Entscheiden Sie bei den nachfolgenden Vermögenswerten und Schulden der Bio-Fashion OHG über die richtige **Inventurart nach der Art der Aufnahme**.

Vermögensgegenstand/Schulden	Inventurart nach der Art der Aufnahme
Herrenjeans	
Schulden bei einem Lieferanten (Verbindlichkeiten aus Lieferungen und Leistungen)	
Bestand in der Kasse	
Ausstehende Zahlung eines Kunden (Forderungen aus Lieferungen und Leistungen)	
Firmenwagen der Geschäftsleiterin Frau König	
Vegane Sneaker	
Guthaben bei der Sparkasse	
Darlehen bei der Deutschen Bank	

Das ist für Sie zu tun

3. Entscheiden Sie über die **Inventurart nach dem Zeitpunkt der Durchführung**.

Situation	Inventurart nach dem Zeitpunkt der Durchführung
Die Inventur wird am 22.12. durchgeführt.	
Die Inventur findet genau am 31.12. statt.	
Zu- und Abgänge werden im Laufe des Jahres EDV-gestützt ständig ermittelt.	
Die Inventurwerte werden am 05.01. ermittelt.	

Fortsetzung auf Seite 230

Das ist für Sie zu tun

4. Bestimmen Sie den Wert des Artikels Berufsschuhe im Rahmen der zeitnahen Inventur zum Bilanzstichtag am 31.12. Bestand am Tag Inventur (22.12.): 5.000 €; Wert der Zugänge am 23.12.: 500,00 €; Wert der Abgänge am 23.12.: 90,00 €; Wert der Zugänge am 27.12.: 300,00 €; Wert der Abgänge am 29.12.: 200,00 €

5. Bestimmen Sie den Wert des Artikels „Herrenstraßenschuhe" im Rahmen der zeitnahen Inventur zum Bilanzstichtag am 31.12. Bestand am Tag Inventur (08.01.): 9.000 €; Wert der Zugänge am 05.01.: 400,00 €, Abgänge am 02.01.: 80,00 €, Wert der Zugänge am 02.01.: 300,00 €, Wert der Abgänge am 02.01.: 200,00 €

11.1.2 Die Bio-Fashion OHG erstellt ein Inventar

Situation

Max hat seine erste Inventur durchgeführt. „Was machen wir jetzt mit den Inventurwerten?", fragt er.

Frau Lennartz: „Aus den Inventurwerten, also aus der Bestandsaufnahme, erstellen wir nun ein Inventar. Das Inventar wird auch Bestandsverzeichnis genannt. Dieses Bestandsverzeichnis muss zwingend in einer richtigen Reihenfolge abgebildet werden. Zum Schluss errechnen wir aus den Werten das Eigenkapital, also unser Reinvermögen".

Max (ratlos): „Okay, aber ich kann mir unter einem Inventar bisher nicht so richtig etwas vorstellen."

Frau Lennartz: „Das kann ich mir denken. Ich gebe Ihnen das Inventar aus dem letzten Jahr, sodass Sie einen ersten Überblick erhalten. Im Anschluss erstellen wir aus den diesjährigen Inventurwerten ein aktuelles Inventar."

Inventar der Bio-Fashion OHG, Köln zum 31.12. … (letztes Jahr)

	€	€
A. Vermögen		
I. Anlagevermögen (AV)		
1. Grundstücke und Gebäude		
Betriebsgebäude, Dürener Straße 60, Köln	1.500.000,00	
Verwaltungsgebäude, Dürener Straße 62, Köln	1.100.000,00	2.600.000,00
2. Fuhrpark laut Verzeichnis		120.000,00
3. Betriebs- und Geschäftsausstattung laut Verzeichnis		150.000,00
II. Umlaufvermögen (UV)		
1. Waren		
Herrenbekleidung laut Verzeichnis	50.000,00	
Damenbekleidung laut Verzeichnis	60.000,00	
Kinderbekleidung laut Verzeichnis	20.000,00	
Schuhe laut Verzeichnis	30.000,00	160.000,00
2. Forderungen aus Lieferungen und Leistungen		
Schmitz OHG	10.000,00	
Bekleidung Meyer e. K.	2.000,00	12.000,00
3. Bankguthaben		
Sparkasse Köln	90.000,00	
Deutsche Bank, Köln	50.000,00	140.000,00
4. Kassenbestand		8.000,00
Summe des Vermögens		**3.190.000,00**
B. Schulden		
1. Darlehen bei der Sparkasse Düren		310.000,00
2. Verbindlichkeiten aus Lieferungen und Leistungen		40.000,00
Summe der Schulden		**350.000,00**
C. Ermittlung des Eigenkapitals		
Summe des Vermögens		3.190.000,00
– Summe der Schulden		350.000,00
= Eigenkapital (Reinvermögen)		**2.840.000,00**

Informationstext: Erläuterungen zum Inventar

Ein Inventar besteht aus drei Teilen: **Vermögen, Schulden und Eigenkapital.** Diese Reihenfolge muss zwingend eingehalten **(Gliederungsvorschriften).**
Das **Vermögen** unterteilt sich in Anlagevermögen und Umlaufvermögen.

Anlagevermögen	Im Anlagevermögen sind alle **Vermögensposten, die langfristig (dauernd)** dem Betrieb dienen. Dazu gehören: **1.** Grundstücke und Gebäude **2.** Fuhrpark (alle Pkw und Lkw des Unternehmens) **3.** Betriebs- und Geschäftsausstattung (PC, Drucker, Kopierer, Schreibtische für die Unternehmensabteilungen)
Umlaufvermögen	Im Umlaufvermögen sind alle **Vermögensposten, die nur kurzfristig** im Betrieb verweilen. Es ist der eigentliche Gewinntreiber des Unternehmens. Dazu gehören: **1.** Waren (Waren, die verkauft werden) **2.** Forderungen aus Lieferungen und Leistungen (Kunde haben bereits Ware erhalten, aber noch nicht gezahlt) **3.** Bank (Geldbeträge auf den Bankkonten) **4.** Kasse (Bargeldbestand des Unternehmens)

Nach der Erfassung von Anlage- und Umlaufvermögen werden die Schulden, auch genannt Fremdkapital, aufgelistet. Die Schulden unterteilen sich in langfristige und kurzfristige Schulden:

Darlehen	Das Unternehmen kann nicht alle Vermögensposten (Grundstücke und Gebäude, Fuhrpark …) mit eigenem Geld zahlen. Daher wird ein Darlehen (langfristiger Kredit) aufgenommen, das in einigen Jahren zurückbezahlt wird.
Verbindlichkeiten aus Lieferungen und Leistungen	Ein Unternehmen kauft Waren ein. Die Zahlung erfolgt erst in ein paar Tagen. So entstehen Verbindlichkeiten aus Lieferungen und Leistungen gegenüber Lieferanten.

Zum Schluss **ermittelt man das Eigenkapital** (auch genannt **Reinvermögen),** indem man von **der Summe des Vermögens die Summe der Schulden** abzieht.

Merke

1. Das Inventar besteht aus drei Teilen: Vermögen, Schulden und Eigenkapital
2. Das Vermögen unterteilt sich in Anlagevermögen und Umlaufvermögen.
3. Beim Inventar werden Vermögen, Schulden und Eigenkapital untereinander aufgeführt. Diese Gliederung heißt Staffelform.
4. Das Inventar ist ein Bestandsverzeichnis eines Unternehmens, in dem das Vermögen und die Schulden nach Art, Menge und Wert ausgewiesen werden.

Fortsetzung der Situation

„Das Eigenkapital ist ja richtig hoch“, sagt Max hocherfreut.

„Ja, das stimmt. Wir haben wenig Fremdkapital. Schauen wir mal, wie es dieses Jahr aussieht. Kommen Sie mit. Wir machen uns an die Arbeit. Lassen Sie uns das Inventar für dieses Jahr erstellen“, sagt Frau Lennartz.

Das ist für Sie zu tun

1. **Erstellen Sie aus den folgenden Angaben ein ordnungsgemäßes Inventar. Beachten Sie dabei zwingend die Gliederungsvorschriften, denn die Angaben sind nicht in der richtigen Reihenfolge.
Tragen Sie die Werte in das vorgegebene Schema ein.**

Bank	
Sparkasse Köln	110.000,00 €
Deutsche Bank, Köln	30.000,00 €
Grundstücke und Gebäude	
Betriebsgebäude, Dürener Straße 60, Köln	1.500.000,00 €
Verwaltungsgebäude, Dürener Straße 62, Köln	1.100.000,00 €
Forderungen	
Schmitz OHG	5.000,00 €
Grün e. K.	2.000,00 €
Güner Moder e. K.	3.000,00 €
Kasse	9.000,00 €
Darlehen bei der Sparkasse	280.000,00 €
Verbindlichkeiten	60.000,00 €
Waren	
Herrenbekleidung laut Verzeichnis	45.000,00 €
Damenbekleidung laut Verzeichnis	65.000,00 €
Kinderbekleidung laut Verzeichnis	15.000,00 €
Schuhe laut Verzeichnis	20.000,00 €
Betriebs- und Geschäftsausstattung	120.000,00 €
Fuhrpark	115.000,00 €

Fortsetzung auf Seite 234

Das ist für Sie zu tun

Inventar der Bio-Fashion OHG, Köln zum 31.12. ... (dieses Jahr)

	€	€
A. Vermögen		
I. Anlagevermögen (AV)		
II. Umlaufvermögen (UV)		
Summe des Vermögens		
B. Schulden		
Summe der Schulden		
C. Ermittlung des Eigenkapitals Summe des Vermögens – Summe der Schulden **= Eigenkapital (Reinvermögen)**		

Das ist für Sie zu tun

2. **Erstellen Sie in einem Textverarbeitungssystem, Tabellenkalkulationssystem oder in Ihrem Heft aus den folgenden Angaben ein formgerechtes Inventar für das Unternehmen Konserven Güner OHG.**

Bank	
Sparda Bank	100.000,00 €
Deutsche Bank	50.000,00 €
Grundstücke und Gebäude	1.100.000,00 €
Kasse	10.000,00 €
Forderungen	20.000,00 €
Darlehen bei der Sparkasse	80.000,00 €
Verbindlichkeiten	
Hausmann KG	60.000,00 €
Zimmermann e. K.	10.000,00 €
Waren	
Konservendosen, Erbsen	2.000,00 €
Konservendosen, Mais	6.000,00 €
Konservendosen, Bohnen	5.000,00 €
Betriebs- und Geschäftsausstattung	20.000,00 €
Fuhrpark	115.000,00 €

11.1.3 Die Bio-Fashion OHG erstellt eine Bilanz

Situation

Max hat zum ersten Mal bei der Inventur der Bio-Fashion OHG mitgewirkt. Anschließend hat ihm Frau Lennartz gezeigt, wie ein Inventar erstellt wird.

Max: „Okay. Ein Inventar kann ich nun erstellen. Aber das ist sehr langwierig und ich finde es auch unübersichtlich."

Frau Lennartz: „Da haben Sie recht. Deshalb gibt es eine kurze und kompakte Übersicht: die Bilanz. Anhand der Bilanz können wir uns einen schnellen Überblick über Vermögen und Kapital verschaffen."

Informationstext 1: Aufbau und Gliederung einer Bilanz

Die Bilanz liefert einen schnellen Überblick über Vermögen und Schulden des Unternehmens. Während beim Inventar Vermögen, Schulden und Eigenkapital untereinandergeschrieben werden (Staffelform), werden Vermögen und Schulden bei der **Bilanz** in einer **T-Konten-Form** eingetragen. Die **linke Seite** der **Bilanz** heißt **Aktiva,** die **rechte Seite** der **Bilanz** heißt **Passiva.**

Vermögen mit Anlagevermögen und Umlaufvermögen werden auf der linken Seite (also Aktiva) der Bilanz eingetragen und Eigenkapital und Schulden auf der rechten Seite (also Passiva).

Dies ist die Bilanz der Bio-Fashion OHG aus dem letzten Jahr:

Aktiva — **Bilanz der Bio-Fashion OHG zum 31.12.** — **Passiva**

Aktiva		Passiva	
I. Anlagevermögen		**I. Eigenkapital**	2.840.000,00
1. Grundstücke und Gebäude	2.600.000,00		
2. Fuhrpark	120.000,00	**II. Fremdkapital**	
3. Betriebs- und Geschäftsausstattung	150.000,00	1. Darlehen	310.000,00
		2. Verbindlichkeiten	40.000,00
II. Umlaufvermögen			
1. Waren	160.000,00		
2. Forderungen	12.000,00		
3. Bank	140.000,00		
4. Kasse	8.000,00		
	3.190.000,00		**3.190.000,00**

Köln, 31.12. *Maja Lennartz* *Deniz Yildiz*

Informationstext 2: Eine Bilanz erstellen

Wenn Sie zukünftig den Arbeitsauftrag erhalten, eine Bilanz zu erstellen, dann sollten Sie folgendermaßen vorgehen:

1. Zeichnen Sie zunächst ein T für das T-Konto.
2. Tragen Sie die Begriffe Aktiva links und Passiva rechts oberhalb des „T" ein.
3. Eine Bilanz hat eine Überschrift: **Bilanz der Firma zum [DATUM].** Tragen Sie dies zwischen den Begriffen Aktiva und Passiva ein.
4. Auf der **Aktivseite** werden das Anlagevermögen und das Umlaufvermögen eingetragen, mit den bekannten Unterteilungen.
5. Tragen Sie dann auf der **Passivseite** die Positionen Eigenkapital und Schulden (Fremdkapital) ein. Das Fremdkapital unterteilt sich in Darlehen und Verbindlichkeiten.

Informationstext 2: Eine Bilanz erstellen (Fortsetzung)

6. Wenn bei den Übungsaufgaben das Eigenkapital nicht gegeben ist, so wird dieses folgendermaßen ausgerechnet: Die Summe der Aktivseite ist gleich der Summe der Passivseite. Bilden Sie also die Summe der Aktiva und tragen Sie diese unten auf der Aktivseite ein. Übertragen Sie diese Summe dann direkt in das Feld für die Summe der Passiva. Ziehen Sie nun von der Summe der Passivseite das Fremdkapital ab. So erhalten Sie das Eigenkapital.
   Eine Bilanz ist also wie eine Waage aufgebaut. Das heißt, dass die beiden Seiten immer gleich sind.
7. Ein Konto wird abgeschlossen mit drei Strichen: ein Strich oberhalb der Bilanzsummen und zwei Striche unterhalb der Bilanzsummen.
8. Da auf der Passivseite der Bilanz in der Regel weniger Bilanzpositionen zu finden sind, wird das leere Feld durch eine Buchhalternase entwertet. Dadurch wird verhindert, dass nachträglich Beträge eingesetzt werden können.
9. Eine Bilanz wird vom Inhaber des Unternehmens unterschrieben sowie mit Ort und Datum versehen.

Merke

1. Eine Bilanz ist die Kurzfassung von Vermögen und Kapital eines Unternehmens in T-Konten-Form.
2. Die linke Seite der Bilanz heißt Aktiva, die rechte Seite heißt Passiva.
3. Die Aktivseite besteht aus dem Anlagevermögen und dem Umlaufvermögen.
4. Die Passivseite besteht aus dem Eigenkapital und dem Fremdkapital.
5. Eine Bilanz ist wie eine Waage aufgebaut, da die Aktivseite gleich der Passivseite ist.
6. Die Bilanz wird vom Inhaber des Unternehmens unterschrieben.

11.1.3.1 Die Zahlen aus der Bilanz analysieren

Die Bilanz verschafft einen zügigen Überblick über Vermögen und Schulden. Nachfolgende Abbildung verdeutlicht dies:

Aktiva	**Bilanz**		**Passiva**
Vermögen		**Schulden/Fremdkapital**	
Wo ist das Kapital angelegt? (Investition) Anlagevermögen oder Umlaufvermögen?		**Woher kommt das Kapital? (Finanzierung)** Eigenkapital oder Fremdkapital?	
Anlagevermögen:	2.870.000,00	Eigenkapital:	2.840.000,00
Umlaufvermögen:	320.000,00	Fremdkapital:	350.000,00
Vermögen	**3.190.000,00**	**Kapital**	**3.190.000,00**

Auf der Passivseite ist zu erkennen, dass das Kapital der Bio-Fashion OHG ein hohes Eigenkapital und ein geringes Fremdkapital aufweist. Ein **hohes Eigenkapital** ist für ein Unternehmen **positiv zu bewerten,** denn das Unternehmen **meidet Schulden** und geht keine Verpflichtungen ein, diese zurückzuzahlen. Ferner erhöht ein **hohes Eigenkapital** auch die **Bonität** bei den Banken (Erhält das Unternehmen Kredite?). Das Unternehmen kann eigenmächtig Investitionen tätigen und ist unabhängig von Gläubigern, also denjenigen, die noch Geld verlangen. Weiterhin muss betont werden, dass zu **hohes Fremdkapital** auch zu **hohen Zinsbelastungen** führt. So könnte ein Unternehmen in eine schwierige finanzielle Situation geraten, wenn es mal zu sinkenden Verkaufszahlen der Waren kommt.

Die Analyse der Bilanz wird aussagekräftiger, wenn man die Bereiche der Bilanz ins Verhältnis zum Vermögen bzw. Kapital setzt.

Aktiva

Vermögen	€	%
Anlagevermögen	2.870.000,00	89,97 %
Umlaufvermögen	320.000,00	10,03 %
Gesamtvermögen	3.190.000,00	100,00

Anteil des Anlagevermögens (AV) am Gesamtvermögen:

$$\frac{\text{AV} \cdot 100}{\text{Gesamtvermögen}} = \frac{2.870.000{,}00\ € \cdot 100}{3.190.000{,}00\ €} = 89{,}97\ \%$$

Anteil des Umlaufvermögens (UV) am Gesamtvermögen:

$$\frac{\text{UV} \cdot 100}{\text{Gesamtvermögen}} = \frac{320.000{,}00\ € \cdot 100}{3.190.000{,}00\ €} = 10{,}03\ \%$$

Passiva

Vermögen	€	%
Eigenkapital	2.840.000,00	89,03 %
Fremdkapital	350.000,00	10,97 %
Gesamtkapital	3.190.000,00	100,00

Anteil des Eigenkapitals (EK) am Gesamtkapital:

$$\frac{\text{EK} \cdot 100}{\text{Gesamtkapital}} = \frac{2.840.000{,}00\ € \cdot 100}{3.190.000{,}00\ €} = 89{,}03\ \%$$

Anteil des Fremdkapitals (FK) am Gesamtvermögen:

$$\frac{\text{FK} \cdot 100}{\text{Gesamtkapital}} = \frac{350.000{,}00\ € \cdot 100}{3.190.000{,}00\ €} = 10{,}97\ \%$$

Anhand der **prozentualen Werte** kann man aussagekräftig **analysieren:**

- Die Bio-Fashion OHG hat ein sehr **hohes Anlagevermögen** (fast 90 %). Das Kapital wurde also weitestgehend für das Anlagevermögen verwendet.
- Das Unternehmen hat ein sehr **geringes Umlaufvermögen** (nur 10 %). Das Umlaufvermögen ist bekanntermaßen nur kurzfristig im Unternehmen und soll das Unternehmen zu Gewinnen führen. Dieser Anteil ist aber sehr gering.
- Die Bio-Fashion OHG hat ein **sehr hohes Eigenkapital** (fast 90 %). Dies führt zu einer erhöhten Kreditwürdigkeit bei den Banken.
- Der **geringe Anteil von Fremdkapital** von ca. 10 % führt zu einer geringen Zinsbelastung.

11.1.3.2 Vergleich von Inventar und Bilanz

Bisher ging es um die Themen Inventur, Inventar und Bilanz. Zuerst erfolgt die Inventur (also die Bestandsaufnahme). Dann wird anhand der ermittelten das Inventar (das Bestandsverzeichnis) erstellt. Da dieses Bestandsverzeichnis mehrere Seiten haben kann, wird noch eine kurze Gegenüberstellung von Vermögen und Kapital angefertigt, die Bilanz.

Inventur → Inventar → Bilanz

Informationstext: Inventar und Bilanz

Die nachfolgende Tabelle verdeutlicht den Unterschied zwischen Inventar und Bilanz.

Merkmal	Inventar	Bilanz
Aufbau	• **Staffelform:** Vermögen und Kapital werden untereinandergeschrieben.	• **Kontenform:** Vermögen und Kapital werden in T-Kontenform nebeneinander dargestellt.
Ausführlichkeit	• **Sehr ausführliche** Darstellung der einzelnen Vermögens- und Kapitalwerte, da Mengen, Einzelwerte und Gesamtwerte angegeben werden	• **Kurze und knappe Darstellung** nur der Gesamtwerte der Bilanzposten
Unterschrift	• **Keine Unterschrift** durch den Inhaber erforderlich	• **Unterschrift durch den Inhaber** ist erforderlich

Das ist für Sie zu tun

1. **Erstellen Sie aus den diesjährigen Inventurwerten der Bio-Fashion OHG eine formgerechte Bilanz. Füllen Sie die entsprechenden Werte in das unten stehende T-Konto ein.**

Bank	
Sparkasse Köln	110.000,00 €
Deutsche Bank, Köln	30.000,00 €
Grundstücke und Gebäude	
Betriebsgebäude, Dürener Straße 60, Köln	1.500.000,00 €
Verwaltungsgebäude, Dürener Straße 62, Köln	1.100.000,00 €
Forderungen	
Schmitz OHG	5.000,00 €
Grün e. K.	2.000,00 €
Güner Moder e. K.	3.000,00 €
Kasse	9.000,00 €
Darlehen bei der Sparkasse	280.000,00 €

Fortsetzung auf Seite 240

Das ist für Sie zu tun

Verbindlichkeiten	60.000,00 €
Waren	
Herrenbekleidung laut Verzeichnis	45.000,00 €
Damenbekleidung laut Verzeichnis	65.000,00 €
Kinderbekleidung laut Verzeichnis	15.000,00 €
Schuhe laut Verzeichnis	20.000,00 €
Betriebs- und Geschäftsausstattung	120.000,00 €
Fuhrpark	115.000,00 €

Aktiva — **Bilanz der Bio-Fashion OHG zum 31.12.** — **Passiva**

Aktiva		Passiva	
I. Anlagevermögen		**I. Eigenkapital**	
		II. Fremdkapital	
II. Umlaufvermögen			

2. Berechnen Sie die prozentualen Anteile von Anlagevermögen, Umlaufvermögen, Eigenkapital und Fremdkapital.

Rechenweg für AV:	**Ergebnis in %:**
Rechenweg für das UV:	**Ergebnis in %:**

Das ist für Sie zu tun

Rechenweg für das EK:	Ergebnis in %:
Rechenweg für das FK:	Ergebnis in %:

3. Stellen Sie anhand der nachfolgenden Angaben die Bilanz für die Firma Yildiz Schuhmoden e. K. aus Köln auf.

Bank	60.000,00 €
Fuhrpark	120.000,00 €
Grundstücke und Gebäude	1.500.000,00 €
Kasse	10.000,00 €
Forderungen	20.000,00 €
Darlehen bei der Sparkasse	400.000,00 €
Verbindlichkeiten	120.000,00 €
Waren	70.000,00 €
Betriebs- und Geschäftsausstattung	50.000,00 €

4. Erläutern Sie den Unterschied zwischen Inventar und Bilanz anhand von zwei Merkmalen.

11.1.4 Leistungsentwicklung: Ich-kann-Liste

Ich-kann-Liste

Bitte machen Sie an der Stelle ein Kreuz, an der Sie Ihren Lernfortschritt einordnen.

Inhalte: Ich kann ...	Lernfortschritt			
	++	+	–	––
1. ... unterschiedliche Arten der Inventur (nach der Art der Aufnahme und nach dem Zeitpunkt) unterscheiden.				
2. ... ein Inventurvereinfachungsverfahren (Fortschreibung und Rückrechnung) anwenden.				
3. ... Aufgaben der Planung und Durchführung der Inventur beschreiben.				
4. ... ein ordnungsgemäßes Inventar (Anlagevermögen, Umlaufvermögen, Schulden und Reinvermögen) nach dem Staffelprinzip aufstellen.				
5. ... eine ordnungsmäße Bilanz in T-Konten-Form erstellen.				
6. ... die Anteile des Anlagevermögens, Umlaufvermögens, Eigenkapitals und Fremdkapitals berechnen.				
7. ... Unterschiede zwischen Inventar und Bilanz erklären.				

An dieser Stelle ist es zur Selbstreflexion Ihres Lernprozesses von Bedeutung, sich über einzelne Phasen des Lernprozesses bewusst zu werden:

Woran hat es gelegen, dass ich einen sehr guten bzw. guten Lernfortschritt in den einzelnen Inhalten erzielt habe?

____

____

____

____

Ich-kann-Liste (Fortsetzung)

Woran hat es gelegen, dass ich einen geringen bzw. gar keinen Lernfortschritt in den einzelnen Inhalten erzielt habe?

Welche Vorgehensweise bzw. Methoden haben zum Gelingen meines Lernfortschritts beigetragen?

Was nehme ich mir für meinen Lernprozess in der nächsten Anforderungssituation vor?

11.1.5 Wertveränderungen in der Bilanz erfassen

Situation

Der Auszubildende Max der Bio-Fashion OHG hat eine Inventur durchgeführt und auch bei der Erstellung von Inventar und Bilanz mitgearbeitet. Zum Bilanzstichtag ergibt sich die folgende **Bilanz:**

Aktiva — **Bilanz der Bio-Fashion OHG zum 31.12.** — **Passiva**

Aktiva		Passiva	
I. Anlagevermögen		**I. Eigenkapital**	2.799.000,00
1. Grundstücke und Gebäude	2.600.000,00		
2. Fuhrpark	115.000,00	**II. Fremdkapital**	
3. Betriebs- und Geschäftsausstattung	120.000,00	1. Darlehen	280.000,00
		2. Verbindlichkeiten	60.000,00
II. Umlaufvermögen			
1. Waren	145.000,00		
2. Forderungen	10.000,00		
3. Bank	140.000,00		
4. Kasse	9.000,00		
	3.139.000,00		**3.139.000,00**

Köln, 31.12. *Maja Lennartz* *Deniz Yildiz*

Frau Lennartz: „Diese Bilanz ist nur eine Momentaufnahme, da sich die Vermögenspositionen täglich ändern können."

Max (unsicher): „Wie meinen Sie das?"

Frau Lennartz: „Ist doch klar. Wir kaufen fast täglich Waren ein, unser Bankkonto verändert sich ständig und unsere Schulden müssen wir auch abbezahlen."

Max (zustimmend): „Stimmt. Die Bilanz ändert sich dann ständig."

Informationstext: Bilanzveränderungen

Die Bilanz ist ständigen Veränderungen ausgesetzt. Diese Veränderungen werden durch zahlreiche Geschäftsfälle ausgelöst. Die Geschäftsfälle haben Auswirkungen auf die Posten in der Bilanz, und dies sogar in doppelter Weise. Veränderungen können auf der Aktivseite der Bilanz auftreten (betrifft also die Aktivposten) und genauso auf der Passivseite (betrifft also die Passivposten).

Informationstext: Bilanzveränderungen (Fortsetzung)

Es gibt vier Möglichkeiten der Bilanzveränderung:

1 Aktivtausch

Der Geschäftsfall bezieht sich **nur auf die Aktivposten** der Bilanz.
Ein Aktivposten mehrt sich, der andere Aktivposten mindert sich. Die Bilanzsumme bleibt gleich.

Beispiel: Barkauf eines neuen PC für die Verwaltung in Höhe von 1.500,00 €

Betriebs- und Geschäftsausstattung	+ 1.500,00 €
Kasse	– 1.500,00 €

Erklärung: In jedem Geschäftsfall muss es **zwei Posten in der Bilanz geben.**
Die Verwaltung kauft einen PC (Posten Betriebs- und Geschäftsausstattung). Der PC erhöht durch den Kauf den Bestand.
Der Kauf findet hier bar statt. Der Betrag wird dem Posten Kasse entnommen. Durch den Kauf mindert sich die Kasse.

2 Passivtausch

Der Geschäftsfall bezieht sich **nur auf die Passivposten** der Bilanz.
Ein Passivposten mehrt sich, der andere Passivposten mindert sich. Die Bilanzsumme bleibt gleich.

Beispiel: Eine kurzfristige Schuld bei einem Lieferanten in Höhe von 20.000,00 € wird eine langfristige Schuld umgewandelt.

Verbindlichkeiten aus Lieferungen und Leistungen	– 20.000,00 €
Darlehen	+ 20.000,00 €

Erklärung: In jedem Geschäftsfall muss es **zwei Posten in der Bilanz geben.**
Die kurzfristige Schuld bei einem Lieferanten sind Verbindlichkeiten aus Lieferungen und Leistungen. Aus diesen kurzfristigen Verbindlichkeiten werden langfristige Schulden (Darlehen) gemacht (Umwandlung). Daher verringern sich die kurzfristigen Schulden und es mehren sich die langfristigen Schulden.

3 Aktiv-Passiv-Mehrung

Der Geschäftsfall bezieht sich **auf beide Seiten** der Bilanz. Eine Erhöhung eines Aktiv-Postens geht einher mit einer Erhöhung des Passiv-Postens. **Die Bilanzsumme vermehrt sich.**

Beispiel: Frau Lennartz kauft einen Pkw für 55.000,00 € auf Ziel.

Fuhrpark	+ 55.000,00 €
Verbindlichkeiten aus Lieferungen und Leistungen	+ 55.000,00 €

Erklärung: In jedem Geschäftsfall muss es **zwei Posten in der Bilanz geben.**

Fortsetzung auf Seite 246

Informationstext: Bilanzveränderungen (Fortsetzung)

		Durch den Kauf des Firmenwagens wird der Aktiv-Posten **Fuhrpark** berührt und erhöht sich **(Mehrung).** Der Kauf wurde auf Ziel gemacht, d. h. der Kaufpreis wird erst später (auf Ziel) geleistet. Durch diesen Zielkauf hat die Bio-Fashion OHG kurzfristige Schulden beim Lieferanten gemacht (also **Mehrung der Verbindlichkeiten).**
4	**Aktiv-Passiv-Minderung**	Der Geschäftsfall bezieht sich **auf beide Seiten** der Bilanz. Eine Verminderung eines Aktiv-Postens geht einher mit einer Verminderung des Passiv-Postens. **Die Bilanzsumme vermindert sich.** **Beispiel:** Frau Lennartz zahlt Darlehensschulden in Höhe von 12.000,00 € per Banküberweisung ab. Darlehen – 12.000,00 € Bank – 12.000,00 € **Erklärung:** In jedem Geschäftsfall muss es **zwei Posten in der Bilanz geben.** Durch das **Abzahlen des Darlehens verringert** sich die **Schuld.** Allerdings **verringert** sich auch der Geldbestand auf dem **Bankkonto.**

Das ist für Sie zu tun

1. **Nennen Sie die vier Bilanzveränderungen.**

1

2

3

4

Das ist für Sie zu tun

2. Ergänzen Sie die nachfolgende Tabelle.

Geschäftsfall	Welche Posten werden berührt?	Sind diese Posten auf der Aktiv- oder auf der Passivseite der Bilanz?	Führt der Geschäftsfall zu einer Mehrung (+) oder Minderung (–)?	Welche Bilanzveränderung liegt vor?
Kauf von 10 Schreibtischen für die Verwaltung in Höhe von 10.000,00 € gegen Banküberweisung	*Betriebs- und Geschäftsausstattung* *Bank*	*Aktiva* *Aktiva*	*+ 10.000,00* *– 10.000,00*	*Aktivtausch*
Herr Yildiz bringt Bargeld in Höhe von 5.000,00 € zur Bank.				
Kauf eines neuen Grundstücks in Höhe von 200.000,00 € per Banküberweisung				
Eine kurzfristige Schuld in Höhe von 10.000,00 € wird in eine Darlehensschuld umgewandelt.				
Frau Lennartz bezahlt eine bereits gebuchte Liefererrechnung durch eine Banküberweisung in Höhe von 5.000,00 €.				
Ein Kunde begleicht die gebuchte Rechnung (Forderung der Bio-Fashion OHG) in Höhe von 8.000,00 € in bar.				
Frau Lennartz tilgt (bezahlt) eine Darlehensschuld durch Banküberweisung von 6.000,00 €.				
Zielkauf eines neuen Firmenwagens in Höhe von 65.000,00 €				

11.1.6 Belege erfassen

Situation

Der Auszubildende Max der Bio-Fashion OHG erhält von der Geschäftsführerin Frau Lennartz einige Belege, die er näher untersuchen soll. Es handelt sich um Rechnungen, Kontoauszüge und Quittungen.

Beleg 1:

RECHNUNG

Bio-Fashion OHG

DATUM 20.01.20..

RECHNUNGSNR. 45678

Bio-Fashion OHG
Dürener Straße 100
50875 Köln
0221 34523454
0221 34523453
biofashion@koeln.de

RECHNUNG AN:
Bio-Shopping-Paradies GmbH
Lange Straße 16
50876 Köln

VERKÄUFER	AUFTRAG	ZAHLUNGSBEDINGUNGEN	FÄLLIGKEITSDATUM
Özdemir	30.06.20	Fällig bei Erhalt	

MENGE	BESCHREIBUNG	EINZELPREIS	ZEILENSUMME
20	Herrenjeans	45,00	900,00
30	Damenblusen	40,00	1.200,00
		Zwischensumme	2.100,00
		Mehrwertsteuer	399,00
		Summe	2.499,00

Beleg 2:

	Bio-Fashion OHG, Dürener Straße 100, 50875 Köln
Quittung	**100,00 €**
€ in Worten	**Einhundert**
von	**Frau Fatma Diler**
für	**gebrauchter Kopierer**
Köln, 31.01.20...	Betrag dankend erhalten
	Stempel/Unterschrift des Empfängers i. V. *Max Pfeiffer*

Fortsetzung der Situation

Beleg 3:

Notebooks PH GmbH		**RECHNUNG**	
			25.01.20... RECHNUNG 2521
Bio-Fashion OHG Dürener Straße 100 50875 Köln			
Verkäufer	**Auftrag**	**Zahlungsbedingungen**	**Fälligkeitsdatum**
Bernd Müller	vom 20.01.20...	Fällig bei Erhalt	
Menge	**Beschreibung**	**Einzelpreis**	**Positionssumme**
10	Notebooks, 14 Zoll, Business-Edition	1.000,00 €	10.000,00 €
		Zwischensumme	**10.000,00 €**
		Mehrwertsteuer	**1.900,00 €**
		Gesamt	**11.900,00 €**

Beleg 4:

SPARKASSE KÖLN		
SEPA-Girokonto	**IBAN DE4321569831234567, BIC KOEBDEEXXX** **Kontoauszug 12** **Blatt 1**	
Datum	**Erläuterungen**	
Kontostand in € am 29.01.20		120.000,00
30.01.20...	Zahlungseingang der Bio-Shopping-Paradies GmbH	2.499,00
Kontostand am 30.01.20...		122.499,00
Ihr Dispositionskredit: 50.000,00 €		Bio-Fashion OHG

Max: Das sind ja ganz unterschiedliche Arten von Belegen. Die muss ich mir genauer anschauen."

Frau Lennartz: „Ja, diese Belege muss man lesen können und sich dann auch überlegen, wie man das buchhalterisch erfasst. Keiner sagt dir später mal die Geschäftsfälle vor. Einen Geschäftsfall wie *„Kauf eines neuen Pkw auf Ziel"* muss ein Buchhalter aus Belegen herauslesen. Ein Buchhalter muss anhand der Belege erkennen, um welche Belegart es sich handelt und wie das dann gebucht wird. Egal, ob der Beleg in Papierform vorliegt oder digital. Probieren Sie es mal aus, Max."

Informationstext: Belege

Die Buchführung wird täglich mit zahlreichen Belegen konfrontiert, mit denen sich die Sachbearbeiter auseinandersetzen müssen. Anhand der Belege müssen Geschäftsfälle herausgelesen und gebucht werden.

Es gibt **vier Arten von Belegen:**

1. **Eingangsrechnung:** Eine Eingangsrechnung kommt beispielsweise von einem Lieferanten, bei dem Waren eingekauft wurden. Da man die Rechnung nicht direkt bezahlen kann, wird zunächst auf „Verbindlichkeiten aus Lieferungen und Leistungen" gebucht. Erst nach ein paar Tagen – je nach Zahlungsziel – wird der ausstehende Geldbetrag bezahlt, z. B. durch eine Banküberweisung.
2. **Ausgangsrechnung:** Durch den Verkauf von Waren an einen Kunden erzielt ein Unternehmen Umsätze. Solange die Kunden noch nicht gezahlt haben, wird der Verkauf auf „Forderungen aus Lieferungen und Leistungen" gebucht. Sobald der Kunde bezahlt, erhöht sich z. B. das Bankkonto und die Forderungen lösen sich auf.
3. **Bankauszug:** Im Laufe des Geschäftsjahres zahlt ein Unternehmen Rechnungen, Strom, Versicherungen, Gehälter etc. Durch den Verkauf von Waren fließt Geld auf das Bankkonto. Diese Bewegungen können einem Bankauszug entnommen werden.
4. **Kassenbeleg:** Der Kassenbeleg, auch Quittung genannt, wird dann ausgestellt, wenn ein Unternehmen beispielsweise Waren bar an einen Kunden verkauft.

Das ist für Sie zu tun

1. **Schauen Sie sich die Belege aus der Situation 11.1.6 an und füllen Sie sinnvoll die nachfolgende Tabelle aus.**

Beleg 1:

1. Um welche Belegart handelt es sich?	
2. Nennen Sie den Absender des Belegs.	

Das ist für Sie zu tun

3. Nennen Sie den Adressaten (Empfänger) des Belegs.

4. Welche Informationen entnehmen Sie dem Beleg?

5. Formulieren Sie den Geschäftsfall zum Beleg.

Beleg 2:

1. Um welche Belegart handelt es sich?

2. Nennen Sie den Absender des Belegs.

3. Nennen Sie den Adressaten (Empfänger) des Belegs.

4. Welche Informationen entnehmen Sie dem Beleg?

5. Formulieren Sie den Geschäftsfall zum Beleg.

Fortsetzung auf Seite 252

Das ist für Sie zu tun

Beleg 3:

1. Um welche Belegart handelt es sich?
2. Nennen Sie den Absender des Belegs.
3. Nennen Sie den Adressaten (Empfänger) des Belegs.
4. Welche Informationen entnehmen Sie dem Beleg?
5. Formulieren Sie den Geschäftsfall zum Beleg.

Beleg 4:

1. Um welche Belegart handelt es sich?
2. Nennen Sie den Kontoinhaber.
3. Welche Informationen entnehmen Sie dem Beleg?
4. Formulieren Sie den Geschäftsfall zum Beleg.

11.1.7 Bilanz auflösen und Bestandskonten erstellen

Situation

Frau Lennartz: „So. Sie wissen nun, dass eine Bilanz sich durch Geschäftsfälle ständig verändert, und wie wir diese Wertveränderungen erfassen. Bilanzen werden aber nicht jeden Tag neu geschrieben. Das wäre viel zu mühselig und unübersichtlich. Vielmehr wird für jede einzelne Bilanzposition ein sogenanntes T-Konto eingerichtet. Auf diesem T-Konto tragen wir den Anfangsbestand aus der Bilanz ein und halten dort alle Wertveränderungen durch die zahlreichen Geschäftsfälle fest. Zum Ende des Jahres ermitteln wir den Schlussbestand. Dieser wird dann in die Bilanz zum 31.12. eingetragen."

Max (interessiert): „Machen wir das in unserem Unternehmen mit einer Software?"

Frau Lennartz (zustimmend): „Ja, so machen wir das. Allerdings ist es besser, wenn Sie zunächst mal sich ein sogenanntes T-Konto-Blatt oder eine Excel-Datei auf Ihrem Notebook nehmen und sich mit der T-Konten-Struktur auseinandersetzen. So lernen Sie das Eintragen auf den Konten von Grund auf und entwickeln ein Verständnis für die Buchführung."

Informationstext 1: Bestandskonten

Nachfolgend ist die bekannte Bilanz abgebildet, die jetzt als Eröffnungsbilanz, also zum Anfang des Jahres, gilt. Für jede Bilanzposition wird ein eigenes Konto, das sogenannte T-Konto, eingerichtet. Bei einem T-Konto heißt die **linke Seite SOLL** und die **rechte Seite HABEN.**

Dabei unterscheidet man **Aktivkonten** (das sind die Bilanzposten aus der Aktivseite der Bilanz) und Passivkonten (das sind die Bilanzposten aus der Passivseite der Bilanz). Aktivkonten und **Passivkonten** bilden zusammen die **Bestandskonten.**

Die aufgeführten Beträge sind die Bestände, die zum Anfang des Jahres auf den jeweiligen Konten gelten.

Merke

Bei einem Aktivkonto wird der Anfangsbestand im SOLL eingetragen, bei einem Passivkonto wird der Anfangsbestand im HABEN eingetragen.

Informationstext 2: Bestandskonten einrichten

Die nachfolgende Darstellung verdeutlicht das Einrichten der Konten.

Eröffnungsbilanz der Bio-Fashion-OHG zum 01.01.20...

Aktiva		Passiva	
I. Anlagevermögen		**I. Eigenkapital**	2.799.000,00
1. Grundstücke und Gebäude	2.600.000,00		
2. Fuhrpark	115.000,00	**II. Fremdkapital**	
3. Betriebs- und Geschäftsausstattung	120.000,00	1. Darlehen	280.000,00
		2. Verbindlichkeiten	60.000,00
II. Umlaufvermögen			
1. Waren	145.000,00		
2. Forderungen	10.000,00		
3. Bank	140.000,00		
4. Kasse	9.000,00		
	3.139.000,00		**3.139.000,00**

Köln, 31.12. *Maja Lennartz* *Deniz Yildiz*

Aktivkonten

Soll	Grundst. und Gebäude	Haben
AB	2.600.000,00	

Soll	Fuhrpark	Haben
AB	115.000,00	

Soll	Betriebs- und Gesch.	Haben
AB	120.000,00	

Soll	Waren	Haben
AB	145.000,00	

Soll	Forderungen	Haben
AB	10.000,00	

Soll	Bank	Haben
AB	140.000,00	

Soll	Kasse	Haben
AB	9.000,00	

Passivkonten

Soll	Eigenkapital	Haben
	AB	2.799.000,00

Soll	Darlehen	Haben
	AB	280.000,00

Soll	Verbindlichkeiten	Haben
	AB	60.000,00

Anmerkung: AB ist die Abkürzung für Anfangsbestand aus der Bilanz.

Informationstext 2: Bestandskonten einrichten (Fortsetzung)

Die Konten müssen nach Rangordnung aus der Bilanz (z. B. für die Aktivkonten Grundstücke und Gebäude, Fuhrpark, Kasse und für die Passivkonten Eigenkapital, Darlehen und Verbindlichkeiten) erstellt werden. Es empfiehlt sich, die Aktivkonten links und die Passivkonten rechts auf einem T-Kontenblatt bzw. in der Software aufzustellen.

Das Einrichten der Bestandskonten wird zu Beginn eines Geschäftsjahres von den Mitarbeitenden der Abteilung erledigt. Im nächsten Schritt werden auf diesen Konten alle Geschäftsfälle erfasst, also Mehrungen und Minderungen der Konten. Dabei geht man folgendermaßen vor:

Soll	Aktivkonten Haben
AB	– Minderung
+ Mehrung	SB

Soll	Passivkonto Haben
– Minderung	AB
SB	+ Mehrung

Anmerkung: SB ist die Abkürzung für Schlussbestand. Dieser Schlussbestand wird in die Bilanz zum 31.12. des Jahres eingetragen.

Durch die Abbildung kann man erkennen, dass eine **Mehrung des Aktivkontos im Soll,** eine **Minderung im Haben eingetragen** wird. Bei einem **Passivkonto ist dies genau umgekehrt,** d. h. die **Mehrung wird im Haben eingetragen** und die **Minderung im Soll vermerkt.**

Beispiel: Das Konto Kasse

1. Der Anfangsbestand laut Eröffnungsbilanz beträgt 9.000,00 €.
2. Barverkauf einer Jeanshose für 110,00 €.
3. Barkauf von Kopierpapier in Höhe von 200,00 € für unsere Verwaltung.

Beide Geschäftsfälle werden auf das Konto Kasse eingetragen:

Soll	Kasse		Haben
AB	9.000,00	Kopierpapier	200,00
Jeanshose	110,00	SB	8.910,00
	9.110,00		9.110,00

Erklärungen zum Konto Kasse

1. Der Anfangsbestand in Höhe von 9.000,00 € wird im Soll eingetragen, da es sich um ein Aktivkonto (hier: Kasse) handelt.
2. Durch den Verkauf der Jeanshose erhöht sich der Kassenbestand um 110,00 €. Mehrungen werden bei einem Aktivkonto im Soll eingetragen.
3. Die Bio-Fashion OHG kauft Kopierpapier und zahlt 200,00 € in bar. Dadurch mindert sich die Kasse. Diese Minderung wird auf dem Aktivkonto Bank im Haben gebucht.
4. Ein Konto ist wie eine Bilanz aufgebaut, d. h. beide Seiten sind gleich. Man bildet die Summe der Sollseite (hier: 9.110,00 €) und trägt diese auch als Summe auf der Habenseite ein.
5. Der Schlussbestand wird folgendermaßen ermittelt:
   Summe Haben (9.110,00 €) – Habenseite (Kopierpapier 200,00 €) = Schlussbestand (8.910,00 €)
6. Das Konto wird korrekt abgeschlossen mit einem Unterstrich oberhalb der Summen und zwei Unterstrichen unterhalb der Summen.

Fortsetzung auf Seite 256

Informationstext 2: Bestandskonten einrichten (Fortsetzung)

Beispiel: Das Konto Verbindlichkeiten

1. Der Anfangsbestand laut Eröffnungsbilanz beträgt 60.000,00 €.
2. Bankauszug: Tilgungsrate in Höhe von 10.000,00 € für ein Darlehen.
3. Aufnahme eines neuen Darlehens bei der Hausbank in Höhe von 20.000,00 €.

Beide Geschäftsfälle werden auf das Konto Kasse eingetragen:

Soll	Verbindlichkeiten		Haben
Tilgung	10.000,00	AB	60.000,00
SB	70.000,00	Aufnahme	20.000,00
	80.000,00		80.000,00

Erklärungen zum Konto Verbindlichkeiten

1. Der Anfangsbestand in Höhe von 60.000,00 € wird im Haben eingetragen, da es sich um ein Passivkonto (hier: Verbindlichkeiten) handelt.
2. Durch die Tilgung in Höhe von 10.000,00 €, also durch das Abbezahlen, der Verbindlichkeiten, wird das Konto gemindert. Diese Minderung wird bei einem passiven Konto im Soll eingetragen.
3. Die Aufnahme eines Darlehens in Höhe von 20.000,00 € mehrt das Konto. Die Mehrung wird im Soll festgehalten.
4. Ein Konto ist wie eine Bilanz aufgebaut, d. h. beide Seiten sind gleich. Man bestimmt die Summe auf der Habenseite (hier: 80.000,00 €) und trägt diese auch als Summe auf der Sollseite ein.
5. Der Schlussbestand wird folgendermaßen ermittelt:
   Summe Soll (80.000,00 €) – Sollseite (Tilgung 10.000,00 €) = Schlussbestand (70.000,00 €)
6. Das Konto wird korrekt abgeschlossen mit einem Unterstrich oberhalb der Summen und zwei Unterstrichen unterhalb der Summen.

Informationstext 3: Berücksichtigung von Soll und Haben bei Geschäftsfällen

Die Buchung wird durch eine Ergänzung in der 5. Spalte durch **Soll** und **Haben** **verdeutlicht.**

Geschäftsfall	Welche Posten werden berührt?	Sind diese Posten auf der Aktivseite oder auf der Passivseite der Bilanz?	Führt der Geschäftsfall zu einer Mehrung (+) oder Minderung (–)?	Buchung im Soll oder im Haben?	Welche Bilanzveränderung liegt vor?
Kauf von 10 Schreibtischen für die Verwaltung in Höhe von 10.000,00 € gegen Banküberweisung	Betriebs- und Geschäftsausstattung	Aktiva	+ 10.000,00	**Soll**	Aktivtausch
	Bank	Aktiva	– 10.000,00	**Haben**	
Eine Liefererrechnung über 30.000,00 wird eine Darlehensschuld umgewandelt	Verbindlichkeiten	Passiva	– 20.000,00	**Soll**	Passivtausch
	Darlehen	Passiva	+ 20.000,00	**Haben**	

Das ist für Sie zu tun

1. **In welche Konten unterteilen sich die Bestandskonten?** ____

2. **Wo werden Mehrungen und Minderungen bei einem Aktivkonto eingetragen?** ____

Fortsetzung auf Seite 258

Das ist für Sie zu tun

3. Wo werden Mehrungen und Minderungen bei einem Passivkonto eingetragen?

____

____

____

4. **Führen Sie ein Kassenkonto. Bilden Sie auch den Schlussbestand.**

01.01. Anfangsbestand	15.000,00 €
02.01. Barzahlung eines Kunden	500,00 €
03.01. Entnahme des Inhabers	100,00 €
04.01. Zahlung für Kopierpapiers	50,00 €
05.01. Abhebung von der Bank	2.000,00 €

Soll	Kasse	Haben

5. **Führen Sie das Konto Verbindlichkeiten. Bilden Sie auch den Schlussbestand.**

01.01. Anfangsbestand	30.000,00 €
02.01. Zahlung der Lieferantenschulden	2.000,00 €
03.01. Zielkauf neuer Waren	500,00 €
04.01. Zahlung der Lieferantenschulden	50,00 €

Soll	Verbindlichkeiten	Haben

Das ist für Sie zu tun

6. Folgende Anfangsbestände sind gegeben. Richten Sie die Aktiv- und Passivkonten in der richtigen Reihenfolge in Ihrem Heft bzw. in Ihrem Notebook ein und tragen Sie die Anfangsbestände ein.

Grundstücke und Gebäude	1.000.000,00 €
Kasse	1.000,00 €
Bank	50.000,00 €
Verbindlichkeiten aus Lieferungen und Leistungen	40.000,00 €
Forderungen aus Lieferungen und Leistungen	30.000,00 €
Fuhrpark	200.000,00 €
Betriebs- und Geschäftsausstattung	60.000,00 €
Darlehen	500.000,00 €
Waren	100.000,00 €
Eigenkapital	?

7. Füllen Sie die Tabelle nach dem bekannten Schema aus. Ergänzen Sie in der 3. Spalte um Soll oder Haben.

Soll	**Aktivkonten** Haben
AB	– Minderung
+ Mehrung	SB

Soll **Passivkonto**	Haben
– Minderung	AB
SB	+ Mehrung

Geschäftsfall	**Welche Posten werden berührt?**	**Sind diese Posten auf der Aktiv- oder auf der Passivseite der Bilanz?**	**Führt der Geschäftsfall zu einer Mehrung (+) oder Minderung (–)?**	**Buchung im Soll oder im Haben?**	**Welche Bilanzveränderung liegt vor?**
Die Bio-Fashion OHG kauft einen neuen Firmenwagen auf Ziel für 50.000,00 €.					
Ein Kunde begleicht seine Rechnung per Überweisung in Höhe von 20.000,00 €.					
Frau König nimmt ein neues Darlehen bei ihrer Hausbank in Höhe von 19.000,00 € auf.					

Fortsetzung auf Seite 260

Das ist für Sie zu tun

Geschäftsfall	Welche Posten werden berührt?	Sind diese Posten auf der Aktiv- oder auf der Passivseite der Bilanz?	Führt der Geschäftsfall zu einer Mehrung (+) oder Minderung (–)?	Buchung im Soll oder im Haben?	Welche Bilanzveränderung liegt vor?
Ein Unternehmen verkauft einen gebrauchten Kopierer in Höhe von 10.000,00 € bar.					
Barabhebung vom Bankkonto in Höhe von 100,00 €					
Darlehensvertrag: Kauf eines neuen Grundstücks in Höhe von 500.000,00 €					
Zielverkauf eines gebrauchten Schreibtischs in Höhe von 500,00 €					

11.1.8 Der einfache Buchungssatz und das Buchen auf den Konten

Situation

Max: „Okay. Konten kann ich nun einrichten. Ich muss immer aufpassen, wo ich den Anfangsbestand eintrage. Nicht, dass ich den bei einem Aktivkonto im Haben eintrage. Das wäre fatal. Aber das kann ja nicht alles sein. Ich weiß, dass ich bei einem Aktivkonto die Mehrung im Soll und die Minderung im Haben eintrage. Bei einem Passivkonto ist das genau umgekehrt. Jetzt möchte ich auch die Geschäftsfälle auf den Konten vermerken."

Frau Lennartz: „Das können wir machen. Auf den Konten wird gemäß einer klaren Anweisung eingetragen. Dies nennt man Buchungssatz. Aus einem Beleg formulieren wir einen Geschäftsfall. Wenn wir den Geschäftsfall erfasst haben, dann formulieren wir den sogenannten Buchungssatz. Das ist eine Kurzanweisung für den Buchführer. Schauen wir uns mal den nachfolgenden Beleg genauer an."

Fortsetzung der Situation

	Bio-Fashion OHG, Dürener Straße 100, 50875 Köln
Quittung	**50,00 €**
€ in Worten	
von	**Herrn Markus Fröhlich**
für	**gebrauchter Bürostuhl**
Köln, 05.02.20...	Betrag dankend erhalten
	Stempel/Unterschrift des Empfängers i. V. *Max Pfeiffer*

Frau Lennartz: „Ich erfasse jetzt den Geschäftsfall: Wir haben einen gebrauchten Bürostuhl an den Kunden Markus Fröhlich für 50,00 € bar verkauft. Du kannst mir jetzt sicher die Wertveränderungen nennen?"

Max: „Ja, das kann ich jetzt. In dem Geschäftsfall sind die Konten Kasse (Barverkauf) und Betriebs- und Geschäftsausstattung (gebrauchter Bürostuhl). Kasse erhöht sich um 50,00 € und BGA verringert sich um 50,00 €. Es ist ein Aktivtausch. Das ist alter Kram."

Frau Lennartz: „Alles richtig. Und wie buchen Sie den Geschäftsfall auf den Konten?"

Max: „Das weiß ich auch. Da die Kasse sich erhöht, wird dies im Soll eingetragen. Da BGA sich verringert, wird dies im Haben eingetragen."

Frau Lennartz: „Prima. Das ist richtig. Aus Ihren Überlegungen leiten wir den Buchungssatz ab, den wir dann auf den Konten eintragen. Ich zeige Ihnen das jetzt."

Informationstext 1: Buchungssatz

Aus unterschiedlichen Belegen werden Geschäftsfälle entnommen. Diese werden nach dem bekannten Schema auf den einzelnen Konten festgehalten:

Soll	Aktivkonten Haben
AB	– Minderung
+ Mehrung	SB

Soll	Passivkonto Haben
– Minderung	AB
SB	+ Mehrung

Fortsetzung auf Seite 262

Informationstext 1: Buchungssatz (Fortsetzung)

Beispiel: Eintragungen auf den Konten aus Situation 11.1.7

Geschäftsfall (herausgelesen aus der Quittung in Situation 11.1.7)	**Welche Posten werden berührt?**	**Sind diese Posten auf der Aktivseite oder auf der Passivseite der Bilanz?**	**Führt der Geschäftsfall zu einer Mehrung (+) oder Minderung (–)?**	**Buchung im Soll oder im Haben?**	**Welche Bilanzveränderung liegt vor?**
Barverkauf eines gebrauchten Bürostuhls in Höhe von 50,00 €	Kasse	Aktiva	+ 50,00	**Soll**	Aktivtausch
	Betriebs- und Geschäftsausstattung	Aktiva	– 50,00	**Haben**	

Die Buchungsanweisung für die Buchhaltung wäre:
„Buche beim Konto Kasse im Soll 50,00 € und buche beim Konto ‚Betriebs- und Geschäftsausstattung' im Haben 50,00 €."

Diese Anweisung ist bei der hohen Anzahl von Belegen in einem Unternehmen viel zu lang. Daher wurde eine kurze Buchungsanweisung, **der Buchungssatz,** erfunden.

Merke

Der Buchungssatz nennt zuerst immer das Konto, welches im Soll gebucht wird, und dann das Konto, welches im Haben gebucht wird. Der Wechsel vom Soll-Konto zum Haben-Konto wird dem Wort „an" eingeleitet.

Für den vorliegenden Fall lautet der Buchungssatz:

Konten	Soll	Haben
Kasse	50,00	
an Betriebs- und Geschäftsausstattung		50,00

Die gebildeten Buchungssätze bilden die Grundlage für das Eintragen auf den Konten. Sie werden auf den entsprechenden Konten festgehalten und zeigen die Mehrungen und Minderungen an.

Mit ein bisschen Übung geht dieses Eintragen aufgrund der Buchungssätze im Laufe der Zeit schneller.

Informationstext 2: Buchungssätze vornehmen

Folgende Geschäftsfälle liegen vor:

Nr.	Geschäftsfall	Welche Posten werden berührt?	Sind diese Posten auf der Aktivseite oder auf der Passivseite der Bilanz?	Führt der Geschäftsfall zu einer Mehrung (+) oder Minderung (–)?	Buchung im Soll oder im Haben?	Welche Bilanzveränderung liegt vor?
1	Zielkauf eines Firmenwagens für 50.000,00 €	Fuhrpark Verbindlichkeiten	Aktiva Passiva	+ 50.000,00 + 50.000,00	**Soll** **Haben**	Aktiv-Passiv-Mehrung
2	Barabhebung vom Bankkonto in Höhe von 1.000,00 €	Kasse Bank	Aktiva Aktiva	+ 1.000,00 – 1.000,00	**Soll** **Haben**	Aktivtausch
3	Umwandlung einer Verbindlichkeit in Höhe von 20.000,00 € in ein Darlehen	Verbindlichkeiten Darlehen	Passiva Passiva	– 20.000,00 + 20.000,00	**Soll** **Haben**	Passivtausch

Gebucht wird immer auf einem Konto im Soll und auf einem Konto im Haben. Zukünftig wird nicht mehr mit der oben abgebildeten Tabelle gearbeitet; diese Schritte müssen im Kopf ablaufen. Es wird nur noch der Buchungssatz formuliert:

Nummer	Konten	Soll	Haben
1	Fuhrpark	50.000,00	
	an Verbindlichkeiten		50.000,00
2	Kasse	1.000,00	
	an Bank		1.000,00
3	Verbindlichkeiten	20.000,00	
	An Darlehen		20.000,00

Die drei formulierten Buchungssätze müssen dann auf den entsprechenden Konten eingetragen werden (siehe unten die abgebildeten Konten).

- In den drei Buchungssätzen sind die aktiven Bestandskonten Fuhrpark, Bank und Kasse sowie die zwei passiven Bestandskonten Verbindlichkeiten und Darlehen gegeben.
- Die Anfangsbestände werden einer Bilanz entnommen. (Zur Erinnerung: Der Anfangsbestand wird bei einem Aktivkonto im Soll und bei einem Passivkonto im Haben eingetragen.)

Fortsetzung auf Seite 264

Informationstext 2: Buchungssätze vornehmen (Fortsetzung)

So gehen Sie vor:

Tragen Sie die Buchungssätze nach dem folgenden Prinzip ein:

1. Beginnen Sie bei dem Soll-Konto.
2. Tragen Sie die Nummer des Geschäftsfalls linksbündig ein.
3. Schreiben Sie das Gegenkonto daneben.
4. Tragen Sie den Geldbetrag rechtsbündig ein.
5. Dann geht es weiter mit dem Haben-Konto.
6. Tragen Sie die Nummer des Geschäftsfalls linksbündig ein.
7. Schreiben Sie das Gegenkonto daneben.
8. Tragen Sie den Geldbetrag rechtsbündig ein.

Beispiel:

Nummer	Konten	Soll	Haben
1	Fuhrpark	50.000,00	
	an Verbindlichkeiten		50.000,00

1. Tragen Sie beim Konto Fuhrpark im Soll linksbündig den 1. Geschäftsfall ein.
2. Schreiben Sie daneben das Gegenkonto Verbindlichkeiten.
3. Tragen Sie den Geldbetrag in Höhe von 50.000,00 € rechtsbündig ein.
4. Gehen Sie zum Konto Verbindlichkeiten zur Habenseite und tragen Sie dort den 1. Geschäftsfall ein.
5. Schreiben Sie daneben das Gegenkonto Fuhrpark.
6. Tragen Sie den Geldbetrag rechtsbündig ein.

Diese Vorgehensweise können Sie nun auch beim zweiten und dritten Buchungssatz anwenden. Sie sehen, dass sich die Konten langsam füllen und Sie die Mehrungen und Minderungen der jeweiligen Konten ablesen könnten.

Soll	**Fuhrpark**		Haben
AB	90.000,00		
(1) Verb.	50.000,00		

Soll	**Verbindlichkeiten**		Haben
(3) Bank	20.000,00	AB	120.000,00
		(1) Fuhrp.	50.000,00

Soll	**Bank**		Haben
AB	100.000,00	(2) Kasse	1.000,00

Soll	**Darlehen**		Haben
		AB	200.000,00
		(3) Verb.	20.000,00

Soll	**Kasse**		Haben
AB	90.000,00		
(2) Bank	1.000,00		

Das ist für Sie zu tun

1. Formulieren Sie zu den nachfolgenden Geschäftsfällen den Buchungssatz.

Nr.	Geschäftsfall	Konten	Soll	Haben
1	Bareinzahlung auf das Bankkonto in Höhe von 5.000,00 €			
2	Ausgleich der Liefererrechnung durch Banküberweisung in Höhe von 10.000,00 €			
3	Ein Kunde überweist einen Rechnungsbetrag in Höhe von 2.000,00 € auf das Bankkonto der Bio-Fashion OHG.			
4	Umwandlung einer Verbindlichkeit in Höhe von 10.000,00 € in ein langfristiges Darlehen			
5	Barverkauf eines gebrauchten Notebooks in Höhe von 100,00 €			
6	Bankauszug: Aufnahme eines neuen Darlehens in Höhe von 40.000,00 €			
7	Zielkauf eines neuen Notebooks für die Verwaltung in Höhe von 1.500,00 €			
8	Tilgung einer Darlehensschuld per Banküberweisung in Höhe von 5.000,00 €			
9	Bankauszug: Kauf eines neuen Grundstücks in Höhe von 200.000,00 €			
10	Die Bio-Fashion OHG kauft Waren auf Ziel in Höhe von 5.000,00 €.			

2. Formulieren Sie zu den nachfolgenden Geschäftsfällen den Buchungssatz.

Nr.	Buchungssatz	Soll	Haben	Geschäftsfall: Was wurde gemacht?
1	Bank an Kasse	650,00	 650,00	*Bareinzahlung auf das Bankkonto in Höhe von 650,00 €*
2	Kasse an Bank	100,00	 100,00	
3	Fuhrpark an Verbindlichkeiten	45.000,00	 45.000,00	
4	Bank an Forderungen	4.000,00	 4.000,00	
5	Verbindlichkeiten an Darlehen	4.500,00	 4.500,00	
6	Bank an Darlehen	20.000,00	 20.000,00	

Fortsetzung auf Seite 266

Das ist für Sie zu tun

3. Es sind die folgenden Konten mit den Anfangsbeständen gegeben:

Betriebs- und Geschäftsausstattung	150.000,00 €
Forderungen	20.000,00 €
Bank	150.000,00 €
Verbindlichkeiten	200.000,00 €

a. Richten Sie diese Konten in den unten abgebildeten Konten ein und tragen Sie die Anfangsbestände ein.

b. Tragen Sie die nachfolgenden Buchungssätze auf den Konten ein.

Nr.	Buchungssatz	Soll	Haben
1	BGA an Bank	650,00	 650,00
2	Forderungen an BGA	500,00	 500,00
3	Verbindlichkeiten an Bank	2.000,00	 2.000,00
4	Bank an Forderungen	4.000,00	 4.000,00

Soll	Haben

Soll	Haben

Soll	Haben

Soll	Haben

Das ist für Sie zu tun

4. Erfassen Sie den Beleg und formulieren Sie den Buchungssatz.

Notebooks PH GmbH

RECHNUNG

15.03.20...
RECHNUNG 2600

Bio-Fashion OHG
Dürener Straße 100
50875 Köln

Verkäufer	Auftrag	Zahlungsbedingungen	Fälligkeitsdatum
GH	vom 10.03.20...	Fällig bei Erhalt	

Menge	Beschreibung	Einzelpreis	Positionssumme
2	Multifunktionsgeräte (Drucker, Kopierer, Fax, Scanner)	2.000,00 €	4.000,00
		Zwischensumme	4.000,00 €
		Mehrwertsteuer	760,00 €
		Gesamt	4.760,00 €

Vielen Dank für Ihre Bestellung!

Notebooks PH GmbH, Euskirchener Straße 100, 52351 Düren, Telefon: 02421 54231 E-Mail: info@ notebooksph.de

Buchungssatz (Steuer wird nicht berücksichtigt)

Nummer	Konten	Soll	Haben
1			

11.1.9 Der zusammengesetzte Buchungssatz

Situation

Die Bio-Fashion OHG benötigt vier neue Bürostühle. Max soll sich diesbezüglich bei verschiedenen Anbietern erkundigen und Angebote einholen. Von dem Unternehmen Büromöbel Diler GmbH erhält er das beste Angebot:

Büromöbel Diler GmbH

ANGEBOT

Bonner Straße 25
52351 Düren
Telefon: 02421 4321232

RECHNUNGSNR. 100
DATUM: 18.03.20..

AN:
Bio-Fashion OHG
Langestraße 16
50876 Köln

LIEFERADRESSE:
Bio-Fashion OHG

VERKÄUFER	P.O. NUMMER	ANFORDERER	VERSANDWEG	FREI (AN BORD)-PUNKT	BEDINGUNGEN
Blume					Fällig bei Erhalt

MENGE	BESCHREIBUNG	EINZELPREIS	SUMME
4	Bürostühle, Modell „Chef“	1.200	4.800,00
		ZWISCHENSUMME	**4.800,00**
		MEHRWERTSTEUER	912,00
		VERPACKUNG UND VERSAND	-
		SUMME FÄLLIG	5.712,00

Alle Schecks auszahlbar an Büromöbel Diler GmbH
Wenden Sie sich mit Fragen zu dieser Rechnung an Name, Telefonnummer, E-Mail-Adresse

VIELEN DANK FÜR IHRE BESTELLUNG!

Fortsetzung der Situation

Frau Lennartz: „Das Angebot ist wirklich gut, Max. Super Arbeit. Da die Ware vorrätig ist, wäre es gut, wenn wir die Bürostühle in den nächsten Tagen abholen. Herr Kowalski, einer unserer Fahrer, begleitet Sie und wird 600,00 € als Anzahlung mitnehmen. Den Rest begleichen wir dann innerhalb von 14 Tagen. Wenn wir die Stühle haben, dann müssen wir das verbuchen."

Max (zögernd): „Okay. Aber das Buchen mit Anzahlung und dann den Rest erst in 14 Tagen bezahlen. Wie sollen wir denn das Buchen?"

Frau Lennartz (ermunternd): „So schwer ist das nicht."

Max und der Fahrer Herr Kowalski holen die Bürostühle bei der Diler GmbH ab. Als Anzahlung wurde 600,00 € vereinbart bei einem Kaufpreis von 4.800,00 € (Das Buchen der Steuer wird zu einem späteren Zeitpunkt vorgenommen). Zurück bei der Bio-Fashion OHG soll Max den Sachverhalt buchhalterisch erfassen.

Informationstext 1: Zusammengesetzter Buchungssatz

Durch diesen Geschäftsfall müssen die Konten **Betriebs- und Geschäftsausstattung, Kasse und Verbindlichkeiten aus Lieferungen und Leistungen** buchhalterisch erfasst werden. Neu ist, dass nun **drei Konten** durch einen Geschäftsfall erfasst werden müssen. Die notwendige Berücksichtigung von drei oder mehreren Konten nennt man **zusammengesetzter Buchungssatz.**

Im Beispiel aus Situation 11.1.9 wird folgendermaßen gebucht:

Nummer	Konten	Soll	Haben
1	Betriebs- und Geschäftsausstattung	4.800,00	
	an Kasse		600,00
	an Verbindlichkeiten		4.200,00

Erläuterung:

Die Bürostühle kosten insgesamt 4.800,00 € (Soll-Buchung). Die Bio-Fashion OHG zahlt bar 600,00 € an (Haben-Buchung) und erst in 14 Tagen den Rest in Höhe von 4.200,00 (Haben-Buchung auf Verbindlichkeiten). Die Sollseite ist gleich der Habenseite.

Fortsetzung auf Seite 270

Informationstext 1: Zusammengesetzter Buchungssatz (Fortsetzung)

Beispiel:

Das Unternehmen Rudolf Klein GmbH ist Kunde der Bio-Fashion OHG und zahlt den ausstehenden Rechnungsbetrag 500,00 € in bar und 1.500,00 € per Banküberweisung. Es wird folgendermaßen gebucht:

Nummer	Konten	Soll	Haben
2	Bank	1.500,00	
	Kasse	500,00	
	an Forderungen		2.000,00

Erläuterung:

Der Kunde zahlt die Rechnung per Banküberweisung (Soll-Buchung in Höhe von 1.500,00). 500,00 erhält die Bio-Fashion OHG in bar (Soll-Buchung). Die Forderungen werden im Haben gebucht, da diese sich nun durch das Bezahlen verringern.

Merke

- Der zusammengesetzte Buchungssatz enthält mindestens drei Konten.
- Die Summe der Sollseite ist immer gleich der Summe der Habenseite.

Informationstext 2: Zusammengesetzten Buchungssatz buchen

Bei der **Buchung des zusammengesetzten Buchungssatzes** beginnt man mit dem erstgenannten Konto. Im Anschluss folgen das zweitgenannte Konto und dann das letztgenannte Konto.

Beispiel:

Es liegen die folgenden Anfangsbestände vor: BGA 60.000,00 €, Forderungen 30.000,00 €, Bank 90.000,00 €, Kasse 5.000,00 €, Verbindlichkeiten 45.000,00 €.

Die nachfolgenden zusammengesetzten Buchungssätze sollen nun buchhalterisch erfasst werden:

Nummer	Konten	Soll	Haben
1	Betriebs- und Geschäftsausstattung	4.800,00	
	an Kasse		600,00
	an Verbindlichkeiten		4.200,00

Informationstext 2: Zusammengesetzten Buchungssatz buchen (Fortsetzung)

Beispiel:

Nummer	Konten	Soll	Haben
2	Bank	1.500,00	
	Kasse	500,00	
	an Forderungen		2.000,00

Soll	BGA		Haben
AB	60.000,00		
(1) Ka, VB	4.800,00		

Soll	Kasse		Haben
AB	5.000,00	(1) BGA	600,00
(2) Ford.	500,00		

Soll	Forderungen		Haben
AB	30.000,00	(2) Ba, Ka	2.000,00

Soll	Verbindlichkeiten		Haben
		AB	45.000,00
		(1) BGA	4.200,00

Soll	Bank		Haben
AB	90.000,00		
(2) Ford.	1.500,00		

Das ist für Sie zu tun

1. Bilden Sie zu den nachfolgenden Geschäftsfällen die zusammengesetzten Buchungssätze.

Nr.	Geschäftsfall	Konten	Soll	Haben
1	Eingangsrechnung: Kauf eines neuen Schreibtischs für die Verwaltung in Höhe von 2.000,00 € (1.600,00 € per Banküberweisung, Rest wird sofort bezahlt.)			
2	Kunde bezahlt seine Rechnung in Höhe von 5.000,00 € (bar 1.000,00 €, Rest per Banküberweisung)			
3	Eingangsrechnung: Kauf eines neuen Firmenwagens für 50.000,00 € (40.000,00 € auf Ziel; Rest per Sofortüberweisung)			
4	Tilgung einer Darlehensschuld durch Banküberweisung in Höhe von 10.000,00 € und in bar 500,00 €			
5	Ausgleich einer Liefererrechnung bar 100,00 € und per Überweisung in Höhe von 1.000,00 €			

Fortsetzung auf Seite 272

Das ist für Sie zu tun

2. Formulieren Sie zu den nachfolgenden Geschäftsfällen den Buchungssatz.

Nr.	Buchungssatz	Soll	Haben	Geschäftsfall: Was wurde gemacht?
1	Verbindlichkeiten	1.000,00		
	an Bank		800,00	
	an Kasse		200,00	
2	Kasse	200,00		
	Bank	500,00		
	an Forderungen		700,00	
3	BGA	2.000,00		
	an Verbindlichkeiten		1.500,00	
	Kasse		500,00	
4	Forderungen	10.000,00		
	Kasse	2.000,00	12.000,00	
	an Fuhrpark			

3. Es sind die folgenden Konten mit den Anfangsbeständen gegeben:

Betriebs- und Geschäftsausstattung	150.000,00 €
Forderungen	20.000,00 €
Bank	150.000,00 €
Kasse	10.000,00 €
Verbindlichkeiten	200.000,00 €

a. Richten Sie diese Konten in die unten abgebildeten Konten und tragen Sie die Anfangsbestände ein.

b. Tragen Sie die nachfolgenden Buchungssätze auf den Konten ein.

Nr.	Buchungssatz	Soll	Haben
1	BGA	2.000,00	
	an Bank		650,00
	an Verbindlichkeiten		1.350,00
2	Forderungen	10.000,00	
	Bank	5.000,00	
	an BGA		15.000,00
3	Bank	15.000,00	
	Kasse	5.000,00	
	an Forderungen		20.000,00

Das ist für Sie zu tun

Soll	Haben

Soll	Haben

Soll	Haben

Soll	Haben

Soll	Haben

11.1.10 Abschluss der Bestandskonten

Situation

Das Geschäftsjahr neigt sich dem Ende zu und in der Verwaltung steht der Jahresabschluss an.

Frau Lennartz: „Wir haben nun auf unseren Konten die Geschäftsfälle festgehalten und können nun den Jahresabschluss vornehmen. Wir müssen jetzt die Schlussbestände erfassen, denn wir müssen ja festhalten, wie viel Geld wir jeweils auf den Konten haben. Das ist wie bei Ihrem Bankkonto, Max."

Max (motiviert): „Okay. Dann legen wir mal los und ermitteln die Endbestände der Konten."

Informationstext 1: Schlussbilanzkonto (SBK)

Zum Schluss des Jahres muss die Verwaltung die Schlussbestände auf den entsprechenden Konten ermitteln und diese dann in die Schlussbilanz eintragen. Bevor aber die Bilanz erstellt wird, werden die Aktiv- und Passivkonten über das sogenannte **Schlussbilanzkonto (SBK)** abgeschlossen. Das Schlussbilanzkonto gibt einen ersten Überblick über die Bestände auf den Konten.

Fortsetzung auf Seite 274

Informationstext 1: Schlussbilanzkonto (SBK) (Fortsetzung)

Beispiel: Vereinfachten Jahresbuchführung

Eröffnungsbilanz der Bio-Fashion-OHG zum 01.01.

Aktiva		**Passiva**	
I. Anlagevermögen		**I. Eigenkapital**	100.000,00
1. Betriebs- und Geschäftsausstattung	120.000,00	1. Darlehen	120.000,00
		2. Verbindlichkeiten	49.000,00
II. Umlaufvermögen			
3. Bank	140.000,00		
4. Kasse	9.000,00		
	269.000,00		**269.000,00**

Soll	BGA		Haben
AB	120.000,00	SBK	170.000,00
(1) Bank	50.000,00		
	170.000,00		170.000,00

Soll	Eigenkapital		Haben
SBK	100.000,00	AB	100.000,00

Soll	Bank		Haben
AB	140.000,00	(1) BGA	50.000,00
(2) Kasse	3.000,00	SBK	113.000,00
(3) Darl.	20.000,00		
	163.000,00		163.000,00

Soll	Darlehen		Haben
SBK	142.000,00	AB	120.000,00
		(3) Bank	20.000,00
		(4) VB	2.000,00
	142.000,00		142.000,00

Soll	Kasse		Haben
AB	9.000,00	(2) Bank	3.000,00
		SBK	6.000,00
	9.000,00		9.000,00

Soll	Verbindlichkeiten		Haben
(4) Da	2.000,00	AB	49.000,00
SBK	47.000,00		
	49.000,00		49.000,00

Soll	SBK		Haben
BGA	170.000,00	Eigenk.	100.000,00
Bank	113.000,00	Darlehen	142.000,00
Kasse	6.000,00	VB	47.000,00
	289.000,00		289.000,00

Schlussbilanz der Bio-Fashion-OHG zum 31.12.20...

Aktiva		**Passiva**	
I. Anlagevermögen		**I. Eigenkapital**	100.000,00
		II. Schulden	
1. Betriebs- und Geschäftsausstattung	170.000,00	1. Darlehen	142.000,00
		2. Verbindlichkeiten	47.000,00
II. Umlaufvermögen			
3. Bank	113.000,00		
4. Kasse	6.000,00		
	289.000,00		**289.000,00**

Informationstext 2: Den Schlussbestand ermitteln

Der Schlussbestand der Konten wird folgendermaßen ermittelt (siehe auch Kapitel 11.1.7):

Aktivkonten

- **Bilden Sie die Summe der Sollseite.** Beim Konto BGA beträgt die Summe 170.000,00 €. Schreiben Sie diese Summe unten auf die Sollseite des Kontos.
- **Übertragen Sie diese Summe auf die Habenseite** (denn beide Seiten eines Kontos müssen gleich sein).
- **Wenn auf der Habenseite ein Wert steht, muss dieser von der Summe abgezogen werden.** Wenn dort kein Wert steht, so ist die Summe der Habenseite gleich dem Schlussbestand. Beim Konto Bank beträgt die Summe des Kontos 163.000,00 €. Auf der Habenseite steht bereits ein Betrag von 50.000,00. Berechnung: 163.000,00 € – 50.000,00 € = 113.000,00 €

Passivkonten

- Gehen Sie genau umgekehrt als bei den Aktivkonten vor.
- **Bilden Sie die Summe der Habenseite** und schreiben Sie diese unten auf die Habenseite des Kontos. Beim Konto Darlehen beträgt die Summe 142.000,00.
- **Übertragen Sie diese Summe auf die Sollseite.**
- **Wenn auf der Sollseite ein Wert steht, muss dieser von der Summe abgezogen werden.** Wenn dort kein Wert steht, so ist die Summe der Sollseite gleich dem Schlussbestand. Beim Konto Verbindlichkeiten beträgt die Summe des Kontos 49.000,00 €. Auf der Sollseite steht bereits ein Betrag von 2.000,00. Berechnung: 49.000,00 € – 2.000,00 € = 47.000,00 €

Schlussbilanzkonto (SBK)

- Das Konto SBK gibt einen schnellen Überblick über die Schlussbestände der Aktiv- und Passivkonten.
- **Übertragen Sie jeweils die Schlussbestände (SBK) der entsprechenden Konten und nicht die Summen!**
  Beispiel: Beim Konto Bank ist der Schlussbestand 113.000,00 €. Dieser Bestand wird in das Konto SBK übertragen. Tragen Sie nicht die Summe von 163.000,00 € ein, da dieser Betrag nicht dem aktuellen Bestand entspricht.

Das ist für Sie zu tun

1. Schließen Sie die nachfolgenden Konten ordnungsgemäß über das Konto SBK ab.

Soll	Fuhrpark		Haben
AB	100.000,00	(1) Bank	50.000,00

Soll	Eigenkapital		Haben
		AB	59.000,00

Soll	Bank		Haben
AB	120.000,00	(2) Kasse	3.000,00
(1) Fuhrpark	50.000,00	(3) Darlehen	20.000,00

Soll	Darlehen		Haben
(3) Bank	20.000,00	AB	120.000,00
		(4) VB	2.000,00

Soll	Kasse		Haben
AB	9.000,00		
(2) Bank	3.000,00		

Soll	Verbindlichkeiten		Haben
(4) Da	2.000,00	AB	50.000,00

Soll	SBK		Haben

2. Bearbeiten Sie die nachfolgenden Arbeitsaufträge.

a. Stellen Sie die Bilanz auf.

b. Bilden Sie die Buchungssätze

c. Richten Sie die Bestandskonten ein und übernehmen Sie die Anfangsbestände auf den entsprechenden Konten.

d. Buchen Sie die Geschäftsfälle auf den Konten bei Angabe der Nummer des Buchungsfalles und des Gegenkontos.

e. Schließen Sie die Konten über das Konto SBK ab.

Anfangsbestände

Grundstücke und Gebäude	300.000,00 €
Fuhrpark	20.000,00 €
Betriebs- und Geschäftsausstattung	10.000,00 €
Waren	80.000,00 €
Forderungen	50.000,00 €
Bank	20.000,00 €
Kasse	1.000,00 €
Eigenkapital	331.000,00 €
Darlehen	100.000,00 €
Verbindlichkeiten	50.000,00 €

Das ist für Sie zu tun

Geschäftsfälle:

1. Bankauszug: Die Bio-Fashion OHG zahlt eine Rechnung an einen Lieferer in Höhe von 500,00 €.
2. Verkauf eines gebrauchten PC für 400,00 € auf Ziel
3. Zielkauf eines Pkw für 60.000,00 €
4. Bareinzahlung von 100,00 € auf das Bankkonto
5. Ein Lieferer stundet eine kurzfristige Schuld auf ein Darlehen in Höhe von 1.000,00 €.
6. Bankauszug: Verkauf eines Grundstücks für 90.000,00 €
7. Ein Kunde zahlt seine Rechnung von 1.000,00 € in bar.

Soll	Haben

Soll	Haben

Soll	Haben

Soll	Haben

Soll	Haben

Soll	Haben

Soll	Haben

Soll	Haben

Soll	Haben

Fortsetzung auf Seite 278

Das ist für Sie zu tun

Soll	Haben

Soll	Haben

Soll	SBK	Haben

11.1.11 Wertveränderungen: Ich-kann-Liste

Ich-kann-Liste

Bitte machen Sie an der Stelle ein Kreuz, an der Sie Ihren Lernfortschritt einordnen.

Inhalte: Ich kann …	Lernfortschritt ++	+	–	––
1. … Wertveränderungen anhand der Bilanzveränderungen Aktivtausch, Passivtausch, Aktiv-Passiv-Mehrung, Aktiv-Minderung erfassen.				
2. … Belege nach Eingangsrechnungen, Ausgangsrechnungen, Bankauszügen und Kassenbelegen unterscheiden.				
3. … Bestandskonten mit Anfangsbeständen erstellen.				
4. … Mehrungen und Minderungen auf Aktiv- und Passivkonten unter Beachtung von Soll und Haben eintragen.				
5. … die Schlussbestände auf Aktiv- und Passivkonten ermitteln.				
6. … aus Geschäftsfällen einfache Buchungssätze erstellen.				
7. … einfache Buchungssätze auf Aktiv- und Passivkonten ordnungsgemäß eintragen.				
8. … zusammengesetzte Buchungssätze erstellen.				
9. … Bestandskonten über das Konto SBK ordnungsgemäß abschließen.				

Ich-kann-Liste (Fortsetzung)

An dieser Stelle ist es zur Selbstreflexion Ihres Lernprozesses von Bedeutung, sich über einzelne Phasen des Lernprozesses bewusst zu werden:

Woran hat es gelegen, dass ich einen sehr guten bzw. guten Lernfortschritt in den einzelnen Inhalten erzielt habe?

Woran hat es gelegen, dass ich einen geringen bzw. gar keinen Lernfortschritt in den einzelnen Inhalten erzielt habe?

Welche Vorgehensweise bzw. Methoden haben zum Gelingen meines Lernfortschritts beigetragen?

Was nehme ich mir für meinen Lernprozess in der nächsten Anforderungssituation vor?

Wertveränderungen, Buchungssätze und das Buchen auf Konten

11.1.12 Erfolgsermittlung für die Bio-Fashion OHG

11.1.12.1 Aufwendungen und Erträge bestimmen den Erfolg des Unternehmens

Situation

Max ist nun in der Lage, auf Bestandskonten zu buchen und die Konten über das SBK abzuschließen. Allerdings fällt ihm auf, dass bislang keine Buchung auf dem Konto Eigenkapital vorgenommen wurde.

Max: „Warum hat sich eigentlich das Konto Eigenkapital nicht verändert? Das finde ich komisch."

Frau Lennartz: „In den Jahresbuchungen müssen wir auch feststellen, wie hoch unser Erfolg war. Dieser Erfolg kann ein Gewinn, aber auch ein Verlust sein. Wir haben viele Konten bislang nicht berücksichtigt. Dies sind z. B. unsere Stromkosten, die Zahlung von Löhnen und Gehältern sowie Versicherungen. Ferner müssen wir unsere Einnahmen durch den Verkauf von Waren berücksichtigen. Und wir erhalten Zinsen von der Bank, da wir dort Geld liegen haben."

Max (seufzend): „Sind das dann auch alles Konten, die wir zu den bekannten Bestandskonten berücksichtigen müssen? Das werden immer mehr Konten!"

Frau Lennartz (aufmunternd): „Ja, so ist es. Diese Konten nennen wir Erfolgskonten und teilen sich in Aufwands- und Ertragskonten auf. Aber nun mal langsam. Ich zeige Ihnen jetzt, welche Erfolgskonten es gibt."

Informationstext

Bislang ging es um aktive Bestandskonten (z. B. Grundstücke und Gebäude, Betriebs- und Geschäftsausstattung, Bank und Kasse) und passive Bestandskonten (Eigenkapital, Darlehen, Verbindlichkeiten).

Das Konto Eigenkapital wird benutzt, wenn **erfolgswirksame Buchungen** vorgenommen werden.

Die Bio-Fashion OHG **muss Gehälter, Miete, Strom etc. bezahlen.** Diese Kosten werden als **Aufwendungen** bezeichnet.

Ein Betrieb kann aber nur bestehen, wenn er auch **Ware und/oder Dienstleistungen verkauft,** also **Erträge** macht.

Ein Unternehmen kann sich auf lange Sicht am Markt nur halten, wenn es einen **positiven Erfolg** erzielt. Diesen **positiven Erfolg** nennt man **Gewinn.** Allerdings kann ein Unternehmen auch einen **negativen Erfolg,** den **Verlust,** erzielen.

Merke

- Ein Gewinn entsteht, wenn die Erträge höher als die Aufwendungen sind.
- Ein Verlust entsteht, wenn die Aufwendungen größer als die Erträge sind.

Informationstext

Der ermittelte Erfolg eines Unternehmens wird in das Konto Eigenkapital eingestellt. Ein Gewinn erhöht das Eigenkapital und wird daher unterhalb des Anfangsbestands auf der Habenseite eingetragen. Ein ermittelter Verlust schmälert das Eigenkapital und wird daher auf der Sollseite beim Konto Eigenkapital eingetragen.

Die nachfolgende Tabelle zeigt eine Liste von Aufwendungen und Erträgen:

Aufwendungen (= Aufwandskonten)	**Erträge (= Ertragskonten)**
Aufwendungen für Waren (durch den Einkauf von Waren) Energie (Kosten für Wasser, Strom, Gas) Bezugskosten (Transportkosten, Versendungskosten) Fremdinstandsetzung (Reparaturen im Betrieb) Löhne/Gehälter Miete Büromaterial (Verbrauchsmaterialien in der Verwaltung, z. B. Stifte, Druckerpatronen, Kopierpapier) Postentgelte/Telekommunikation (z. B. Briefmarken, Telefongebühren) Werbung Versicherung Gewerbesteuer Grundsteuer KFZ-Steuer Zinsaufwendungen …	Umsatzerlöse (durch den Verkauf von Waren) Mieterträge Provisionserträge Zinserträge …
Aufwandskonten mindern das Konto Eigenkapital.	**Ertragskonten erhöhen das Konto Eigenkapital.**

Beispiel: Gewinnermittlung

Bei der Bio-Fashion OHG liegen die folgenden Aufwendungen und Erträge vor:

Aufwendungen		**Erträge**	
Aufwendungen für Waren	6.700,00	Umsatzerlöse (Verkauf von Waren)	50.000,00
Löhne	10.000,00		
Büromaterial	300,00		
Energie	1.000,00		
Miete	2.000,00		
Summe Aufwendungen	**20.000,00 €**	**Summe Erträge**	**50.000,00 €**

Ermittlung des Erfolgs:	
Summe Ertrag	50.000,00 €
– Summe Aufwand	20.000,00 €
= Erfolg (Gewinn)	30.000,00 €

Fortsetzung auf Seite 282

Informationstext (Fortsetzung)

Beispiel: Gewinnermittlung (Fortsetzung)

Soll		Eigenkapital	Haben
Aufwendungen	20.000,00	AB	100.000,00
SBK	130.000,00	Erträge	50.000,00
	150.000,00		150.000,00

Erläuterung: Das Konto Eigenkapital hatte zu Beginn des Geschäftsjahres einen Bestand in Höhe von 100.000,00. Durch den Verkauf von Waren erzielte die Bio-Fashion OHG Erträge in Höhe von 50.000,00 €. Im Geschäftsjahr hatte das Unternehmen Aufwendungen in Höhe von 20.000,00 €. Wenn man den Aufwand vom Ertrag abzieht, erhält man den Gewinn in Höhe von 30.000,00 €. Diese 30.000,00 € erhöhen den Bestand des Eigenkapitals. Am Ende des Jahres ergibt sich ein Bestand in Höhe von 130.000,00 €.

Das ist für Sie zu tun

1. Entscheiden Sie, ob ein Aufwand oder ein Ertrag vorliegt und auf welcher Seite des Eigenkapitalkontos die Beispiele eingetragen werden müssen.

Nr.	Beispiel	Aufwand/Ertrag	Soll/Haben des Eigenkapitalkontos
1	Einkauf von Waren.		
2	Zielverkauf von Waren.		
3	Erhalt einer Miete durch einen Mieter.		
4	Kauf von neuen Stiften für das Büro.		
5	Ein Hauseigentümer bezahlt die Wohngebäudeversicherung.		
6	Die Bio-Fashion OHG zahlt die Gehälter an die Mitarbeitenden.		

Das ist für Sie zu tun

Nr.	Beispiel	Aufwand/Ertrag	Soll/Haben des Eigenkapitalkontos
7	Bezahlung der Telefonrechnung.		
8	Die Bank schreibt Zinsen gut.		
9	Zahlung von Miete.		
10	Zahlung der Stromkosten an die Stadtwerke.		

2. a. Beurteilen Sie nachfolgende Aussagen. Sind diese wahr oder falsch?
b. Korrigieren Sie die falschen Aussagen in Ihrem Heft bzw. auf Ihrem Endgerät.

1	Das Konto Eigenkapital verändert sich nur durch erfolgswirksame Buchungen.	
2	Erzielte Erträge werden im Soll des Kontos Eigenkapital eingetragen.	
3	Aufwendungen werden im Haben des Kontos Eigenkapital eingetragen.	
4	Aufwendungen erhöhen das Eigenkapital, Erträge mindern das Eigenkapital.	
5	Ein erwirtschafteter Gewinn liegt vor, wenn das Eigenkapital am Ende des Jahres größer ist als am Anfang des Jahres.	
6	Der Kauf von Kopierpapier wird auf dem Konto BGA gebucht.	
7	Die Reparatur einer Heizung wird auf dem Konto Fremdinstandsetzung gebucht.	
8	Die Versandkosten in Höhe von 30,00 € werden auf dem Konto Bezugskosten gebucht.	

Fortsetzung auf Seite 284

Das ist für Sie zu tun

3. Bestimmen Sie anhand der folgenden Aufwendungen und Erträge den Erfolg des Unternehmens.

Umsatzerlöse	40.000,00 €
Zinsertrag	500,00 €
Büromaterial	2.000,00 €
Versicherungen	5.000,00 €
Aufwendungen für Waren	20.000,00 €
Energie	1.500,00 €
Miete	2.000,00 €

11.1.12.2 Gewinnermittlung mithilfe von Aufwands- und Ertragskonten und Abschluss über das Gewinn- und Verlustkonto ab

Situation

Max: „Okay. Ich kann Aufwendungen und Erträge unterscheiden. Das ist auch nicht schwer. Sie sprachen aber in unserem letzten Gespräch von sogenannten Erfolgskonten, die sich in Aufwands- und Ertragskonten unterteilen. Diese Konten kann ich aber in unserer Aufzeichnung zum Konto Eigenkapital nicht sehen."

Soll		**Eigenkapital**	Haben
Aufwendung	20.000,00	AB	100.000,00
SBK	130.000,00	Erträge	50.000,00
	150.000,00		150.000,00

Max: „Hier sehe ich nur die Summe der Aufwendungen und die Summe der Erträge. Außerdem weiß ich auch nicht, wie sich die beiden Summen zusammensetzen. Also wie hoch war denn unsere Miete, die wir zahlen mussten? Wie hoch waren unsere Aufwendungen durch den Einkauf von Waren? Wie viel Umsatz haben wir erzielt?"

Frau Lennartz: „Da haben Sie recht. Wenn wir den Gewinn buchhalterisch ermitteln, dann halten wir die Aufwendungen auf den Aufwandskonten und den Ertrag auf den Ertragskonten fest. Den Gewinn oder Verlust ermitteln wir über ein sogenanntes Zwischenkonto, das Gewinn- und Verlustkonto, und stellen diesen dann in das Konto Eigenkapital ein."

Max: „Das klingt aber jetzt doch ganz schön kompliziert."

Frau Lennartz: „Ein Unternehmen muss zahlreiche Konten berücksichtigen. Sie haben bislang nur einen kleinen Ausschnitt von der Menge an Konten kennengelernt. Ich zeige Ihnen nun die neuen Konten. "

Informationstext 1: Erfolgskonten

Der **Erfolg (Gewinn oder Verlust)** eines Unternehmens wird auf den **Erfolgskonten** ermittelt. **Die Erfolgskonten unterteilen sich in Aufwands- und Ertragskonten.**

In der Buchführung bilden jeder Aufwand und jeder Ertrag ein eigenes Konto.

Buchungssätze für die Erfolgskonten

Fall 1:

Die Bio-Shopping OHG muss Gehälter in Höhe von 2.000,00 € per Banküberweisung bezahlen. Wie lautet der Buchungssatz?

Lösung:

In diesem Geschäftsfall befindet sich das aktive Bestandskonto Bank. Da die Gehälter durch Banküberweisung bezahlt werden, nimmt der Betrag auf dem Bankkonto ab. Dies wird bekanntermaßen auf der Habenseite gebucht.

Fortsetzung auf Seite 286

Informationstext 1: Erfolgskonten (Fortsetzung)

Fall 1 (Fortsetzung):

Es fehlt also noch ein neues Konto. Da die **Gehälter bezahlt werden** müssen, muss es sich um ein Aufwandskonto handeln. Dieses **Aufwandskonto lautet ‚Gehälter'.**

Der Buchungssatz lautet:

Gehälter	2.000,00 €	
an Bank		2.000,00 €

Fall 2:

Die Bio-Fashion OHG verkauft Waren in Höhe von 5.000,00 und erhält vom Kunden den Geldbetrag durch Banküberweisung. Wie lautet der Buchungssatz?

Lösung:

In diesem Geschäftsfall befindet sich das aktive Bestandskonto Bank. Da die Bio-Fashion OHG vom Kunden bereits den Geldbetrag auf das Bankkonto erhalten hat, wird dies auf der Sollseite gebucht (Bankkonto erhöht sich – Sollseite). Es fehlt also noch ein neues Konto. **Durch den Verkauf der Waren hat das Unternehmen Umsatzerlöse (neues Konto!) erzielt.** Dieses wird auf der Habenseite gebucht.

Der Buchungssatz lautet:

Bank	5.000,00 €	
an Umsatzerlöse		5.000,00 €

Merke

- Aufwandskonten (z. B. Miete, Gehälter, Energie, Gewerbesteuer, Aufwendungen für Waren) werden im Soll gebucht.
- Ertragskonten (z. B. Umsatzerlöse, Mieterträge, Zinserträge) werden im Haben gebucht.

Informationstext 2: Gewinn- und-Verlust-Konto (GuV-Konto)

Die Buchungssätze werden auf den jeweiligen Konten festgehalten.

Nr.	Buchungssatz	Soll	Haben
1	Gehälter	2.000,00	
	an Bank		2.000,00
2	Bank	5.000,00	
	an Umsatzerlöse		5.000,00

Informationstext 2: Gewinn- und-Verlust-Konto (GuV-Konto) (Fortsetzung)

Soll	Bank		Haben
AB	140.000,00	(1) Gehälter	2.000,00
(2) Umsatz	5.000,00	SBK	143.000,00
	145.000,00		145.000,00

Soll	Eigenkapital		Haben
SBK	103.000,00	AB	100.000,00
		GuV	3.000,00
	103.000,00		103.000,00

Soll	Gehälter		Haben
(1) Bank	2.000,00	GuV	2.000,00

Soll	Umsatzerlöse		Haben
GuV	5.000,00	(2) Bank	5.000,00

Soll	GuV		Haben
Gehälter	2.000,00	Umsatz.	5.000,00
EK (Gewinn)	3.000,00		
	5.000,00		5.000,00

So gehen Sie vor:

- Die neuen Konten Gehälter und Umsatzerlöse werden über das **Gewinn- und-Verlustkonto (GuV-Konto) abgeschlossen.**
- **Im GuV-Konto werden die Aufwendungen und Erträge gesammelt.** Im Beispiel hatte die Bio-Fashion OHG einen Ertrag (Umsatzerlöse) in Höhe von 5.000,00 € und Aufwendungen (Gehälter) in Höhe von 2.000,00 €.
- Ist der Ertrag größer als der Aufwand, wird ein Gewinn ermittelt. Im Beispiel beträgt der **Gewinn** 3.000,00 €.
- **Der Gewinn wird auf der Habenseite des Kontos Eigenkapital eingetragen,** sodass sich dieses um 3.000,00 € erhöht. Das neue Eigenkapital der Bio-Fashion OHG beträgt 103.000,00 €.

Beispiel: GuV-Konto

Die Verknüpfung von Bestandskonten und Erfolgskonten zeigen die nachfolgenden Geschäftsfälle.

Es ist die folgende Eröffnungsbilanz gegeben:

Aktiva	Eröffnungsbilanz der Bio-Fashion-OHG zum 01.01.20…		Passiva
I. Anlagevermögen		**I. Eigenkapital**	100.000,00
		II. Schulden	
1. Betriebs- und Geschäftsausstattung	170.000,00	1. Darlehen	142.000,00
		2. Verbindlichkeiten	47.000,00
II. Umlaufvermögen			
1. Bank	113.000,00		
2. Kasse	6.000,00		
	289.000,00		**289.000,00**

Fortsetzung auf Seite 288

Informationstext 2: Gewinn- und-Verlust-Konto (GuV-Konto) (Fortsetzung)

Beispiel: GuV-Konto (Fortsetzung)

Folgende Buchungssätze sind vorgegeben:

Nr.	Buchungssatz	Soll	Haben
1	Gehälter an Bank	2.000,00	 2.000,00
2	Bank an Umsatzerlöse	10.000,00	 10.000,00
3	Büromaterial an Kasse	60,00	 60,00
4	Bank an Zinserträge	135,00	 135,00
5	Energie an Bank	550,00	 550,00
6	Aufwendungen für Waren an Verbindlichkeiten	3.000,00	 3.000,00

So gehen Sie vor

1. Richten Sie die Bestandskonten aus der Bilanz mit den Anfangsbeständen ein.
2. Richten Sie die Erfolgskonten ein. Diese entnehmen Sie den oben abgebildeten Buchungssätzen.
   Aufwandskonten: Gehälter, Büromaterial, Energie und Aufwendungen für Waren.
   Ertragskonten: Umsatzerlöse und Zinserträge.
3. Stellen Sie die Abschlusskonten GuV-Konto und SBK auf.
4. Buchen Sie die sechs Buchungssätze auf den Konten.
5. Schließen Sie die Erfolgskonten über das Konto GuV ab.
6. Ermitteln Sie im GuV-Konto den Erfolg (Gewinn oder Verlust).
7. Tragen Sie den Erfolg (hier: Gewinn) in das Konto Eigenkapital ein.
8. Schließen Sie die Bestandskonten über das Konto SBK ab.

Bestandskonten

Soll	BGA		Haben
AB	170.000,00	SBK	170.000,00

Soll	Eigenkapital		Haben
SBK	104.525,00	AB	100.000,00
		GuV	4.525,00
	104.525,00		104.525,00

Soll	Bank		Haben
AB	113.000,00	(1) Bank	2.000,00
(2) Umsatz	10.000,00	(5) Energie	550,00
(4) Zinsertr.	135,00	SBK	120.585,00
	123.135,00		123.135,00

Soll	Darlehen		Haben
SBK	142.000,00	AB	142.000,00

Informationstext 2: Gewinn- und-Verlust-Konto (GuV-Konto) (Fortsetzung)

Beispiel: GuV-Konto (Fortsetzung)

Soll	Kasse		Haben
AB	6.000,00	(3) Bürom.	60,00
		SBK	5.940,00
	6.000,00		6.000,00

Soll	Verbindlichkeiten		Haben
SBK	50.000,00	AB	47.000,00
		(6) Aufw. W	3.000,00
	50.000,00		50.000,00

Erfolgskonten

Soll	Gehälter		Haben
(1) Bank	2.000,00	GuV	2.000,00

Soll	Umsatzerlöse		Haben
GuV	10.000,00	(2) Bank	10.000,00

Soll	Büromaterial		Haben
(3) Kasse	60,00	GuV	60,00

Soll	Zinserträge		Haben
GuV	135,00	(4) Bank	135,00

Soll	Energie		Haben
(5) Bank	550,00	GuV	550,00

Soll	Aufwendungen Waren		Haben
(6) Verb.	3.000,00	GuV	3.000,00

Abschlusskonten

Soll	GuV		Haben
Gehälter	2.000,00	Umsatzerl.	10.000,00
Bürom.	60,00	Zinserträge	135,00
Energie	550,00		
Aufw. W	3.000,00		
EK (Gew.)	4.525,00		
	10.135,00		10.135,00

Soll	SBK		Haben
BGA	170.000,00	Eigenkap.	104.525,00
Bank	120.585,00	Darlehen	142.000,00
Kasse	5.940,00	Verb.	50.000,00
	296.525,00		296.525,00

Das ist für Sie zu tun

1. Beschreiben Sie den Unterschied zwischen Bestandskonten und Erfolgskonten.

____

____

____

____

Fortsetzung auf Seite 290

Das ist für Sie zu tun

2. Bilden Sie zu den nachfolgenden Fällen die Buchungssätze.

Nr.	Geschäftsfall	Konten	Soll	Haben
1	Bankauszug: Mietzahlung in Höhe von 3.000,00 €.			
2	Quittung: Barkauf von Kopierpapier für 600,00 €.			
3	Überweisung der Gehälter an die Mitarbeitenden in Höhe von 4.900,00 €.			
4	Zieleinkauf von Waren im Wert von 6.000,00 €.			
5	Warenverkauf auf Ziel im Wert von 4.000,00 €.			
6	Bankauszug: Kauf eines neuen Büroschreibtischs für 1.500,00 €.			
7	Ein Kunde kauft Waren und zahlt 500,00 € in bar.			
8	Die Bio-Fashion OHG überweist Versicherungsgebühren in Höhe von 670,00 €.			
9	Frau König bezahlt KFZ-Steuer in Höhe von 240,00 € per Banküberweisung.			
10	Es geht eine Mietzahlung in Höhe von 1.200,00 € auf das Bankkonto ein.			
11	Die Bank schreibt Zinsen in Höhe von 250,00 € gut.			
12	Barkauf von Briefmarken in Höhe von 45,00 €.			

Das ist für Sie zu tun

3. Erstellen Sie aus den Buchungssätzen die Geschäftsfälle.

Nr.	Buchungssatz			Fall
1	Bank	5.000,00		
	an Mieterträge		5.000,00	
2	Büromaterial	2.000,00		
	an Bank		2.000,00	
3	Forderungen	1.000,00		
	an Umsatzerlöse		1.000,00	
4	Energie	600,00		
	an Bank		600,00	

4. Die Eröffnungsbilanz des Unternehmens Fritz Klein e. K. sowie folgende Buchungssätze sind gegeben:

Aktiva	Eröffnungsbilanz des Fritz Klein e. K. zum 01.01.20…		Passiva
I. Anlagevermögen		**I. Eigenkapital**	106.000,00
		II. Schulden	
1. BGA	180.000,00	1. Darlehen	50.000,00
		2. Verbindlichkeiten	17.000,00
II. Umlaufvermögen			
1. Bank	50.000,00		
2. Kasse	3.000,00		
	173.000,00		**173.000,00**

Buchungssätze:

Nr.	Buchungssatz	Soll	Haben
1	Büromaterial	550,00	
	an Verbindlichkeiten		550,00
2	Kasse	15.000,00	
	an Umsatzerlöse		15.000,00
3	Bank	45,00	
	an Zinserträge		45,00
4	Verbindlichkeiten	5.000,00	
	an Darlehen		5.000,00
5	Aufwendungen für Waren	3.500,00	
	an Verbindlichkeiten		3.500,00
6	Werbung	1.500,00	
	an Bank		1.500,00

Fortsetzung auf Seite 292

Das ist für Sie zu tun

Arbeitsaufträge:

a. Tragen Sie die Anfangsbestände aus der Eröffnungsbilanz auf die Bestandskonten ein.

b. Buchen Sie die Buchungssätze auf den Konten.

c. Schließen Sie die Erfolgskonten über das GuV-Konto ab.

d. Schließen Sie das GuV-Konto ab.

e. Schließen Sie die Bestandskonten über Konto SBK ab.

Bestandskonten

Soll	**BGA**	Haben

Soll	**Eigenkapital**	Haben

Soll	**Bank**	Haben

Soll	**Darlehen**	Haben

Soll	**Kasse**	Haben

Soll	**Verbindlichkeiten**	Haben

Das ist für Sie zu tun

Erfolgskonten

Soll	**Büromaterial**	Haben

Soll	**Umsatzerlöse**	Haben

Soll	**Aufwendungen Waren**	Haben

Soll	**Zinserträge**	Haben

Soll	**Werbung**	Haben

Abschlusskonten

Soll	**GuV**	Haben

Soll	**SBK**	Haben

Fortsetzung auf Seite 294

Das ist für Sie zu tun

5. Die Anfangsbestände aus einer Eröffnungsbilanz sowie die folgenden Geschäftsfälle sind gegeben:

Grundstücke und Gebäude	850.000,00 €
Fuhrpark	150.000,00 €
Betriebs- und Geschäftsausstattung	50.0000,00 €
Waren	30.000,00 €
Forderungen	21.000,00 €
Bank	55.000,00 €
Kasse	11.000,00 €
Eigenkapital	707.000,00 €
Darlehen	400.000,00 €
Verbindlichkeiten	60.000,00 €

Es sind die folgenden Erfolgskonten einzurichten: Aufwendungen Waren, Postentgelte, Löhne, Mieterträge, Umsatzerlöse.

Gegeben sind die nachfolgenden Geschäftsfälle:

Nr.	Geschäftsfall
1	Bankauszug: Einkauf von Waren in Höhe von 20.000,00 €
2	Quittung: Barkauf von Briefmarken für 85,00 €
3	Bankauszug: Löhne für Mitarbeitende für 4.500,00 €
4	Eingang von Mietzahlung in Höhe von 1.200,00 € per Überweisung.
5	Zielkauf eines neuen Firmenwagens für 55.000,00 €
6	Bankauszug: Aufnahme eines Darlehens für 30.000,00 €
7	Quittung: Ein Kunde zahlt eine offene Rechnung in Höhe von 2.000,00 €.
8	Verkauf von Waren gegen Banküberweisung in Höhe von 40.000,00 €

a. Bilden Sie die Buchungssätze zu den Geschäftsfällen.

b. Richten Sie die Konten ein: Bestandskonten, Erfolgskonten (siehe die oben aufgeführten Erfolgskonten) und Abschlusskonten (GuV, SBK).

c. Buchen Sie die Buchungssätze in den Bestandskonten und Erfolgskonten.

d. Schließen Sie die Erfolgskonten über das GuV-Konto ab.

e. Schließen Sie das GuV-Konto ab.

f. Schließen Sie die Bestandskonten über SBK ab.

11.1.13 Die Berücksichtigung der Umsatzsteuer in der Buchführung

11.1.13.1 Umsatzsteuer in der Bundesrepublik Deutschland

Situation

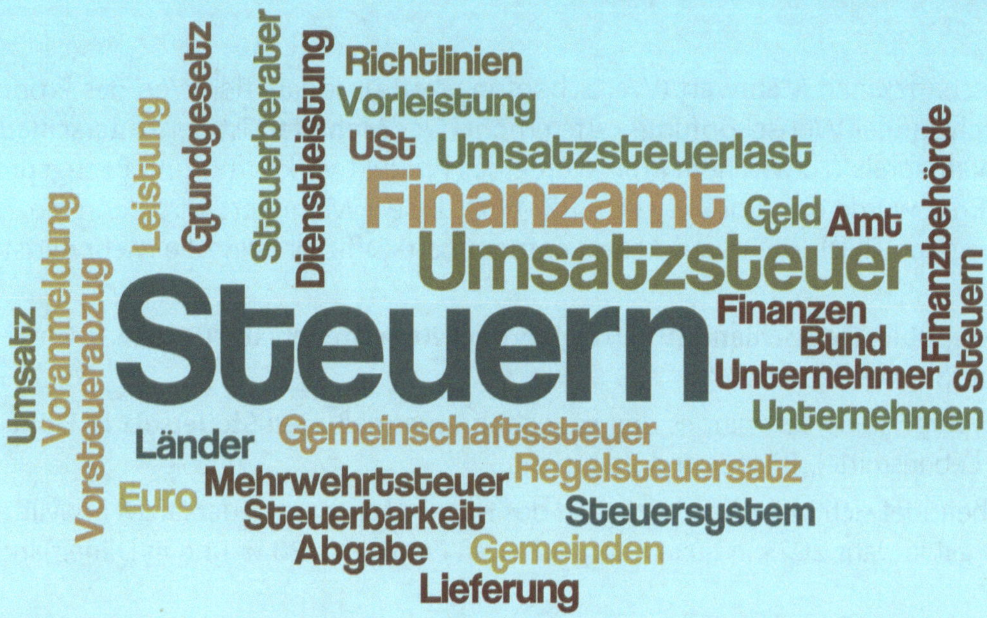

Endlich Feierabend. Auf dem Nachhauseweg kauft Max sich bei Frischemarkt Güner e. K. eine Cola und zwei Fladenbrote. Nach dem Kauf schaut er sich den Kassenbon genauer an:

Frischemarkt Güner e. K.
Luxemburger Straße 101
50674 Köln

Cola	1,29	7 %
Fladenbrot	3,00	7 %
Summe	4,29	

Kundenbeleg

Datum:	10.07.20...
Uhrzeit:	17:09 Uhr
Belegnummer:	531
Betrag EUR	4,29

Zahlung erfolgt

MWST-CODE	NETTO-Entgelt	MWST-Betrag
7,00 %	4,01	0,28

Wir danken für Ihren Einkauf.

Max fällt auf, dass die beiden Artikel zu 7 % besteuert werden. Er dachte immer, dass die Mehrwertsteuer in der Bundesrepublik Deutschland 19 % beträgt. Zu Hause angekommen, setzt sich Max an sein Notebook und recherchiert über die Umsatzsteuer.

Informationstext 1: Mehrwertsteuer

Waren, die zum Verkauf angeboten werden, legen meist einen langen Weg zurück:

Betrieb der Urerzeugung → Betriebe der Weiterverarbeitung → Großhändler → Einzelhändler

Jeder Betrieb schafft einen **Mehrwert** (Wertschöpfungskette), sodass der Wert des Produkts sich beim Durchlauf der Wertschöpfungskette erhöht. Der **Mehrwert** ist der **Unterschied zwischen Verkaufspreis** (zu welchem Preis wurde das Produkt verkauft?) und **Bezugspreis** (zu welchem Preis wurde das Produkt gekauft?). Von diesem Mehrwert wird dann die Steuer (umgangssprachlich Mehrwertsteuer) entnommen. Offiziell heißt die Mehrwertsteuer **Umsatzsteuer**.

In der Bundesrepublik Deutschland (BRD) beträgt der Regelsteuersatz 19 % (z. B. auf Kleidung, Smartphones, Notebooks).

Neben diesem Regelsteuersatz gibt es den sogenannten **ermäßigten Steuersatz in Höhe von 7 %,** z. B. auf Lebensmittel, Bücher und Zeitungen.

Deutschland befindet sich in Europa bezüglich des Regel-Mehrwertsteuersatzes im Mittelfeld. Beispielsweise gilt im Jahr 2023 in Luxemburg 17 %, in Frankreich 20 % und in Dänemark 25 %.

Informationstext 2: Vorsteuer

Unternehmen kaufen Waren bzw. Rohstoffe ein. Auf diese eingekauften Waren oder Rohstoffe muss eine Umsatzsteuer entrichtet werden. **Die Steuer beim Einkauf heißt Vorsteuer, da ein Unternehmen sich diese Steuer vom Finanzamt zurückholen könnte. Diese sogenannte Vorsteuer stellt eine Forderung gegenüber dem Finanzamt dar.**

Beispiel Vorsteuer: Die Bio-Fashion OHG kauft T-Shirts im Wert von netto 5.000,00 € ein. Die Steuer beträgt hier 950,00 € (5.000,00 × 19/100 = 950,00 €). Demnach könnte die Bio-Fashion OHG sich 950,00 € vom Finanzamt zurückholen, da diese Steuer eine Forderung gegenüber dem Finanzamt darstellt.

Informationstext 3: Umsatzsteuer

Unternehmen verkaufen die vorher eingekauften Waren an Kunden weiter. Auf den Verkaufspreis muss auch Steuer bezahlt werden. **Die Steuer beim Verkauf heißt Umsatzsteuer.**

Die Umsatzsteuer muss von einem Unternehmen an das Finanzamt weitergeleitet werden. Diese Umsatzsteuer stellt eine Verbindlichkeit gegenüber dem Finanzamt dar.

Beispiel Umsatzsteuer: Die Bio-Fashion OHG verkauft T-Shirts im Wert von netto 8.000,00 € an einen Kunden. Die Steuer beträgt 1.520,00 € (8.000,00 × 19 : 100 = 1.520,00 €). Demnach hat die Bio-Fashion OHG 1.520,00 € an das Finanzamt zu entrichten, da sie diese Steuer vom Kunden erhalten hat. Diese Steuer stellt nun eine Verbindlichkeit gegenüber dem Finanzamt dar.

Informationstext 3: Umsatzsteuer (Fortsetzung)

Mehrwert 3.000,00 €

Wareneinkauf der Bio-Fashion OHG		**Warenverkauf**	
Einkaufpreis	5.000,00 €	Umsatzwert	8.000,00 €
19 % USt.	950,00 €	19 % USt.	1.520,00 €
= Bruttopreis	5.950,00 €	= Bruttopreis	9.520,00 €

Informationstext 4: Zahllast

In den oben aufgeführten Beispielen zur Vorsteuer und Umsatzsteuer stehen sich eine Forderung gegenüber dem Finanzamt und eine Verbindlichkeit gegenüber.

Daher ist es ratsam, Verbindlichkeit und Forderung miteinander zu verrechnen und eine sogenannte **Zahllast** gegenüber dem Finanzamt zu bilden.

Umsatzsteuer, die an das Finanzamt abzuführen ist:	1.520,00 €
– Vorsteuer, die vom Finanzamt zurückgeholt werden kann	950,00 €
= Zahllast	570,00 €

Diese Zahllast muss jeweils zum 10. eines Monats an das Finanzamt abgeführt werden (also 10. Januar, 10. Februar usw.). In der obigen Abbildung ist der Mehrwert in Höhe von 3.000,00 € zu erkennen (Nettowarenverkaufspreis 8.000,00 €– Nettoeinkaufspreis 5.000,00 €). Wenn nun auf die 3.000,00 € die 19 % Steuer aufgeschlagen wird, ergibt sich eine Zahllast in Höhe von 570,00 €.

Die **Umsatzsteuer** ist für Unternehmen ein **sogenannter durchlaufender Posten,** denn:

Die Bio-Fashion OHG zahlt ...	**Die Bio-Fashion OHG erhält ...**
an das Textilunternehmen 950,00 €. an das Finanzamt 570,00 €.	vom Kunden 1.520,00 €.

Merke

- Die Umsatzsteuer stellt für den Unternehmer keinen Aufwand dar, sondern einen durchlaufenden Posten.
- Die Umsatzsteuer trägt allein der Endverbraucher.
- Die Zahllast muss zum 10. eines Monats an das Finanzamt abgeführt werden.

Fortsetzung auf Seite 298

Informationstext 4: Zahllast (Fortsetzung)

Beispiel: Wertschöpfungsprozess eines T-Shirts

Umsatzstufen	Einkaufspreis netto	Verkaufspreis netto	Vorsteuer	Umsatzsteuer	Mehrwert	Zahllast an das Finanzamt (19 % vom Mehrwert)
I. Rohstofflieferant	–	2,00 €	–	0,38 €	2,00 €	0,38 €
II. Hersteller des T-Shirts	2,00 €	9,00 €	0,38 €	1,71 €	7,00 €	1,33 €
III. Großhändler (Bio-Fashion OHG)	9,00 €	15,00 €	1,71 €	2,85 €	6,00 €	1,14 €
IV. Einzelhandel	15,00 €	30,00 €	2,85 €	5,70 €	15,00 €	2,85 €
Endverbraucher (Kunde im Geschäft) zahlt: 35,70 € = 30,00 € + 5,70 €						

Das ist für Sie zu tun

1. Wie hoch sind der Regelsteuersatz und der ermäßigte Steuersatz in der Bundesrepublik Deutschland? Geben Sie jeweils ein Beispiel an.

Steuersatz	%	Beispiele: Gilt für …
Regelsteuersatz		
Ermäßigter Steuersatz		

Das ist für Sie zu tun

2. Erklären Sie den Begriff Mehrwert.

3. Die Bio-Fashion OHG kauft neue Hosen in Höhe von netto 3.000,00 €. Diese Hosen werden zum Preis von 7.000,00 € an die Fritz Sinn GmbH verkauft.

Berechnen Sie den Mehrwert und die Zahllast an das Finanzamt.

4. Füllen Sie die Tabelle zum Wertschöpfungsprozess für einen Pullover aus.

Umsatzstufen	Einkaufspreis, netto	Verkaufspreis, netto	Vorsteuer	Umsatzsteuer	Mehrwert	Zahllast an das Finanzamt (19 % vom Mehrwert)
I. Rohstofflieferant	–	12,00				
II. Hersteller		25,00				
III. Großhändler		35,00				
IV. Einzelhandel		60,00				
Endverbraucher (Kunde im Geschäft) zahlt:						

11.1.13.2 Berücksichtigung der Umsatzsteuer bei Buchungen der Bio-Fashion OHG

Situation

Max hat sich nun mit der Thematik Umsatzsteuer auseinandergesetzt. Einige Fragen bleiben allerdings noch offen.

Max: „Die Steuer müssen wir ja logischerweise auch buchhalterisch berücksichtigen und die ermittelte Zahllast an das Finanzamt abführen."

Frau Lennartz: „Ja, das stimmt. Wir halten die Steuer auf den Konten Vorsteuer und Umsatzsteuer fest und verrechnen das Ganze. Ich zeige es Ihnen gleich."

Informationstext 1: Buchungen beim Einkauf der Waren

Unternehmen, die Waren einkaufen, zahlen Umsatzsteuer. Diese können sie vom Finanzamt zurückerhalten. Diese Steuer heißt **Vorsteuer.**

Beispiel:

Die Bio-Fashion OHG kauft T-Shirts im Wert von 5.000,00 € ein und muss Vorsteuer in Höhe von 950,00 € bezahlen. Für die Steuer führen wir das Konto Vorsteuer (= Forderung gegenüber dem Finanzamt) ein. Dieser Fall wird so gebucht:

Soll	**Vorsteuer**		Haben
(1) VB	950,00		

Soll	**Verbindlichkeiten**		Haben
		AB	100.000,00
		(1) Aufw., …	5.950,00

Soll	**Aufwand Waren**		Haben
(1) VB	5.000,00		

So gehen Sie vor:

1. Tragen Sie den Nettobetrag für den Kauf von Waren im Aufwandskonto Aufwendungen für Waren ein.
2. Durch den Einkauf ist eine Vorsteuer in Höhe von 950,00 € zu entrichten. Buchen Sie diese Vorsteuer auf dem neu eingeführten Konto Vorsteuer (= Forderung gegenüber dem Finanzamt) im Soll.
3. Da die Waren noch nicht bezahlt sind, müssen Sie diesen Einkauf als kurzfristige Lieferantenschuld buchen, also auf Verbindlichkeiten aus Lieferungen und Leistungen.

Der zusammengesetzte Buchungssatz lautet:

Nr.	Konten	Soll	Haben
1	Aufwendungen für Waren	5.000,00	
	Vorsteuer	950,00	
	an Verbindlichkeiten		5.950,00

Informationstext 2: Buchungen beim Verkauf von Waren

Unternehmen, die Waren verkaufen, erhalten Umsatzsteuer und müssen diese an das Finanzamt abführen. Diese Steuer heißt **Umsatzsteuer.**

Beispiel:

Die Bio-Fashion OHG verkauft T-Shirts im Wert von 8.000,00 € ein und muss Umsatzsteuer in Höhe von 1.520,00 € bezahlen. Für die Steuer führen wir das Konto Umsatzsteuer (= Verbindlichkeit gegenüber dem Finanzamt) ein.

Soll	**Forderungen**		Haben
AB	30.000,00		
(2)	9.520,00		

Soll	**Umsatzsteuer**		Haben
		(2) Fo	1.520,00

Soll	**Umsatzerlöse**		Haben
		(2) Fo	8.000,00

So gehen Sie vor:

1. Tragen Sie den Nettobetrag für den Verkauf von Waren im Ertragskonto Umsatzerlöse ein.
2. Buchen Sie die durch den Verkauf der Waren erhaltene Umsatzsteuer in Höhe von 1.520,00 € auf dem neu eingeführten Konto Umsatzsteuer (= Verbindlichkeit gegenüber dem Finanzamt) im Haben.
3. Da Sie die Geldsumme in Höhe von insgesamt 9.520,00 € noch nicht erhalten haben, müssen Sie diesen Verkauf auf das Konto Forderungen aus Lieferungen buchen.

Der zusammengesetzte Buchungssatz lautet:

Nr.	Konten	Soll	Haben
2	Forderungen	9.520,00	
	an Umsatzerlöse		1.520,00
	an Umsatzsteuer		8.000,00

Informationstext 3: Buchungen beim Verkauf von Waren

Durch den Verkauf von Waren an den Einzelhändler entsteht für den Großhändler eine Umsatzsteuerschuld gegenüber dem Finanzamt. Durch den Einkauf von Waren hat der Großhändler durch die geleistete Vorsteuer eine Art Guthaben gegenüber dem Finanzamt (= Forderung).

Der Großhändler braucht also nur noch die Differenz zwischen der Umsatzsteuer beim Verkauf und der Vorsteuer beim Einkauf an das Finanzamt zahlen (= Zahllast).

Fortsetzung auf Seite 302

Informationstext 3: Buchungen beim Verkauf von Waren (Fortsetzung)

Umsatzsteuer aus dem Verkauf	1.520,00 €
– Vorsteuer aus dem Einkauf	950,00 €
= Zahllast	570,00 €

Beispiel:

Buchhalterisch wird die Zahllast ermittelt, indem das „kleinere Konto" (also das Konto mit dem kleineren Saldo) über das „größere Konto" abgeschlossen wird. In den meisten Fällen wird das Konto Vorsteuer über das Konto Umsatzsteuer abgeschlossen und die Zahllast ermittelt, die an das Finanzamt abgeführt werden muss.

Soll	Vorsteuer		Haben
(1) VB	950,00	UST	950,00

Soll	Umsatzsteuer		Haben
VST	950,00	(2) Fo	1.520,00
Bank (Zahllast)	570,00		

Soll	Bank		Haben
AB	50.000,00	UST	570,00

So gehen Sie vor:

1. Der Saldo des Kontos Vorsteuer beträgt 950,00 € und der vom Konto Umsatzsteuer beträgt 1.520,00 €. Schließen Sie also das Konto Vorsteuer über das Konto Umsatzsteuer ab.
2. Das Konto Vorsteuer hat einen Saldo in Höhe von 950,00 €. Tragen Sie diesen Betrag auch auf der Habenseite ein und schließen Sie das Konto über Umsatzsteuer ab.
3. Schreiben Sie den Betrag in Höhe von 950,00 € auf die Sollseite des Kontos Umsatzsteuer.
4. Ermitteln Sie den neuen Saldo des Kontos Umsatzsteuer, indem Sie die Habenseite von der Sollseite abziehen. Sie erhalten die Zahllast in Höhe von 570,00 €, die Sie per Banküberweisung an das Finanzamt zahlen.

Die Buchungssätze lauten:

Umsatzsteuer	950,00	
an Vorsteuer		950,00
Umsatzsteuer	570,00	
an Bank		570,00

Informationstext 4: Bilanzierung der Zahllast

Bilanzierung der Zahllast zum 31.12.

Zum 31.12. ist die Zahllast des Monats Dezember in die Schlussbilanz unter Verbindlichkeiten einzusetzen (dies wird „passivieren“ genannt).

Soll	Vorsteuer		Haben
...	5.000,00	UST	5.000,00

Soll	Umsatzsteuer		Haben
VST	5.000,00	...	12.000,00
Bank Zahllast	7.000,00		

Soll	SBK		Haben
		UST	7.000,00

Erläuterung:

- Der Saldo des Kontos Vorsteuer beträgt 5.000,00 € und der vom Konto Umsatzsteuer beträgt 12.000,00 €. Daher wird das Konto Vorsteuer über das Konto Umsatzsteuer abgeschlossen („schließe das kleinere Konto über das größere Konto ab“).
- Zum 31.12. wird die Zahllast in Höhe von 7.000,00 € auf das Konto SBK im Haben eingetragen (Passivierung der Zahllast auf dem Konto SBK), da die Umsatzsteuer eine Verbindlichkeit gegenüber dem Finanzamt ist.

Die dazugehörigen Buchungssätze lauten:

Buchungssatz	Soll	Haben
Umsatzsteuer	5.000,00	
an Vorsteuer		5.000,00
Umsatzsteuer	7.000,00	
an SBK		7.000,00

Informationstext 5: Buchhalterische Ermittlung des Vorsteuerüberhangs

Ist die **Vorsteuer größer als die Umsatzsteuer,** so liegt ein sogenannter **Vorsteuerüberhang** vor. Das Konto Umsatzsteuer wird dann über das Konto Vorsteuer abgeschlossen. Ein Vorsteuerüberhang kann beispielsweise zu Beginn eines Unternehmens vorliegen, da zunächst viel Ware eingekauft werden muss, die dann später erst verkauft wird.

Fortsetzung auf Seite 304

Informationstext 5: Buchhalterische Ermittlung des Vorsteuerüberhangs (Forts.)

Soll	Vorsteuer		Haben
…	2.500,00	UST	1.700,00
		Bank	800,00

Soll	Umsatzsteuer		Haben
VST	1.700,00	(2) Fo	1.700,00

Soll	Bank		Haben
AB	50.000,00		
VST	800,00		

Erläuterung:

- Der Saldo des Kontos Vorsteuer beträgt 2.500,00 € und der vom Konto Umsatzsteuer beträgt 1.700,00 €. Daher wird das Konto Umsatzsteuer über das Konto Vorsteuer abgeschlossen („schließe das kleinere Konto über das größere Konto ab").
- Der Vorsteuerüberhang beträgt demnach 800,00 € (2.500,00 € – 1.700,00 €).
- Diesen Geldbetrag holt sich das Unternehmen vom Finanzamt zurück (Buchungssatz: Bank an Vorsteuer 800,00 €).

Die dazugehörigen Buchungssätze lauten:

Buchungssatz	Soll	Haben
Umsatzsteuer	1.700,00	
an Vorsteuer		1.700,00
Bank	800,00	
an Vorsteuer		800,00

Informationstext 6: Bilanzierung des Vorsteuerüberhangs zum 31.12.

Zum 31.12. ist der Vorsteuerüberhang des Monats Dezember in die Schlussbilanz unter Forderungen einzusetzen (dies wird auch „aktivieren" genannt).

Soll	Vorsteuer		Haben
…	10.000,00	UST	8.000,00
		SBK	2.000,00

Soll	Umsatzsteuer		Haben
VST	8.000,00		8.000,00

Soll	SBK		Haben
Vorsteuer	2.000,00		

Erläuterung:

- Der Saldo des Kontos Vorsteuer beträgt 10.000,00 € und der vom Konto Umsatzsteuer beträgt 8.000,00 €. Daher wird das Konto Umsatzsteuer über das Konto Vorsteuer abgeschlossen („schließe das kleinere Konto über das größere Konto ab").

Informationstext 6: Bilanzierung des Vorsteuerüberhangs zum 31.12. (Forts.)

- Zum 31.12. wird der Vorsteuerüberhang in Höhe von 2.000,00 € auf das Konto SBK im Soll eingetragen (Aktivierung des Vorsteuerüberhangs auf dem Konto SBK), da die Vorsteuer eine Forderung gegenüber dem Finanzamt ist.

Die dazugehörigen Buchungssätze lauten:

Umsatzsteuer	8.000,00	
an Vorsteuer		8.000,00
SBK	2.000,00	
an Vorsteuer		2.000,00

Das ist für Sie zu tun

1. Bilden Sie zu den nachfolgenden Geschäftsfällen der Bio-Fashion OHG die Buchungssätze unter Beachtung der Umsatzsteuer.

Nr.	Geschäftsfall	€	Konten	Soll	Haben
1	ER: Einkauf von Herrenhosen, netto + 19 % Umsatzsteuer	 10.000,00 1.900,00			
2	Quittung: Barkauf von Kopierpapier, netto + 19 % Umsatzsteuer	 400,00 76,00			
3	AR: Verkauf von Herrenhosen, netto + 19 % Umsatzsteuer	 15.000,00 2.850,00			
4	ER: Reparatur der Heizungsanlage, netto + 19 % Umsatzsteuer, netto	 600,00 114,00			
5	ER: Kauf eines neuen Büroschreibtischs, netto + 19 % Umsatzsteuer, netto	 1.500,00 285,00			
6	Barverkauf von T-Shirts, netto + 19 % Umsatzsteuer	 500,00 95,00			
7	ER: Kauf eines neuen Firmenwagens, netto + 19 % Umsatzsteuer	 60.000,00 11.400,00			
8	AR: Verkauf von Waren, netto + 19 % Umsatzsteuer	 5.000,00 950,00			

Fortsetzung auf Seite 306

Das ist für Sie zu tun

2. Bilden Sie zu dem nachfolgenden Beleg den Buchungssatz.

Büromöbel Diler GmbH

RECHNUNG

Bonner Straße 25
52351 Düren
Telefon: 02421 4321232

RECHNUNGSNR. 150
DATUM: 07.07.20...

AN:
Bio-Fashion OHG
Langestraße 16
50876 Köln

LIEFERADRESSE:
Bio-Fashion OHG

VERKÄUFER	P.O. NUMMER	ANFORDERER	VERSANDWEG	FREI (AN BORD)-PUNKT	BEDINGUNGEN
Blume					Fällig bei Erhalt

MENGE	BESCHREIBUNG	EINZELPREIS	SUMME
1	Kopierpapier, 5.000 Blatt	60,00	60,00
		ZWISCHENSUMME	**60,00**
		MEHRWERTSTEUER	11,40
		VERPACKUNG UND VERSAND	-
		SUMME FÄLLIG	**71,40**

Alle Schecks auszahlbar an Büromöbel Diler GmbH
Wenden Sie sich mit Fragen zu dieser Rechnung an Name, Telefonnummer, E-Mail-Adresse

VIELEN DANK FÜR IHRE BESTELLUNG!

Buchungssatz	Soll	Haben

Das ist für Sie zu tun

3. Zum 31.12. weisen die Konten „Vorsteuer" und „Umsatzsteuer" die folgenden Beträge aus:

Soll	**Vorsteuer**	Haben
… 20.000,00		

Soll	**Umsatzsteuer**	Haben
		… 50.000,00

Soll	**SBK**	Haben

a. Schließen Sie die Konten ab.

b. Tragen Sie den entsprechenden Betrag in das Konto SBK ein.

c. Nennen Sie den Buchungssatz für die Umbuchung.

Buchungssatz	Soll	Haben

d. Liegt hier ein Vorsteuerüberhang oder eine Zahllast vor?

Fortsetzung auf Seite 308

Das ist für Sie zu tun

4. Zum 31.12. weisen die Konten „Vorsteuer" und „Umsatzsteuer" die folgenden Beträge aus:

Soll	Vorsteuer	Haben
... 45.000,00		

Soll	Umsatzsteuer	Haben
		... 20.000,00

Soll	SBK	Haben

a. Schließen Sie die Konten ab.

b. Tragen Sie den entsprechenden Betrag in das Konto SBK ein.

c. Nennen Sie den Buchungssatz für die Umbuchung.

Buchungssatz	Soll	Haben

d. Liegt hier ein Vorsteuerüberhang oder eine Zahllast vor?

11.1.14 Erfolgskonten und Umsatzsteuer: Ich-kann-Liste

Ich-kann-Liste

Bitte machen Sie an der Stelle ein Kreuz, an der Sie Ihren Lernfortschritt einordnen.

Inhalte: Ich kann …	**Lernfortschritt** ++	+	–	––
1. … Erträge und Aufwendungen voneinander unterscheiden.				
2. … rechnerisch den Erfolg (Gewinn oder Verlust) ermitteln, indem Erträge und Aufwendungen gegenübergestellt werden.				
3. … Buchungssätze mit Erfolgskonten bilden.				
4. … auf Erfolgskonten buchen und diese über das GuV-Konto abschließen.				
5. … im GuV-Konto den Gewinn oder Erfolg ermitteln und diesen dann ins Konto Eigenkapital einstellen.				
6. … das Konto Eigenkapital unter Berücksichtigung des Erfolgs abschließen.				
7. … den Begriff der Mehrwertsteuer anhand eines Wertschöpfungsprozesses erklären.				
8. … Vorsteuer und Umsatzsteuer voneinander abgrenzen.				
9. … Buchungssätze unter Berücksichtigung der Umsatzsteuer bilden.				
10. … Buchungssätze unter Berücksichtigung der Steuer auf den Konten Vorsteuer und Umsatzsteuer eintragen und diese ordnungsgemäß abschließen.				
11. … ich kann die Konten Vorsteuer und Umsatzsteuer zum 10. eines Monats abschließen sowie auch zum Jahresende.				

An dieser Stelle ist es zur Selbstreflexion Ihres Lernprozesses von Bedeutung, sich über einzelne Phasen des Lernprozesses bewusst zu werden:

Woran hat es gelegen, dass ich einen sehr guten bzw. guten Lernfortschritt in den einzelnen Inhalten erzielt habe?

____

____

____

____

Fortsetzung auf Seite 310

Ich-kann-Liste (Fortsetzung)

Woran hat es gelegen, dass ich einen geringen bzw. gar keinen Lernfortschritt in den einzelnen Inhalten erzielt habe?

Welche Vorgehensweise bzw. Methoden haben zum Gelingen meines Lernfortschritts beigetragen?

Was nehme ich mir für meinen Lernprozess in der nächsten Anforderungssituation vor?

Erfolgskonten und Umsatzsteuer

11.1.15 Organisation der Buchführung

11.1.15.1 Grund- und Hauptbuch

Situation

Frau Lennartz bittet Max, einen Beleg und Buchungstext der Firma Fritz Klein e. K. vom letzten Monat herauszusuchen. Max weiß nicht so richtig, wie er dies tun soll und fragt nach.

Max (ratlos): „Wo soll der denn sein?"

Frau Lennartz: „Mit Ordnern arbeiten wir nicht. Wir scannen die Belege ein und tragen diese dann in unseren PC ein. Wir führen ein sogenanntes Grundbuch, in dem das Buchungsdatum, die Belegnummer und der Buchungstext eingetragen wird. So finden wir schnell die Belege."

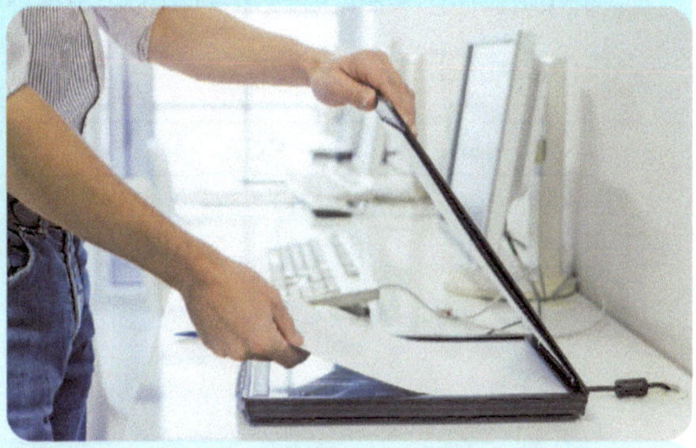

Max: „Können Sie mir das mal am PC zeigen?"

Frau Lennartz (seufzend): „Gerne!"

Informationstext: Grundbuch und Hauptbuch

Die Richtigkeit von Buchungen kann nur anhand von Belegen (Eingangsrechnungen, Ausgangsrechnungen, Bankauszüge, Kassenbelege, siehe Kapitel 11.1.6) überprüft werden. Jede Buchung basiert auf einen entsprechenden Beleg.

Merke

Der wichtigste Grundsatz einer ordnungsmäßigen Buchführung lautet:
Keine Buchung ohne Beleg

Das Grundbuch

Im Grundbuch werden die Buchungssätze eingetragen. Diese sind dann allerdings etwas detaillierter:

Grundbuch				
Datum	**Belegnummer**	**Buchungssatz**	**Soll**	**Haben**
01.02.20...	BA05	Verbindlichkeiten	1.500,00	
		an Bank		1.500,00
02.02.20...	ER35	Büromaterial	450,00	
		an Verbindlichkeiten		450,00

Die Belegnummer zeigt die laufende Nummer der Belege an. Durch Abkürzungen verliert man nicht die Übersicht:

Der nächste Bankauszug hätte also die Nummer BA06.

Die nächste Eingangsrechnung hätte die Nummer ER36.

Fortsetzung auf Seite 312

Informationstext: Grundbuch und Hauptbuch (Fortsetzung)

Das Hauptbuch

Im Hauptbuch werden die Konten dargestellt (Bestandskonten, Erfolgskonten, GuV-Konto, SBK). Dort werden die Anfangsbestände eingetragen sowie auf den Konten die im Grundbuch vermerkten Buchungssätze.

1. Tragen Sie die Nummer des Geschäftsfalls ein.
2. Schreiben Sie das Gegenkonto und den Geldbetrag hin.

Beispiel: für das Konto BGA

1. Geschäftsfall, Gegenkonto Bank, Geldbetrag in Höhe von 1.000,00 €

Hauptbuch

Soll		**BGA**	Haben
AB	50.000,00		
(1) Bank	1.000,00		

Das ist für Sie zu tun

1. Erklären Sie die Begriffe Grund- und Hauptbuch.

Das ist für Sie zu tun

2. Tragen Sie die aufgeführten Fälle in das unten dargestellte Grundbuch ein.

a. Beleg ER36: Kauf von Waren am 01.06. auf Ziel für 5.000,00

b. Beleg KB85: Barkauf von Briefmarken am 02.06. für die Verwaltung in Höhe von 50,00

c. Beleg AR101: Zielverkauf von Waren am 03.06. in Höhe von 2.000,00 €

d. Beleg BA06: Am 04.06. Zahlung einer Rechnung bei einem Lieferanten in Höhe von 3.000,00 €

e. Beleg KB86: Barverkauf von Waren am 05.06. in Höhe von 1.500,00 €

f. Beleg BA07: Erhalt von Mietzahlungen in Höhe von 2.500,00 € am 05.06.

g. Beleg ER37: Zielkauf eines Schreibtischs am 06.06. für die Verwaltung in Höhe von 900,00 €

h. Beleg BA08: Ein Kunde zahlt seine Rechnung in Höhe von 2.000,00 € am 07.06.

Grundbuch

Datum	Belegnummer	Buchungssatz	Soll	Haben

11.1.15.2 Belege ins Grundbuch buchen

Situation

Frau Lennartz: „Guten Morgen, Max. Ich gebe Ihnen jetzt ein paar Belege, die Sie bitte dann in unser Grundbuch eintragen. Bei den Eingangsrechnungen sind wir mittlerweile bei ER45 angelangt, bei den Ausgangsrechnungen AR145, bei den Bankauszügen BA15 und bei den Kassenbelegen bei KB105."

Max: „Alles klar. Ich mache mich ans Werk."

Das ist für Sie zu tun

1. **Buchen Sie die nachfolgenden Belege in das unten abgebildete Grundbuch. Berücksichtigen Sie die Belegnummern aus der obigen Situation 11.1.15.2.**

	Bio-Fashion OHG, Dürener Straße 100, 50875 Köln
Quittung	**5.000,00 €**
€ in Worten	**fünftausend**
von	**Herr Herbert Hellwig**
für	**gebrauchter Transporter**
Köln, 01.07.20...	Betrag dankend erhalten
	Stempel/Unterschrift des Empfängers i. V. *Max Pfeiffer*

RECHNUNG

Bio-Fashion OHG

DATUM
06.06.20..

RECHNUNGSNR.
45695

Bio-Fashion OHG
Dürener Straße 100
50875 Köln
0221 34523454
0221 34523453
biofashion@koeln.de

RECHNUNG AN:
Müller Outlet GmbH
Kölnstraße 45
52351 Düren

VERKÄUFER	AUFTRAG	ZAHLUNGSBEDINGUNGEN	FÄLLIGKEITSDATUM
Özdemir	02.06.20	Fällig bei Erhalt	

MENGE	BESCHREIBUNG	EINZELPREIS	ZEILENSUMME
15	Herrenhemden	42,00	630,00
20	Herren T-Shirts	8,00	160,00
		Zwischensumme	790,00
		Mehrwertsteuer	150,10
		Summe	940,10

Bilder: © fotomek (r.o., r.m.) – Fotolia.com

Das ist für Sie zu tun

Büromöbel Diler GmbH

RECHNUNG

Bonner Straße
52351 Düren
Telefon: 02421 4321232

RECHNUNGSNR. 100
DATUM: 03.07.20…

AN:
Bio-Fashion OHG
Langestraße 16
50876 Köln

LIEFERADRESSE:
Bio-Fashion OHG

VERKÄUFER	P.O. NUMMER	ANFORDERER	VERSANDWEG	FREI (AN BORD)-PUNKT	BEDINGUNGEN
Blume					Fällig bei Erhalt

MENGE	BESCHREIBUNG	EINZELPREIS	SUMME
4	Notebooks, Ausführung Business	1.600,00	6.400,00
		ZWISCHENSUMME	**6.400,00**
		MEHRWERTSTEUER	1.216,00
		VERPACKUNG UND VERSAND	-
		SUMME FÄLLIG	**7.616,00**

Alle Schecks auszahlbar an Büromöbel Diler GmbH
Wenden Sie sich mit Fragen zu dieser Rechnung an Name, Telefonnummer, E-Mail-Adresse

VIELEN DANK FÜR IHRE BESTELLUNG!

SPARKASSE KÖLN		
SEPA-Girokonto	**IBAN DE4321569831234567m, BIC KOEBDEEXXX**	
	Kontoauszug 14	
	Blatt 1	
Datum	**Erläuterungen**	
Kontostand in € am 04.07.20…		135.000,00
05.07.20…	Zahlungsausgang an Diler GmbH	7.616,00
Kontostand am 05.07.20…		127.374,00,00
Ihr Dispositionskredit: 50.000,00 €		Bio-Fashion OHG

Fortsetzung auf Seite 316

Das ist für Sie zu tun

Datum	Belegnummer	Buchungssatz	Soll	Haben

11.1.16 Buchhalterische Berücksichtigung von Abschreibungen

11.1.16.1 Lineare Abschreibung

Situation

Max beschäftigt sich mit dem Jahresabschluss. Er schaut sich das Konto Fuhrpark genauer an:

Soll	Fuhrpark		Haben
AB	200.000,00		
(10) Bank	60.000,00		

Max (grübelnd): „Wenn ich nun das Konto Fuhrpark abschließe, dann habe ich zum Ende des Jahres einen Bestand in Höhe von 260.000,00 €. Wenn ich einen Pkw ein Jahr nutze, dann kann dieser doch eigentlich nicht noch immer 60.000,00 € Wert sein, oder?"

Frau Lennartz: „Allerdings. Diese Wertminderung müssen wir buchhalterisch noch berücksichtigen. Wir schreiben unsere Gegenstände des Anlagevermögens ab."

Informationstext: Abschreibungen

Wertminderungen im Anlagevermögen müssen buchhalterisch durch die sogenannten **Abschreibungen** erfasst werden. Wertminderungen entstehen u.a. durch:

- Nutzung des Gegenstands, z.B. Pkw, PC und Drucker
- Technischen Fortschritt, z.B. Herstellung neuer Produkte

Die Abschreibungen stellen für das Unternehmen einen Aufwand dar, da sich der Gewinn reduziert (ein Pkw ist z.B. nach einem Jahr weniger wert).

Die Nutzung von **abnutzbarem Anlagevermögen** (BGA, Fuhrpark) ist **zeitlich begrenzt.** Daher nennt man diese Abschreibung auch **planmäßig.** Die Abschreibung beginnt ab dem Monat der Anschaffung.

Beispiel: Es wurde ein Pkw am 05.02. eines Jahres für 60.000,00 € gekauft. Die Abschreibung erfolgt ab Februar des Jahres. Für das erste Jahr werden 11 Monate abgeschrieben.

Man unterscheidet mehrere **Abschreibungsmethoden** (linear, degressiv, nach Leistung). Im Folgenden geht es um die **lineare Abschreibung.**

Lineare Abschreibung

Die lineare Abschreibung erfolgt immer von einem gleichbleibenden Abschreibungsbetrag bzw. von einem gleichbleibenden AFA-Satz (AFA = Absetzung für Abnutzung). Die Anschaffungskosten werden in gleichen Beträgen auf die Nutzungsdauer verteilt.

Anschaffungskosten eines Anlagegegenstands berechnen sich folgendermaßen:

Anschaffungspreis (ohne Umsatzsteuer)
+ weitere Anschaffungskosten (z.B. Transportkosten, Installationskosten, Montagekosten, Zulassungsgebühren für Pkw und Lkw)
– Rabatte, Skonto

= Anschaffungskosten

Die Anschaffungskosten sind alle Aufwendungen, die beim Erwerb eines Vermögensgegenstandes anfallen. Dazu zählen alle Kosten, die direkt mit dem Kauf verbunden sind, aber auch solche, die anfallen, bis der Vermögensgegenstand **in einem betriebsbereiten Zustand** ist. Daher werden zu den Anschaffungskosten beispielsweise auch die Transportkosten, Montagekosten und Zulassungsgebühren gerechnet.

Formeln zur Berechnung der Abschreibung

- $\text{Abschreibungsbetrag} = \frac{\text{Anschaffungskosten}}{\text{Nutzungsdauer}}$
- $\text{Abschreibungssatz in \%} = \frac{100}{\text{Nutzungsdauer}}$

Fortsetzung auf Seite 318

Informationstext: Abschreibungen (Fortsetzung)

Der **Abschreibungstabelle** ist zu entnehmen, wie lange Gegenstände im Anlagevermögen genutzt werden:

Anlagegut	Nutzungsdauer = Dauer der Abschreibung
Aktenvernichter	8 Jahre
Anhänger	11 Jahre
Büromöbel	13 Jahre
Drucker/Kopierer	3 Jahre
Notebooks	3 Jahre
Lkw	9 Jahre
Monitore	3 Jahre
PC	3 Jahre
Pkw	6 Jahre

Beispiel: Abschreibungskosten berechnen

Ein Pkw wurde am 05.02. gekauft und hat 60.000,00 € gekostet (60.000,00 € = Anschaffungskoten). Der Anschaffungspreis betrug 60.400,00 € netto. Es fielen Transportkosten in Höhe von 2.420,00 € und Zulassungsgebühren in Höhe von 200,00 €. Es wurde ein Rabatt in Höhe von 5 % erteilt.

Die Anschaffungskosten berechneten sich folgendermaßen:

Anschaffungspreis, netto	60.400,00 €
– 5 % Rabatt	3.020,00 €
+ Transportkosten	2.420,00 €
+ Zulassungsgebühren	200,00 €
= Anschaffungskosten	60.000,00 €

Berechnung der planmäßigen Abschreibung:

$$\text{Abschreibungsbetrag} = \frac{60.000\ €}{6\ \text{Jahre Nutzungsdauer}} = 10.000\ €\ \text{Abschreibung pro Jahr}$$

Die Nutzungsdauer wird der Abschreibungstabelle entnommen.

Da der Pkw aber erst im Februar gekauft wurde, werden im 1. Jahr nur 11 Monate abgeschrieben:

$$\frac{10.000,00\ €\ \text{Abschreibungen pro Jahr}}{12\ \text{Monate}} = 833,33\ €\ \text{pro Monat}$$

$833,33\ € \cdot 11 = 9.166,67\ €$ Abschreibung für 11 Monate

Die Werte werden in einem Abschreibungsplan festgehalten.

Abschreibungsplan für den Pkw, Anschaffungskosten 60.000,00 €, pro Jahr 10.000,00 € Abschreibung

Informationstext: Abschreibungen (Fortsetzung)

Beispiel: Abschreibungskosten berechnen (Fortsetzung)

Jahr	Wert des Anlagegutes zu Beginn des Jahres	Abschreibung
1	60.000,00 €	9.166,67 €
2	50.833,33 €	10.000,00 €
3	40.833,33 €	10.000,00 €
4	30.833,33 €	10.000,00 €
5	20.833,33 €	10.000,00 €
6	10.833,33 €	10.000,00 €
7	833,33 €	833,33 €
8	0,00 €	

Anmerkung: Im 1. Jahr wurden nur 11 Monate abgeschrieben. In den folgenden Jahren werden jeweils 10.000,00 € abgeschrieben, da das Auto das ganze Jahr genutzt wird. Im 7. Jahr muss das Auto noch für einen Monat abgeschrieben werden. Dies ist der Restmonat aus dem 1. Jahr.

Merke

- Für die Berechnung der Wertminderung, also der Abschreibung, werden die Anschaffungskosten zugrunde gelegt.
- Die Anschaffungskosten sind die Kosten, die einen Gegenstand in einen betriebsbereiten Zustand versetzen.
- Die lineare Abschreibung berechnet sich nach der Formel

$$\text{Abschreibungsbetrag} = \frac{\text{Anschaffungskosten}}{\text{Nutzungsdauer}}$$

Das ist für Sie zu tun

1. Bestimmen Sie für den nachfolgenden Kauf die Anschaffungskosten.

Die Bio-Shopping OHG kauft für die Verwaltung einen neuen Drucker. Der Netto-Anschaffungspreis beträgt 500,00 €, die Transportkosten 7,00 €; es gibt einen Rabatt von 5 %.

Fortsetzung auf Seite 320

Das ist für Sie zu tun

Bestimmung der Anschaffungskosten:

2. Bestimmen Sie für den nachfolgenden Kauf die Anschaffungskosten.

BODO Büromöbel OHG

RECHNUNG

Bardenberger Straße 5
52146 Würselen

RECHNUNGSNR. 125.20
DATUM: 01.07.20..

AN:
Bio-Fashion OHG
Dürener Straße 100
50875 Köln

VERKÄUFER	P.O. NUMMER	ANFORDERER	VERSANDWEG	FREI (AN BORD)-PUNKT	BEDINGUNGEN
Müller					Fällig bei Erhalt

MENGE	BESCHREIBUNG	EINZELPREIS	SUMME
4	Schreibtische, Business-Ausstattung	2.000,00	8.000,00
		ZWISCHENSUMME	**8.000,00**
		VERPACKUNG UND VERSAND	40,00
		UMSATZSTEUER	1.527,60
		SUMME FÄLLIG	9.567,60

Alle Schecks auszahlbar an BODO Büromöbel OHG

VIELEN DANK FÜR IHRE BESTELLUNG!

Bestimmung der Anschaffungskosten:

Das ist für Sie zu tun

3. Die Bio-Fashion OHG kauft am 10.01. des Jahres ein neues Notebook für die Verwaltung. Die Anschaffungskosten betragen 1.200,00 €. Erstellen Sie einen Abschreibungsplan. Benutzen Sie dazu die nachfolgende Tabelle.

Jahr	Wert des Anlagegutes zu Beginn des Jahres	Abschreibung

4. Die Bio-Fashion OHG kauft am 12.10. einen Aktenvernichter für 400,00 € netto (= Anschaffungskosten). Erstellen Sie einen Abschreibungsplan. Benutzen Sie dazu die nachfolgende Tabelle.

Jahr	Wert des Anlagegutes zu Beginn des Jahres	Abschreibung

11.1.16.2 Abschreibungsbeträge buchen

Situation

Max (gut gelaunt): „Die lineare Abschreibung ist ja gar nicht so schwer. Ich brauche nur die Anschaffungskosten durch die Nutzungsdauer zu dividieren. Allerdings muss ich noch aufpassen, wann der Gegenstand gekauft wurde, da ich monatsgenau abschreiben muss."

Frau Lennartz: „So ist es. Der ermittelte Abschreibungsbetrag reduziert dann den Wert des Gegenstands. Dies müssen wir dann im Haben vermerken. Für die Abschreibung gibt es ein eigenes Aufwandskonto, was dann wiederum über das Konto GuV abgeschlossen wird."
Max (zweifelnd): „Das ist mir jetzt doch etwas zu viel ..."
Frau Lennartz: „Keine Sorge. Ich zeige Ihnen das."

Beispiel:

1. Die ermittelten Wertminderungen, also die Abschreibungen, reduzieren das betreffende Konto im Anlagenbereich. Am Beispiel des Kontos Fuhrpark sieht das so aus:

Soll		Fuhrpark	Haben
AB	200.000,00		
(10) Bank	60.000,00		

2. Der gekaufte Pkw wurde mit den Anschaffungskosten in Höhe von 60.000,00 € erfasst. Da der Pkw im Februar des Jahres gekauft wurde, wird eine Abschreibung für 11 Monate in Höhe von 9.166,67 € vorgenommen (siehe Situation 11.1.16.1).
   Diese Wertminderung wird auf der Habenseite vermerkt:

Soll		Fuhrpark	Haben
AB	200.000,00	AfA	9.166,67
(10) Bank	60.000,00		

   Anmerkung: AfA gibt die Abschreibung an. AfA steht für „Absetzung für Abnutzung".

3. So kann man anhand des Kontos erkennen, dass der Wert des Pkw sich um 9.166,67 reduziert hat. Diese Wertminderung halten Sie auf dem Aufwandskonto Abschreibungen fest:

Soll		AfA	Haben
Fuhrpark	9.166,67	GuV	9.166,67

Beispiel (Fortsetzung):

4. Der Buchungssatz für die Umbuchung lautet:

AfA an Fuhrpark	**9.166,67**	**9.166,67**

5. Abschließend tragen Sie die Wertminderung in Höhe von 9.166,67 € auf das GuV-Konto ein.

Soll		**GuV**	Haben
Fuhrpark	9.166,67		

Das ist für Sie zu tun

1. Zum Anfang des Jahres hat die Bio-Shopping OHG einen Kopierer für 1.200,00 € (= Anschaffungskosten) gekauft.

a. Bestimmen Sie die jährliche Abschreibung.

___

___

___

b. Tragen Sie den Abschreibungsbetrag in das Konto BGA ein, übertragen Sie diesen in das Konto AfA und buchen Sie den Abschreibungsbetrag auch auf das Konto GuV.

Soll		**BGA**	Haben
AB	1.200,00		

Soll		**AfA**	Haben

Soll		**GuV**	Haben

c. Wie lautet der Buchungssatz für die Umbuchung vom Konto BGA auf das Konto AfA?

11.1.17 Organisation und Abschreibungen: Ich-kann-Liste

Ich-kann-Liste

Bitte machen Sie an der Stelle ein Kreuz, an der Sie Ihren Lernfortschritt einordnen.

Inhalte: Ich kann …	**Lernfortschritt**			
	++	**+**	**–**	**––**
1. … ein Grundbuch erstellen.				
2. … Buchungssätze in das Hauptbuch eintragen.				
3. … den Begriff Abschreibungen erläutern.				
4. … Anschaffungskosten berechnen.				
5. … lineare Abschreibungsbeträge berechnen.				
6. … einen Abschreibungsplan für verschiedene Anlagegüter erstellen.				
7. … die Abschreibung buchhalterisch berücksichtigen.				

An dieser Stelle ist es zur Selbstreflexion Ihres Lernprozesses von Bedeutung, sich über einzelne Phasen des Lernprozesses bewusst zu werden:

Woran hat es gelegen, dass ich einen sehr guten bzw. guten Lernfortschritt in den einzelnen Inhalten erzielt habe?

Woran hat es gelegen, dass ich einen geringen bzw. gar keinen Lernfortschritt in den einzelnen Inhalten erzielt habe?

Ich-kann-Liste (Fortsetzung)

Welche Vorgehensweise bzw. Methoden haben zum Gelingen meines Lernfortschritts beigetragen?

____

____

____

____

Was nehme ich mir für meinen Lernprozess in der nächsten Anforderungssituation vor?

____

____

____

____

AS 11.2 Aufbereitung und Auswertung von Wertströmen: Was erwartet uns in der Anforderungssituation?

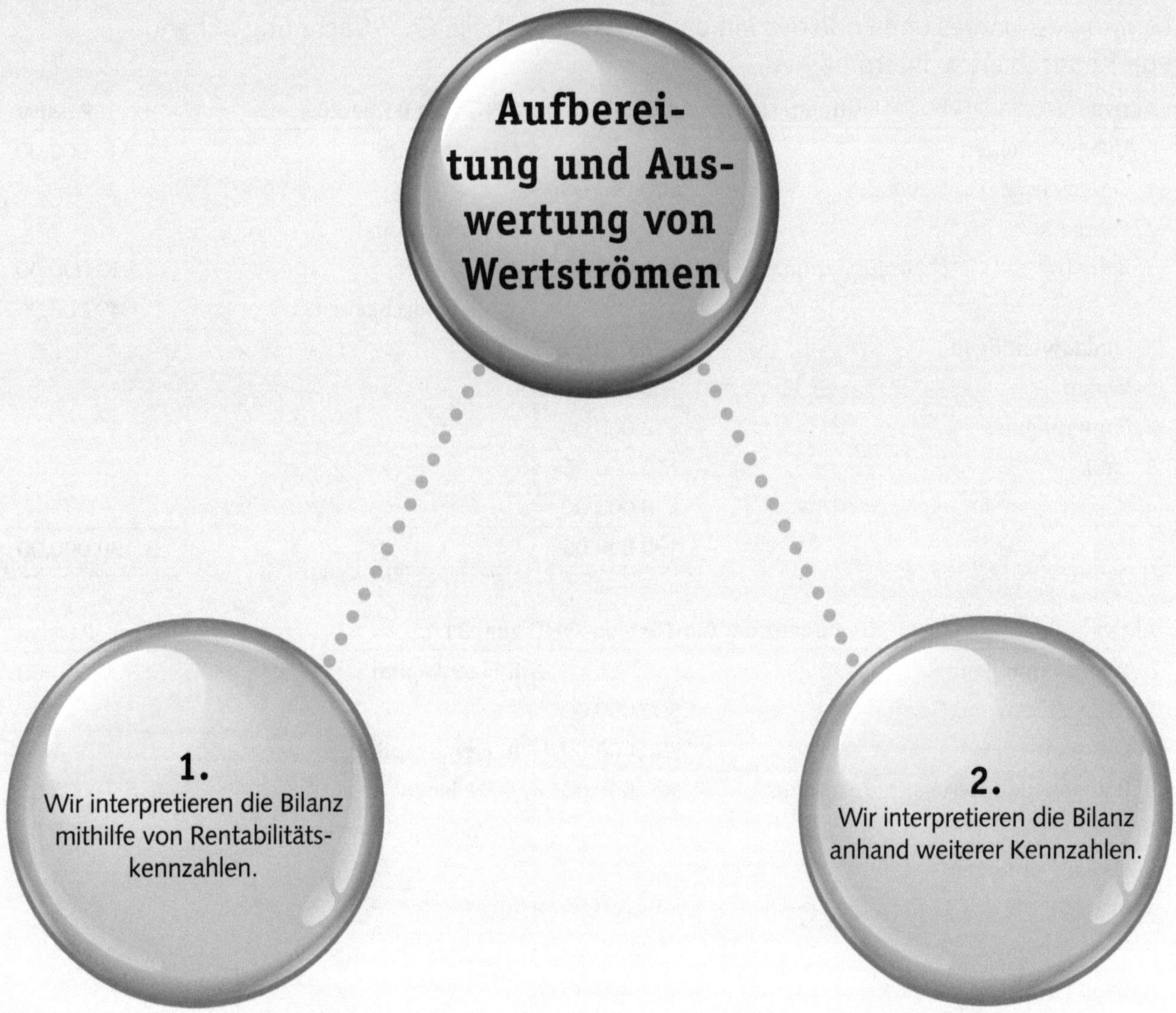

11.2.1 Die Kennzahlen Eigenkapitalrentabilität, Gesamtkapitalrentabilität und Umsatzrentabilität

Situation

Max erhält von Frau Lennartz den Auftrag, die Bilanzen des Geschäftsjahres (Anfang des Jahres und Ende des Jahres) sowie die aktuelle GuV-Rechnung anhand von Kennzahlen zu interpretieren.

Eröffnungsbilanz der Bio-Fashion-OHG zum 01.01.20...

Aktiva		Passiva	
I. Anlagevermögen		**I. Eigenkapital**	2.840.000,00
1. Grundstücke und Gebäude	2.600.000,00		
2. Fuhrpark	120.000,00	**II. Fremdkapital**	
3. Betriebs- und Geschäftsausstattung	150.000,00	1. Darlehen	310.000,00
		2. Verbindlichkeiten	40.000,00
II. Umlaufvermögen			
1. Waren	160.000,00		
2. Forderungen	12.000,00		
3. Bank	140.000,00		
4. Kasse	8.000,00		
	3.190.000,00		**3.190.000,00**

Bilanz der Bio-Fashion-OHG zum 31.12.

Aktiva		Passiva	
I. Anlagevermögen		**I. Eigenkapital**	2.900.000,00
1. Grundstücke und Gebäude	2.600.000,00		
2. Fuhrpark	250.000,00	**II. Fremdkapital**	
3. Betriebs- und Geschäftsausstattung	120.000,00	1. Darlehen	550.000,00
		2. Verbindlichkeiten	30.000,00
II. Umlaufvermögen			
1. Waren	145.000,00		
2. Forderungen	10.000,00		
3. Bank	340.000,00		
4. Kasse	15.000,00		
	3.480.000,00		**3.480.000,00**

Gewinn- und Verlustkonto

Soll		Haben	
Aufwendungen Waren	50.000,00	**Umsatzerlöse**	550.000,00
Gehälter	100.000,00	Mieterträge	10.000,00
Zinsaufwendungen	15.000,00		
Büromaterial	5.000,00		
Energie	3.000,00		
EK (Gewinn)	**387.000,00**		
	560.000,00		**560.000,00**

Max sucht im Internet nach Bilanzkennzahlen, um eine Auswertung zu erstellen.

Informationstext: Bilanzkennzahlen

Die zum Ende des Jahres erstellte Bilanz wird anhand von Kennzahlen interpretiert. So wird festgestellt, ob ein Unternehmen gut oder schlecht aufgestellt ist. Es lassen sich mögliche Maßnahmen ableiten, um zukünftig besser zu wirtschaften.

Die nachfolgende Tabelle zeigt wichtige, grundlegende Kennzahlen:

Kennzahl	Erklärung	Beispiel: Berechnung bezogen auf die Situation 11.2.1
Eigenkapitalrentabilität	Die Eigenkapitalrentabilität gibt die Rendite (= Ertrag) des eingesetzten Eigenkapitals an. Sie ergibt sich aus dem Verhältnis von Gewinn und Eigenkapital und wird üblicherweise in Prozent angegeben. Beim Eigenkapital gehen wir vom durchschnittlichen Eigenkapital aus. $\text{Eigenkapitalrentabilität} = \frac{\text{Gewinn} \cdot 100}{\text{durchschnittliches Eigenkapital}}$ durchschn. EK = $\frac{1}{2}$ · (EK zum Jahresanfang + EK zum Jahresende)	durchschnittliches Eigenkapital: $= \frac{1}{2} \cdot (2.840.000{,}00\ € + 2.900.000{,}00\ €)$ = 2.870.000,00 € Eigenkapitalrentabilität: $= \frac{387.000{,}00\ € \cdot 100}{2.870.000{,}00\ €}$ = 13,48 %
Gesamtkapitalrentabilität	Eigen- und Fremdkapital bilden zusammen das Gesamtkapital. Um jetzt herauszufinden, ob sich auch der Einsatz des Fremdkapitals gelohnt hat, wird die Gesamtkapitalrentabilität berechnet. Da nun das Fremdkapital eine Rolle spielt, werden auch die Zinsen berücksichtigt. Gewinn und Fremdkapital werden addiert und dem Gesamtkapital gegenübergestellt. $\text{Gesamtkapitalrentabilität} = \frac{(\text{Gewinn} + \text{Fremdkapitalzinsen}) \cdot 100}{\text{durchschnittliches Gesamtkapital}}$	durchschnittliches Gesamtkapital: $= \frac{1}{2} \cdot (3.190.000{,}00\ € + 3.480.000{,}00\ €)$ = 3.335.000,00 € Gesamtkapitalrentabilität: $= \frac{(387.000{,}00\ € + 19.000{,}00\ €) \cdot 100}{3.335.000{,}00\ €}$ = 12,17 %
Umsatzrentabilität	Die Höhe der Umsatzerlöse zeigt nicht an, ob das Unternehmen rentabel gearbeitet hat, denn hier fehlt die Bezugsgröße Umsatz. Ein Unternehmen könnte beispielsweise einen Umsatz in Höhe von 1.500.000,00 € erwirtschaftet haben. Wenn allerdings der Gewinn nur bei 10.000,00 € liegt, zeigt dies an, dass das Unternehmen nicht gerade rentabel arbeitet. Daher werden Umsatzerlöse und Gewinn ins Verhältnis gesetzt. $\text{Umsatzrentabilität} = \frac{\text{Gewinn} \cdot 100}{\text{Umsatzerlöse}}$	Umsatzrentabilität: $= \frac{387.000{,}00\ € \cdot 100}{550.000{,}00\ €}$ = 70,36 %

Die Unternehmen sollten das Ziel haben, dass Eigenkapital-, Gesamtkapital- und Umsatzrentabilität möglichst hoch sind. Branchenüblich sollten diese Werte größer als 10 % sein.

Aus den oben errechneten Zahlen für die Bio-Fashion OHG kann abgeleitet:

- Zukünftig sollte das Unternehmen im Bereich der Eigenkapital- und Gesamtkapitalrentabilität höhere Gewinne erwirtschaften, sodass hier eine höhere Rentabilität erzielt werden kann.
- Im Bereich der Umsatzrentabilität wurde ein sehr hoher Wert (70,36 %) erzielt.

Das ist für Sie zu tun

1. Berechnen Sie die Eigenkapital-, Gesamtkapital- und Umsatzrentabilität.

Aktiva	Bilanz der Schreibwaren Müller e. K. zum 01.01.		Passiva
I. Anlagevermögen		**I. Eigenkapital**	1.618.000,00
1. Grundstücke und Gebäude	1.500.000,00		
2. Fuhrpark	120.000,00	**II. Fremdkapital**	
3. Betriebs- und Geschäftsausstattung	20.000,00	1. Darlehen	110.000,00
		2. Verbindlichkeiten	5.000,00
II. Umlaufvermögen			
1. Waren	50.000,00		
2. Forderungen	2.000,00		
3. Bank	40.000,00		
4. Kasse	1.000,00		
	1.733.000,00		**1.733.000,00**

Aktiva	Bilanz der Schreibwaren Müller e. K. zum 31.12.		Passiva
I. Anlagevermögen		**I. Eigenkapital**	1.697.000,00
1. Grundstücke und Gebäude	1.500.000,00		
2. Fuhrpark	150.000,00	**II. Fremdkapital**	
3. Betriebs- und Geschäftsausstattung	40.000,00	1. Darlehen	100.000,00
		2. Verbindlichkeiten	10.000,00
II. Umlaufvermögen			
1. Waren	55.000,00		
2. Forderungen	7.000,00		
3. Bank	50.000,00		
4. Kasse	5.000,00		
	1.807.000,00		**1.807.000,00**

Soll	Gewinn- und Verlustkonto		Haben
Aufwendungen Waren	20.000,00	Umsatzerlöse	100.000,00
Gehälter	60.000,00		
Zinsaufwendungen	4.000,00		
Büromaterial	1.000,00		
Energie	2.500,00		
EK (Gewinn)	**12.500,00**		
	100.000,00		**100.000,00**

Das ist für Sie zu tun

Kennzahl	Berechnungen
Eigenkapitalrentabilität	
Gesamtkapitalrentabilität	
Umsatzrentabilität	

2. Folgende Daten liegen vor:

Umsatzerlöse	120.000,00 €
Eigenkapital	500.000,00 €
Fremdkapitalzinsen	11.000,00 €
Fremdkapital	120.000,00 €
Gewinn	80.000,00 €

Berechnen Sie:

a. die Umsatzrentabilität	
b. die Eigenkapitalrentabilität	
c. die Gesamtkapitalrentabilität	

11.2.2 Die Bilanz anhand verschiedener Kennzahlen interpretieren

Situation

Nach der Erstellung der Rentabilitätskennzahlen soll Max diese den Kolleginnen und Kollegen aus dem Rechnungswesen präsentieren. Max visualisiert seine Auswertung und arbeitet mit einem Beamer:

Eigenkapital-rentabilität	$\frac{387.000{,}00\ € \cdot 100}{2.870.000{,}00\ €} = 13{,}48\ \%$
Gesamtkapital-rentabilität	$\frac{(387.000{,}00\ € + 19.000{,}00\ €) \cdot 100}{3.335.000{,}00\ €} = 12{,}17\ \%$
Umsatz-rentabilität	$\frac{387.000{,}00\ € \cdot 100}{550.000{,}00\ €} = 70{,}36\ \%$

Max (erläuternd): „In allen Bereichen erzielen wir gute Werte, denn gemäß meiner Recherche sollten die prozentualen Werte dieser Renditen mindestens über 10 % liegen. Beste Rendite erzielen wir im Bereich des Umsatzes mit 70,36 %. Darauf können wir richtig stolz sein."

Herr Kömür (zustimmend): „Danke für Ihre Recherche und die Auswertung. Gut gemacht! Mich würden noch die Umschlagskennzahlen zur Eigenkapitalumschlagshäufigkeit und Gesamtkapitalumschlagshäufigkeit interessieren. Max, könnten Sie diese bitte noch ermitteln? Ich gebe Ihnen auch die entsprechenden Formeln."

Max: „Ja, das kann ich gerne machen. Ich mache mich gleich an die Arbeit."

Informationstext: Umschlagskennzahlen

Im Bereich des Eigenkapitals- und Gesamtkapitals lassen sich sogenannte Umschlagskennzahlen berechnen. Diese geben an, wie lange es dauert, bis sich Eigenkapital und Gesamtkapital durch den erzielten Umsatz erneuern.

Kennzahl	Erklärung	Beispiel: Berechnung bezogen auf die Situation 11.2.2
Eigen-kapital-umschlags-häufigkeit	Die Eigenkapitalumschlagshäufigkeit gibt an, wie viele Euro Umsatzerlös mit einem Euro Eigenkapital erwirtschaftet wurden. $\text{Eigenkapitalumschlagshäufigkeit} = \frac{\text{Umsatzerlöse}}{\text{durchschnittliches Eigenkapital}}$ $\text{durchschn. EK} = \frac{1}{2} \cdot (\text{EK zum Jahresanfang} + \text{EK zum Jahresende})$	durchschnittliches Eigenkapital: $= \frac{1}{2} \cdot (2.840.000{,}00\ € + 2.900.000{,}00\ €)$ $= 2.870.000{,}00\ €$ Eigenkapitalumschlagshäufigkeit: $= \frac{550.000{,}00\ €}{2.870.000{,}00\ €}$ $= 0{,}19\ €$ Aus einem Euro Eigenkapital werden 0,19 € Umsatz erwirtschaftet.

Informationstext: Umschlagskennzahlen (Fortsetzung)

Kennzahl	Erklärung	Beispiel: Berechnung bezogen auf die Situation 11.2.2
Gesamtkapitalumschlagshäufigkeit	Die Gesamtkapitalumschlagshäufigkeit gibt an, wie viele Euro Umsatzerlös mit einem Euro Gesamtkapital erwirtschaftet wurden. $\text{Gesamtkapitalumschlagshäufigkeit} = \frac{\text{Umsatzerlöse}}{\text{durchschnittliches Gesamtkapital}}$	durchschnittliches Gesamtkapital: $= \frac{1}{2} \cdot (3.190.000{,}00\ € + 3.480.000{,}00\ €)$ $= 3.335.000{,}00\ €$ Gesamtkapitalumschlagshäufigkeit: $= \frac{550.000{,}00\ €}{3.335.000{,}00\ €}$ $= 0{,}16\ €$ Aus einem Euro Gesamtkapital werden 0,16 € Umsatz erwirtschaftet.

Das ist für Sie zu tun

1. Folgende Daten liegen vor:

Eigenkapital, Jahresanfang	1.500.000,00 €
Eigenkapital, Jahresende	2.000,000,00 €
Fremdkapital, Jahresanfang	200.000,00 €
Fremdkapital, Jahresende	250.000,00 €
Umsatzerlöse	950.000,00 €
Gewinn	500.000,00 €
Fremdkapitalzinsen	7.000,00 €

Berechnen Sie:

a. das durchschnittliche Eigenkapital	
b. das durchschnittliche Fremdkapital	
c. das durchschnittliche Gesamtkapital	
d. die Eigenkapitalumschlagshäufigkeit	
e. die Gesamtkapitalumschlagshäufigkeit	

Erklären Sie die beiden Fachbegriffe.

Eigenkapitalumschlagshäufigkeit	
Gesamtkapitalumschlagshäufigkeit	

11.2.3 Aufbereitung und Auswertung von Wertströmen: Ich-kann-Liste

Ich-kann-Liste

Bitte machen Sie an der Stelle ein Kreuz, an der Sie Ihren Lernfortschritt einordnen.

Inhalte: Ich kann ...	**Lernfortschritt**			
	++	**+**	**–**	**––**
1. ... Werte aus der Eröffnungsbilanz und der Schlussbilanz miteinander vergleichen.				
2. ... das durchschnittliche Eigenkapital und Gesamtkapital berechnen.				
3. ... die Kennzahlen Eigenkapital-, Gesamtkapital- und Umsatzrentabilität berechnen.				
4. ... die Eigenkapitalumschlagshäufigkeit und die Gesamtumschlagshäufigkeit berechnen.				
5. ... errechnete Bilanzkennzahlen interpretieren.				

An dieser Stelle ist es zur Selbstreflexion Ihres Lernprozesses von Bedeutung, sich über einzelne Phasen des Lernprozesses bewusst zu werden:

Woran hat es gelegen, dass ich einen sehr guten bzw. guten Lernfortschritt in den einzelnen Inhalten erzielt habe?

____

____

____

____

Woran hat es gelegen, dass ich einen geringen bzw. gar keinen Lernfortschritt in den einzelnen Inhalten erzielt habe?

____

____

____

____

Ich-kann-Liste (Fortsetzung)

Welche Vorgehensweise bzw. Methoden haben zum Gelingen meines Lernfortschritts beigetragen?

____

____

____

____

Was nehme ich mir für meinen Lernprozess in der nächsten Anforderungssituation vor?

____

____

____

____